【历史新阅读丛书】

南北朝那些事儿

壹

【刘裕拓跋珪卷】

云海孤月 著

中国工人出版社

南北朝形势图

序

任何一位欲写南北朝历史的当代人，都将面对时代冷僻与资料匮乏的窘境，好在依然有许多人对南北朝这段神秘的历史充满寻知与探秘的渴望。《南北朝那些事儿》这套丛书出版有些年头，市面依然有许多盗版。几年前曾在地摊上见过《南北朝那些事儿》的合集盗版，现在连分册盗版都有。曾有热心的读者发来买到的盗版书的照片。感谢支持我的朋友们，就像当年写南北朝那样，没有你们的支持无法坚持下来。那可是十二年前，天涯足以作证。当有朋友提及那段时光，不胜唏嘘，十年光阴一晃而过，所幸总归留下些什么。

《南北朝那些事儿》出版后，不论亚马逊、当当、京东，还是豆瓣，我都关注过读者的留言，很多留言非常不错。豆瓣上有位朋友让我特别感动，他逐条罗列书中许多错误的地方，姑且不论观点正确与否，足以说明他非常认真地读了这本书。我不敢说书中的史实百分之百正确，观点百分之百正确，那是不可能的。我敢说这不是一部小说，虽然不少地方运用景色心理描写，加入一些情感发挥，但书中事件皆源于史书。

十年前写南北朝时，这个时代还是一片荒漠，几乎没人关心，而今有了几部当红的电视剧，影响慢慢放大。以前说过，南北朝终将取代三国，成为中国历史话题最多的时代。最近几年的挖掘，小荷才露尖尖角。

不说别的，单论女子，苏小小、冯太后、胡太后、刘楚玉、李祖娥、李昌仪、郑阿春、王法慧、王鹦鹉、冯小怜、穆黄花、沈婺华、杨丽华、张丽华、大小杨皇后、何婧英、何令婉、吕苦桃、严道育、章要儿、潘玉儿、袁齐妫、元明月、元玉仪、段元妃、刘英媚、大小尔朱后……

这一连串的女人名字背后意味着什么？意味着一个个传奇故事，意味着一部部影视剧。至于男人，足以媲美数个三国。当然，这段历史时间跨度同样数倍于三国。

当时有人说，五胡乱华、南北对峙时代过于敏感。我只能说，那是古人的小视角。放在大的历史背景下，用世界历史发展眼光看，你会发觉这段历史有多重要。现代世界讲文明冲突，西方历史剧拍得最多的时代就是中世纪。那是文明冲突最激烈的时代。我们看中东，什么耶路撒冷、叙利亚、阿勒颇，那是一个文明冲突带。东亚有没有这样一个地方？有。两晋南北朝时期融合掉了。那时民族间的战争，文化思潮的碰撞，激烈程度不亚于中东。

孝文汉化之伟大，在于他成就隋唐，使后代游牧和林地民族有了服膺儒家文明的方向。这段历史时期难道不令我们感到自豪与骄傲？不论契丹、蒙古，还是女真，我们在文化上都有着趋同性。

大众之所以没有意识到，是因为我们的专家学者沉浸在狭隘的历史观里，不能以世界的战略眼光看待历史。西方早在哥伦布之后就开始布局全球大战略，所以，你看布热津斯基也好，基辛格也罢，他们都从全球战略的角度看历史，我们还在搞什么华夷之辨，争什么明与清，论什么汉与满。什么汉人、满人，什么苗族、壮族，我们的文化都是一样的，我们都是中国人。没有文明冲突，没有种族之分，感谢这段历史吧。

历史有时是真实的，有时是虚假的。在某些人笔下它是真实的，在另一些人笔下它是虚假的。魏收曾说过，“何物小子，敢共魏收作色，举之则使上天，按之则使入地。”

春秋笔法始自孔子，左丘明对此赞叹有加：“《春秋》之称，微而显，志而晦，婉而成章，尽而不污，惩恶而劝善，非贤人谁能修之？”

正因为如此，也给魏收这种人以狂妄的资本，给我们后人寻找真相的路途制造重重障碍。包括我们本身固有的价值观，固执的思路，也包括形成种种想法的人生经验。不过，我的写作依然不太成熟，希望读者继续批评与指正。

本书再版之际，我要感谢中国工人出版社和编辑所付出的努力。我承认在历史和文学方面的巨大不足，也希望自己能够取得更大的进步。

在此，我将这本书敬献给所有热爱历史，挚爱南北朝的读者朋友。

云海孤月

2017年7月

目录

楔子

前汉末，匈奴大乱，五单于争立，而呼韩邪单于失其国，携率部落，入臣于汉。汉嘉其意，割并州北界以安之。于是匈奴五千余落人居朔方诸郡，与汉人杂处。多历年所，户口渐滋，弥漫北钥，转难禁制。建安中，魏武帝始分其众为五部。其左部都尉所统可万余落，居于太原 故兹氏县：右部都尉可六千余落，居祁县；南部都尉可三千余落，居蒲子县；北部都尉可四千余落，居新兴县；中部都尉可六千余落，居大陵县。（晋）武帝践祚后，塞外匈奴大水、塞泥、黑难等二万余落归化，帝复纳之，使居河西故宜阳城下。后复与晋人杂居，由是平阳、西河、太原、新兴、上党，乐平诸郡靡不有焉。

——《晋书·匈奴传》

匈奴人在西汉时即已入塞，到了并州。三国时曹操分匈奴为左、右、南、北、中五部。晋武帝时又迎来一个大的移民潮，塞外匈奴两万余部因水灾入居河西。匈奴与汉人杂居，由此平阳、西河、太原、新兴、上党、乐平等郡匈奴人随处可见。

《三国志．魏略．西戎传》载：“自汉开益州，置武都，排其种人，分窜山谷间，或在福禄，或在研、陇左右。”

西戎主要指羌人与氐人。此处指羌人和氐人在东汉已经进入关中北地、冯翊等郡。

太祖将拔汉中守，恐刘备北取武都氐以逼关中，问既。既曰："可劝使北出就谷以避贼，前至者厚其宠赏，则先者知利，后必慕之。"太祖从其策，乃自到汉中引出诸军，令既至武都，徙氐五万余落出居扶风、天水界。

（张）鲁降，既说太祖拔汉中民数万户以实长安及三辅。是时太祖徙民以充河北，陇西、天水、南安民相恐动，扰扰不安。既假三郡人为将吏者休课，使治屋宅，作水碓，民心遂安。

——《三国志·魏志·张既传》

前者说的是，建安中曹操将氐人五万余部徙出武都郡，来到关中。后者则是迁徙汉中民众到关中。

以上之史料乃陈寅恪先生最先提到的。

难民、移民引起的人口流动、民族迁徙，乃魏晋南北朝三百年来最重要的事情，假如将此忽略，我们很难理解这段历史。

二

公元301年，从关中战火和连年的荒旱中流离到蜀地的两万多汉人、賨人和氐人在賨人李特的率领下揭竿而起，击败西晋官军，成立军政府。三年后，李特的儿子李雄自称成都王。同年，匈奴族贵族刘渊在左国城率匈奴五部起兵，建立匈奴汉国，自称汉王。

李特所率领的流民就是难民，刘渊所在的匈奴部落即为移民。西晋王朝应对失策，五胡十六国勃然而兴。

五胡指匈奴、鲜卑、羯、氐、羌五个民族。五胡最早出自氐人天王苻坚之口，苻坚对羌人姚苌说的，当时姚苌找他要玉玺。苻坚说"五胡次序，无汝羌名。"

按照建国顺序，五胡次序的排列应为一匈奴、二羯、三鲜卑、四氐、五羌，苻坚说没有羌名时姚苌未称帝。苻坚口中的五胡次序是指谶文。他的意思是轮不到羌人做皇帝。令他想象不到的是，羌人姚苌建了国，国号依然是秦（后秦）。

十六国的称谓出自北魏史学家崔鸿，他撰写了《十六国春秋》，十六国即一成（成汉）、一夏、二赵（前后赵）、三秦（前后秦、西秦）、四燕（前后北南燕）、五凉（前后西北南）。

十六国亦非全是五胡所建，成汉为賨人所建，北燕、西凉为汉人所建。数量并非只有十六国。崔鸿选择的标准是“能建邦命氏，成为战国者。”那些昙花一现，流动作战的国家不算在内。比如西燕，比如翟魏，比如冉魏。中土之外，僻远之国，比如拓跋代、吐谷浑亦不算在内。

五胡十六国是一段乱世，英雄辈出，群雄并起，角争天下，说遍地英雄绝不为过。五胡十六国也是一部英雄史诗，铁马金戈、鼓角铮鸣。随着岁月流逝，那一座座风雨剥蚀的千年古城淹没在原野山川、黄尘古道，我们依然能够看到那段历史天空中闪烁的漫天群星。

撑起少数民族入主中原第一面旗帜的匈奴人刘渊；从奴隶仅靠青冀十八骑起家的羯人石勒；何意百炼钢，化为绕指柔的书生将领刘琨；一纸杀胡令威震天下的武悼天王冉闵；十三岁带兵，生平未逢一败的慕容垂；乱世中开一段盛世的苻坚；文治武功超越诸葛孔明的王猛；谈笑静胡沙的谢安……

五胡此起彼伏，十六国此兴彼衰。匈奴人旋兴旋败，羯人暴虐横行，慕容鲜卑铁马入关，苻氏氐人欲一匡天下，羌人则背信弃义，拓跋鲜卑徘徊塞上，而晋人据有凉州、江南，以黄河为阻凭，以大江为天堑，秣马厉兵，休养生息，伺机而动。

移民、难民与当地人的冲突，民族权贵争夺权力的仇杀注定这是一个彷徨不安、解体纷乱、危机重重的年代。田园荒弃，经济衰退，武力至上，坞壁纵横，人们反思往事，看不清迷茫的未来，怀抱没有希望的希望，哀痛人生之多艰，感怀生命之消逝。散发山阿，蔑视礼法，高唱挽歌，饮酒放诞，谈玄论道。冷眼观世人，白眼向权贵。直到盛唐，依稀有魏晋时代的流风遗韵。

痛苦催生文化和宗教以前所未有的速度传播，玄风日上，佛寺林立。草原游牧文明与农耕文明激烈冲突，儒道争锋，佛教西来，神腾九空，迹登十地。天王苻坚灭掉三大强国，一度统一北中国，纠合北方所有的民族，组成百万大军、数十万铁骑南下江南，欲一统天下。

淝水之战的鼓角声消逝在历史长河之中，新一轮的争斗拉开大幕，拓跋代国的遗腹王子拓跋珪少年复国，雄起于大漠草原，逐草四方，大败后燕，离散部落，立子杀妻，南下征服中原，建立强大的魏国。

东晋皇权旁落，高门士族桓玄篡位登基，建立楚国。气吞万里如虎的刘裕不过是一个破落的庶族，藉乱世而起，奋长刀逐万人，一百余条好汉建义京口，居然一举推翻桓楚王朝，内撑东晋之残局，外伐强悍之胡虏，败孙恩，破卢循，斩鲜卑首，砍羌王头，建宋代晋终创江南第一朝。使得魏晋以来的门阀制度在庶族和平民的强烈冲击下走向衰败，由高门士族把持的国家政权重新交回到帝王手中。中国从五胡乱世步入南北朝对峙时代。

三

北地悲歌，吴声艳曲；胡风剽悍，衣冠风流；铁马金戈，流风遗韵。一个烽火连天、英雄辈出、充满诗意和悲情的时代，这就是南北朝。

中国北方先后出现北魏、东魏、西魏、北齐、北周五个鲜卑族国家，与南方的宋、齐、梁、陈划江而治，对峙称雄。南朝与北朝共同为波澜壮阔的人类历史书写了华丽的篇章。

“泼墨汉家子，走马鲜卑儿。”

北朝是胡汉群豪的天下，南朝则是门阀士族的水乡，北方人胡服骑射，豪气凌云，南方人轻裘绶带，潇洒自如。

北人高唱敕勒歌：“敕勒川，阴山下。天似穹庐，笼盖四野。天苍苍，野茫茫，风吹草低见牛羊。”

南人低吟西洲曲：“忆梅下西洲，折梅寄江北。单衫杏子红，双鬓鸦雏色。西洲在何处？两桨桥头渡。日暮伯劳飞，风吹乌臼树。树下即门前，门中露翠钿。开门郎不至，出门采红莲。采莲南塘秋，莲花过人头。低头弄莲子，莲子青如水。置莲怀袖中，莲心彻底红。忆郎郎不至，仰首望飞鸿。鸿飞满西洲，望郎上青楼。楼高望不见，尽日栏杆头。栏杆十二曲，垂手明如玉。卷帘天自高，海水摇空绿。海水梦悠悠，君愁我亦愁。南风知我意，吹梦到西洲。”

北方勇武之气与南方儒雅风流，构成南北朝奇特的景观。南北朝是分裂的乱世，十六国此兴彼起，南北方国家相继。然而，事物是在运动中发展的，人生唯有动才能充满生气和活力，就像我们的开国领袖年少时表明的人生态度那样：“安逸宁静之地不能长处，非人生之所堪，而变化倏忽乃人生之所喜也。”乱治相辅，有一乱必有一治，南北朝奠定盛世大唐。

拓跋珪建北魏国，迁都平城，进而入主中原，由东北大兴安岭地区经过两百年迁徙的鲜卑民族迎来新的春天，他们得到大片的耕地。北魏国地跨草原和平原，国内并存两种文明。是把耕地变成草原，还是把草场拓垦成农田？看似简单的命题，却成为拓跋皇族的魔咒。拓跋珪将鲜卑部众离散，分土定居，进行土地改革，曾经战胜后燕国所向无敌的铁甲骑兵的拓跋珪却为之付出生命。答案没有给出，争斗反而愈演愈烈。

北魏太武帝拓跋焘，我们在辛弃疾的诗中第一次听到他的名字，“可堪回首，佛狸祠下，一片神鸦社鼓。”佛狸是拓跋焘的小名，也是他的鲜卑名字。拓跋焘一生不断用兵，攻陷匈奴大夏国的都城统万；消灭辽东的北燕政权；灭亡卢水胡匈奴人的北凉；派兵接管西域，终结五胡十六国战乱，一统北方。

面对蒙古草原的新兴势力，柔然汗国持续、先发制人式的军事打击，北魏骑兵一次又一次穿越大戈壁，取得辉煌胜利。中原帝国第一次对游牧民族保持全面优势，使汉武帝远征匈奴的战役变得黯然失色。魏国的威名经过阿尔瓦人传到西方，西方世界敬畏地称之为“桃花石帝国”。

庞大的帝国经济照旧落后，中原坞壁村落里的汉人豪强依然抱着不合作的态度，诸胡的反抗一刻也未停歇。

而在大江之南，新兴的刘宋王朝对旧都的再次陷落心有不甘，隔江相望，虎视中原。

南朝是一段乱世，一方英雄用武之地，一曲婉约哀怨的诗歌，一个浪漫凄凉的时代，也是一段充满血腥杀戮的历史。

刘宋王朝的都城在建康，即今南京，别号“金陵”。唐末五代诗人韦庄的诗“金陵图”便是南朝时代的真实写照，“江雨霏霏江草齐，六朝如梦鸟空啼。无情最是台城柳，依旧烟笼十里堤。”

繁华与萧条、兴盛与衰亡从来没有更替得像南朝这么快，如同街市上来去匆匆的过客，一百三十六年间，四个短促的王朝一个接一个地兴而复衰，只剩下六朝古都寂寞的鸟啼声伴着滚滚东流的江水，依畔岸边长堤烟柳。

朝代是帝王的，土地是人民的。江南是个美丽的地方，使人流连忘返，“江南好，风景旧曾谙，日出江花红胜火，春来江水绿如蓝，能不忆江南。”

东晋初南渡的大移民盛况空前，南来者有如海潮之浪，一时之间江南陷入粮荒，整个南方一片恐慌。刘宋王朝建立，江南已是欣欣向荣。

“江南之为国盛矣……地广野丰，民勤本业。一岁或稔，则数郡忘饥。会土带海傍湖，良畴亦数十万倾，膏腴上地，亩直一金，鄠杜之间，不能比也。荆城跨南楚之富，扬郡有全吴之沃，鱼盐杞梓之利，充牣八方，丝绵布帛之饶，覆衣天下。”——《宋书·孔季恭》

元嘉盛世，经济的大发展使南方有了与北朝一较高下的底气。

刘宋名将辈出，才子云集，唱筹量沙的名将檀道济；苍头公沈庆之；常胜将军柳元景；铁血将军宗越；以三百兵东下数郡之地的白衣吏吴喜；孤军闯钱溪，声名起鹊洲的张兴世……

有了经济和军事的双重保障，宋文帝刘义隆奋武皇帝刘裕余烈，三次北伐中原，与拓跋焘展开争霸河南的元嘉大战。南北大军在黄淮平原纵横驰骋，双方互有胜负，三次战役均以平局收场。南朝步兵进临黄河，北魏铁骑饮马长江，两大皇帝隔江叹息，谁都没有能力再越江淮一步。

自刘义隆后，刘宋丧失统一国家的勇气，也就丧失了凝聚人心的理想，一度沉沦于烟火缭绕的极乐世界。温室暖乡磨去南朝人的斗志，乱伦、荒唐、内战，南朝给人留下心酸的记忆。

那一串串名字绝非英雄豪杰：中国历史唯一一位具有恋母情结的情痴皇帝宋孝武帝刘骏；被史家评为：“罪孽，纣王不及万分之一，荒淫，昌邑王不及毫厘”的前废帝刘子业；舍弃皇帝尊严不顾，终日游玩街巷，以私生子为荣，自称李统李将军的后废帝刘昱，拥有三十面首仍不满足的“山阴公主”。他们荒淫堕落的背后到底是一个什么样的社会？

拓跋焘完成北中国的统一，依旧无法解读拓跋鲜卑未来的命运。信仰危机，宗教冲突，逼迫北魏国各守理念的精英们拔剑对峙。汉人豪强与鲜卑贵族的矛盾愈演愈烈，门阀士族策划“太武灭佛”，鲜卑贵族报以“国史之狱”。双方两败俱伤，拓跋三王被杀，十余名鲜卑贵族人头落地；权臣崔浩以及北方四大高门亦被灭族。一代雄主拓跋焘不明不白地死去，还搭上他的太子。

又一个征服者死掉。魔咒，永远的魔咒，似乎没有人能够解开。世上无难事，只要肯登攀。没有人办不成的事情，何惧血色魔咒。

一名汉人与高句丽血统的女人走上历史舞台，运用个人魅力、铁血意志和非凡的政治手腕成功地调和两大利益集团的矛盾，使帝国保持安宁和稳定，推行汉化。北魏帝国从野蛮走向文明，由武功转而文治。她就是北魏冯太后。

冯太后的多情擅权与儿皇帝恩怨交织，疑云密布，宫闱惊魂，灭门惨案，流血涂地，最终导致中国历史诞生最年轻的一任太上皇帝——18 岁的献文帝拓跋弘。冯太后仍然没有就此收手，6 年后，太上皇帝暴崩于北苑崇光宫的一处叫作“鹿野浮屠”的佛寺中，冯太后再度听政。

如何推动经济发展，让国家走向富强？北魏国上上下下围绕“再次土地改革”争论不休。耕者有其田的“均田制”在一片争议声中出炉。承继北魏兴起的东西魏、北齐、北周、隋和大唐亦坚定不移地执行这一基本国策。

冯太后的情人们先后掌权，班禄制、三长制相继推出，轰轰烈烈的社会大变革在北中国展开。北魏帝国依靠拓跋鲜卑人的武力复兴了八王之乱以来汉人几乎无法恢复的传统政治经济秩序，帝国达到辉煌顶峰。

四

北魏孝文皇帝拓跋宏执政，帝国呈现出一派欣欣向荣的景象。为向新文明迈进，一劳永逸地解决多民族国家的矛盾，孝文帝毅然毁灭自己的民族，脱下胡袍，换上汉服，诏断北语，千里迁都，向天下昭示，四海皆兄弟。北中国大地文化融合拉开序幕，一曲胡笳塞上来，汉月照中州，新都洛阳拔地而起。

汉化固然是北魏孝文皇帝想建立一个单一民族国家的良苦用心，也是各个民族在战争的痛苦与煎熬中努力达成的一种共识，以取代旧有的民族意识。

然而，固有习俗的力量依然根深蒂固。这需要剪除自诩正朔的南方王朝。南北大交兵，孝文帝壮志未酬，出师未捷身先死。

南方人萧衍凭借无与伦比的权谋手腕和尚武精神，借助抵抗北朝南伐，从一名小小书生做到地方诸侯，长帆千里攻入南京，取代萧齐，建立萧梁王朝，发动一次又一次声势浩大的北伐。南北朝再一次展开大会战，风雨洛口、火烧邵阳洲，决战钟离，高筑浮山堰，双方互有胜负。白袍将军陈庆之率七千马队直入北方，击败三十余万敌军，攻无不取，战无不克，兵锋所指，莫不降下。十四旬平三十二城，四十七战，所向无前、气势如虹地攻占北朝国都洛阳，书写出一段神话传奇。

白袍将军的战史在史书中多有夸大，但那段历史足以提振南方衰落的士气民心。对亲身经历者来说，陈庆之对北方历史发展的认知却发生了翻天覆地的变化。

自幼生长于江东的陈庆之，根深蒂固的认为野蛮人占领中原，中原已是蛮夷之地，一片荒土，牧羊放马之处。

然而，他亲眼看到的洛阳，街市繁华，人烟埠盛。《洛阳伽蓝记》记载了洛阳佛教的兴盛："王侯贵臣弃象马如脱屣，庶士豪家舍资财若遗迹。于是昭提栉比宝塔骈罗，争写天上之姿，竞摹山中之影。金刹与灵台比高，广殿共阿房等壮。"

南朝自诩华夏正统，而眼前的洛阳比南京的繁华不遑多让，服饰礼仪道德有过之无不及。梁朝以文化建设最为自傲，而洛阳隐隐有汉魏之气象，而这一切居然是鲜卑人做到的。

陈庆之回到江南之后常对人说："晋宋以来，号洛阳为荒土，此中谓长江以北，尽是夷狄。昨至洛阳，始知衣冠士族，并在中原，礼仪富盛，人物殷阜，目所不识，口不能传。如登泰山者卑培塿，涉江海者小湘、沅，北人安可不重。"

北方逆水行舟，南方却停滞不前。

萧衍称帝近五十载。历史中贬大于褒，人们对于晚年专听独任、昏聩无能的佞佛菩萨愤恨嘲弄。这位作出中国历史第一首词的诗人，早已用一句豁达的名言回答了千年质疑："自我得之，自我失之，亦复何恨。"万事如镜花水月，国家也是一样，不是某个人的，而是人民的。每个人都会死，只有土地永存。

孝文汉化，迁都洛阳，本意打造一个同一民族的国家。然而，事与愿违，中原经济发展催生腐败，腐败导致地区差距日益扩大，民族问题再度尖锐。北方鲜卑人揭竿而起，六镇大起义爆发，鲜卑化席卷北中国，乱世枭雄尔朱荣、高欢先后崛起。

汉化使原本以血统区分民族的方式变成以文化来区分。不是汉人与鲜卑人的对立，而是汉化的人与鲜卑化的人之间的对立。两个阵营非常奇怪。汉人也是鲜卑人，鲜卑人也是汉人。比如，高欢是汉人血统，但他却是鲜卑人；南迁洛阳的鲜卑人原本是正宗的鲜卑人，却被叫作汉人。也就是说，接受鲜卑文化就是鲜卑人；接受汉人文化就是汉人，不管你身上流淌的是何种民族的血液。

魏末乱世是一曲悲歌，慷慨、豪壮、勇武、野蛮，死亡太平常了。汉化与鲜卑化在历史舞台上角争，平民鲜卑一手促成繁荣的北魏帝国走向灭亡，在它的废墟上建立起两大鲜卑帝国。他们从漠南六镇的烽烟中走来，尔朱荣、葛荣、高欢、宇文泰、斛律金、侯景、贺拔岳、于谨、李虎、杨忠，他们和他们的子孙开创了北齐、北周、隋和大唐。

北魏分裂成的东西魏，东西魏逐鹿中原，高欢与宇文泰斗智斗勇，平分秋色。高欢死后，其子高洋建立北齐，宇文泰死后，其子宇文觉建立北周。北周灭掉北齐，再次上演弱国吞并强国的好戏。北周成功秘诀只有一个：民族团结。与孝文帝不同，北周的做法不是汉化，而是鲜卑化。然而高级文明终将战胜低级文明，周人最终还是穿上汉服。

鲜卑人不仅给中原注入强悍血液，同时也带给南朝粗犷、野蛮的风气。这是一段战乱不止的岁月，英雄和恶魔融为一体，也许这就是人的本性。民族大融合使中华民族经历多少痛苦和悲伤。这段历史加速中华民族的大融合，周人自动脱下胡服，再也不用倡导什么汉化。鲜卑民族最终消亡，融入汉民族的血液当中。鲜卑即汉，汉即鲜卑。鲜卑人的汉化使人民不再为民族而战，使中国走向民族一家的盛世大唐。

五

北方奸雄高欢折戟玉璧，出师未捷，遗恨弃世。羯人侯景据河南十三州率十万雄兵叛乱，引梁朝与西魏兵入中原。高澄临危受命，选拔智将慕容绍宗平叛。东魏军在寒山大败梁军，击溃侯景。侯景率八百骑渡淮河投奔南朝，菩萨皇帝萧衍聪明反被聪明误，引狼入室，被围台城。各路诸侯作壁上观，坐视台城沦陷，梁武帝平静地结束了自己的人生。侯景乱梁激起江南大乱，独眼龙萧绎残害骨肉，拥兵荆州，与侯景展开生死较量，在广州军阀陈霸先支持下平定侯景之乱。联军攻入南京之际，萧绎后院起火，西魏军兵下荆州，攻克江陵，杀死萧绎。陈霸先趁机火并王僧辩，占领南京，先后击退北齐军进攻，建立陈王朝。

高氏与宇文氏家族先后废掉东魏和西魏的傀儡皇帝，北齐与北周相继兴起。胡族入侵造就南北朝冷血时代，无论南人北人均选择以暴制暴，即便对付最亲爱的人也毫不手软。汉人学会胡人的嗜血与残忍，胡人学会汉人的权谋与狡诈。高氏与宇文氏家族陷入宫廷阴谋的游戏中去。

北方的战争在继续，北齐两次击败北周大规模的军事进攻。然而，军事上的胜利不能挽救北齐的没落。民族一家的府兵制使北周国逐渐强大，汉与鲜卑的矛盾直接导致北齐名将斛律明月和兰陵王高长恭的死亡。北周武帝宇文邕靠一己之力神话般地杀掉权臣，发动统一北方的战争。沉迷于冯小怜玉体横陈和琵琶美酒快乐中的无愁天子高纬一败涂地，北齐亡国。

皇族之间的残杀使宇文家族实力大减，一代雄主宇文邕去世后宇文家后继无人，杨坚趁机篡权，建立隋王朝，南征一举灭陈。南北朝在横渡大江的铁马金戈轰鸣声和玉树后庭花的靡靡之乐中缓缓落下帷幕。

千载易过，历史永记。当我们铭记那些叱咤风云的汉人和鲜卑人英雄豪杰的时候，不应该忘掉历史留下的教训。历史是用来借鉴的，如果忘记历史，历史就会重演。为了使悲剧不再发生，只能铭记历史。化干戈为玉帛，融四海于一家，这是南北朝给我们的启迪。

孝文帝的眼光终究没错，旧有的价值观土崩瓦解，五胡逐渐随风飘散。少数民族给汉人注入的新鲜血液打造了强盛的隋唐，这是中国历史上最具世界主义色彩的伟大时代，黄金时代再度来临。

全球化的今天，许多国家已经再次遇到这般状况。包容抑或抵制，敞开大门抑或筑起高墙，更多的人怕是不得不拿出魄力和勇气来决断。人类未来的道路该如何走，我们可以回望前人走过的路。古不为今人所鉴，如衣锦夜行。我们不知未来形貌如何，只希冀比今天更加美好，没有歧视，没有战乱，没有痛苦。健康、和平、快乐、幸福，这是善良人们的追求。

第一章
鲜卑第一帝

公元 386 年，北魏道武帝登国元年，是改变中国历史的一年。范文澜先生的《中国通史》将这一年定为南北朝北朝之始。

本书的故事就是从这一年开始，从北魏帝国开国皇帝拓跋珪开始。

知道拓跋珪的人不多。不要说秦皇汉武，唐宗宋祖，曹操、刘备和孙权，便是耶律阿保机、完颜阿骨打、努尔哈赤等人的知名度也远高于他。

北魏帝国是拓跋鲜卑人的帝国。鲜卑是我国古代北方的一个林地民族，种族繁杂，其中有一支部落叫作拓跋部。

北朝是鲜卑人的王朝。北魏、东魏、西魏、北齐、北周都是鲜卑人政权，其中“三魏”是拓跋鲜卑人，北齐是鲜卑化的汉人，北周是鲜卑化的匈奴人。

拓跋鲜卑人在其尚属于野蛮人的时代，便开始从发源地西伯利亚及大兴安岭一路南迁，取代匈奴人称霸草原近百年，最终，他们建立的代国被盛极一时的前秦大帝国征服。那么，拓跋鲜卑人又是怎样重新崛起的呢？

如果说一个人能够改变历史，那么这个人一定是个英雄。拓跋鲜卑人依靠伟大、年轻的铁血首领拓跋珪实现国家的复兴。

壹 遗腹子

史书对帝王出生的描绘，往往神奇而夸大。

拓跋珪的父亲叫拓跋寔，母亲是匈奴贺兰部首领贺野干之女贺氏。拓跋珪一出生体重是平常幼儿的两倍，是个大额头、大耳朵、又重又肥的胖小子，聪明，很早会说话，眼睛炯炯放光。

这似乎告诉人们，拓跋珪生来就是一个伟大人物。可现实并没有这么简单，谁都要经过人生的磨难，一位国王遭受的痛苦远远超过平常人。

开国君主不是天生的，是铁血和苦难打造出来的。

拓跋珪呱呱坠地时，代国正经历一场政变。有人试图刺杀他的祖父、代王拓跋什翼犍。拓跋寔为保护父王，在与刺客搏斗中丧生。

按照草原民族"父死妻其后母、兄死妻其嫂"的习俗，拓跋珪母亲贺氏改嫁给拓跋珪的叔叔拓跋翰。弟弟拓跋觚刚出生，拓跋翰去世，贺氏又成了寡妇。在这一事件上，南北朝的史书各执一词，以上是《魏书》记载。《宋书》和《晋书》则记载拓跋珪为什翼犍之子，说是什翼犍纳媳。

南朝和北朝总是互相抱有偏见，捕风捉影，空穴来风，极力制造对方的污点。

孩提时代的拓跋珪在阴山大草原蹒跚学步，或在白登山下玩耍的时候，祖父拓跋什翼犍总会手指一望无垠、天野相接的辽阔大草原和绵延起伏、雄伟壮丽的阴山山脉，一脸骄傲地说："这都是我们的。"

什翼犍身材魁梧，相貌威猛，战争使他失去一只眼睛，看上去狰狞可怕。他是拓跋鲜卑人的硬汉子，一位声威显赫的国王，有着一颗宽容的心。鲜卑拓跋部在他手里达到无上的光荣。代国疆域东自秽貊（今朝鲜江原道），西及破落那（中亚西亚草原上的部落国家），南到阴山，北尽沙漠，成为塞北草原强国。

和草原民族征服者建立的国家一样，代国是部落联盟。鲜卑拓跋部的兴起，并非简单赶走当地牧民，夺取牧场，而是通过联姻和军事征服，像滚雪球一样，以拓跋鲜卑人为核心，合并其他民族，组成联盟。代国联盟包括拓跋鲜卑人、乌桓人、匈奴铁弗人、匈奴独孤人、匈奴贺兰人等许多草原部落。

拓跋鲜卑取代昔日大匈奴，成为草原和沙漠的主人近百年。他们纵马扬鞭驰骋塞上，漠然注视着长城内一个又一个王朝如昙花般盛开败落。他们的马蹄踏上过中原的土地，却不肯留下来。

上天给过拓跋人机会，可他们没有珍惜。

东晋十六国时代是英雄辈出的岁月。氐族前秦国崛起关中，天王苻坚在明相王猛辅佐下一统北方。命运不会让拓跋珪平平静静当一个小王子。拓跋珪五岁时，匈奴铁弗部叛离代国，引领前秦帝国甲兵出塞，一个强大的草原帝国转瞬间土崩瓦解。

前秦帝国军队进入大草原，代国兵败如山倒。母亲贺氏带着年幼的儿子们从乱军之中夺路北逃，翻越阴山山脉，穿过大沙漠，躲过野蛮人劫掠，历经重重磨难来到漠北。前秦军队退回黄河南岸，贺氏母子们重返阴山，回到七介山（今内蒙古呼和浩特和林格尔境内）。

喘息未定的贺氏母子再次经历了一场血雨腥风。前秦大军压境的危难关头，拓跋珪的伯父拓跋实君发动政变，残忍地杀死老代王什翼犍的五个儿子，只有小儿子拓跋窟咄和孙子辈的幼儿们幸免于难。内乱给前秦军可乘之机，代国因此亡国。

大草原由许多部落构成，代国不过是部落联盟罢了。代国瓦解，草原四分五裂，拓跋珪母子来到贺氏娘家贺兰部落避难。后来，前秦帝国任命独孤匈奴人刘库仁主持原代国地区事务，因刘库仁是什翼犍的女婿，贺氏带着儿子们由贺兰部辗转来到独孤部依附刘库仁。

拓跋珪从尊贵的王子沦落为普通牧民，要和牧民一样忍受饥饿，忍受草原恶劣气候带来的种种困难。作为家中的长子，这个未来蒙古和华北的征服者亲自带领同母异父的弟弟拓跋觚、拓跋仪和拓跋烈，以打猎、捕鱼维持生计。

幼年颠沛流离、寄人篱下的艰难生活给拓跋珪的内心留下深深的烙印。应付生存所需要的智慧和毅力在心中扎下了根，战争、苦难、血与火的经历养成了他日后果断、残忍、冷酷的性格。

七年光阴平静度过，拓跋珪十二岁。一场伟大的战争打破宁静的生活，让血液重新沸腾。

贰 草原已无大匈奴

公元 383 年，决定南北两大帝国命运的淝水战争爆发。前秦天王苻坚征调北方百万大军向江淮挺进，意图一战征服江南，统一天下。战争的结果令所有人大跌眼镜，足以投鞭断流的北方百万铁骑惨败淝水，前秦军千里大溃败。东晋军队出师北伐，氐人统治下的丁零人、乞伏鲜卑人、慕容鲜卑人、羌人趁机而起，各自建立王国。北中国分崩离析。

消息传到塞外，代国的遗臣、鲜卑拓跋部的贵族们欢欣鼓舞，因为他们看到了重新成为主人的希望。更为激动人心的消息是，前秦任命的草原统领者刘库仁死了。

刘库仁本名叫作独孤没根，匈奴人，属匈奴独孤部，原代国的南部大人。代国灭亡后投降前秦。独孤部是匈奴的一支，匈奴男人和鲜卑女人通婚繁衍起来的部落。部落姓氏为独孤，北魏孝文帝汉化改姓，独孤依匈奴人的习惯改姓刘。因《魏书》《北史》作者均为孝文汉化后文人，故史书用孝文汉化之汉姓。后世隋文帝杨坚和唐高祖李渊的母亲均出自这一部族。

塞北高原有大大小小许多部落，较大的有鲜卑拓跋部、匈奴独孤部、匈奴贺兰部、匈奴铁弗部和柔然、乌桓、高车诸族。前秦帝国打败拓跋鲜卑人，把草原一分为二，交还给匈奴人打理。

塞北重新成为匈奴人的天下，蒙古高原为两大匈奴部族首领控制，一个是匈奴独孤部刘库仁，另一个是匈奴铁弗部刘卫辰。他们以黄河为界，分为东西两方，平分大漠草原。刘库仁作为秦国的振威将军、关内侯，受命管理前代国黄河以东的领土，负责监督拓跋人。他是代国老臣，匈奴独孤部也有一定的势力，加上强大的前秦帝国支持，拓跋人对他甚为忌惮。

淝水之战后，慕容鲜卑的贵族慕容垂在河北复兴燕国，刘库仁征发塞上兵马出雁门关攻打慕容垂。草原牧民不愿远征，部下的匈奴人、鲜卑人、乌桓人、汉人在慕容鲜卑人的阴谋策动下，发动叛乱，杀死刘库仁。

塞北高原的部落之所以在刘库仁手下规规矩矩，是因为害怕前秦帝国强大的军事力量。而今秦国瓦解，刘库仁死掉，谁还会守规矩？于是塞北大乱。

拓跋人想复国必须找到正宗的代王继承人才有号召力。拓跋实君发动叛乱，老代王什翼犍的儿子们几乎死绝。苻坚以大逆不道罪车裂拓跋实君。什翼犍只余下幸免于难的小儿子拓跋窟咄，被前秦军押送长安做人质。什翼犍的孙子辈留在草原上，其中拓跋珪年长，当仁不让成为第一继承人。

刘库仁生前很看重拓跋珪这个与众不同的孩子，告诫儿子们说："此儿有高天下之志，必能恢隆祖业，你们一定要尊重恭敬。"刘库仁的话意味深长。长久以来，拓跋部一直统治蒙古高原（此时无蒙古称谓，按今天地理位置称谓），势力很大。这句话意在安抚拓跋贵族暂时别闹事，等拓跋珪长大，我把权力归还你们。

刘库仁死后，弟弟刘眷当上部落首领，大草原经历一次战乱。匈奴贺兰部和匈奴铁弗部相继向独孤部发起进攻。战争吹响匈奴人争霸草原的号角，三部匈奴混战，孤独部实力明显高出一筹，两战两胜。

打败外部敌人，内部开始同室操戈。刘眷的儿子刘罗辰对父亲说："近来征战所向无敌，然而对于心腹之患要及早除掉！"刘眷问："谁是心腹之患？"刘罗辰说："堂兄刘显残酷无情，早晚必将作乱。"刘眷不听，"你乱说，我是他叔叔。"刘显是刘库仁的儿子。刘罗辰没看错，争权夺利者从来不管你是叔叔还是大爷。刘显杀掉毫无防备的刘眷，自立为匈奴独孤部的首领。

当时草原三分天下。匈奴铁弗部控制西部草原；匈奴独孤部控制中部草原；匈奴贺兰部控制东部草原。很多匈奴人天真地认为属于大匈奴的时代又回来了，只有刘显保持着清醒头脑。刘显比叔叔强，是块材料。他知道，如果想恢复匈奴人的草原霸业，必须压制住拓跋鲜卑人。

一百年前，鲜卑人从匈奴人手中夺取了大漠南北的广大牧场。天王苻坚打败鲜卑人，把草原还给匈奴人，利用匈奴人压制鲜卑人。鲜卑人畏惧的不过是匈奴人的后台，而不是匈奴人。三部匈奴互相残杀，拓跋鲜卑人最后获利，这是再明白不过的道理。刘显认识到了这个问题。

若想制伏拓跋鲜卑人，必须除掉拓跋珪。拓跋珪是老代王什翼犍的嫡亲孙子，根正苗红，是拓跋部的灵魂。拓跋部想重新成为草原主人，定会拥戴拓跋珪称王。怎么办呢？最保险的办法就是除掉他。杀死拓跋珪不能过于张扬，因为匈奴独孤部称霸草原离不开鲜卑拓跋人的支持。一旦暴露，拓跋人会投向其他两部匈奴。

刘显召集部落首领开会，准备采取暗杀手段，神不知鬼不觉地找机会下手。他的秘密不小心被商人王霸获悉。王霸是谁？代北的大富商，和拓跋珪关系很好，或者说和拓跋人关系很好。

开会之日，部落首领们纷纷进入独孤匈奴人刘显的毡帐，王霸机智地踩拓跋珪的脚示警，拓跋珪赶紧溜走，机智地躲过一劫。

一计不成再生二计。刘显随即和弟弟刘亢泥、谋士梁六眷密议，亲率匈奴骑兵队赶往七介山袭杀拓跋珪。就当时形势，势单力孤的拓跋珪根本不是匈奴人的对手，他能逃过大难全靠母亲贺氏。

叁 这个女人不寻常

贺氏不姓贺，本姓贺兰。北魏孝文帝汉化改姓贺，所以如今贺兰的姓氏不多见。提及贺兰，我们会想到贺兰山。

贺兰山在哪里呢？在宁夏与内蒙古交界之处，巍峨壮观，峰峦重叠，崖谷险峻，是宁夏最高的山。东望滔滔不息的黄河，俯瞰鄂尔多斯高原。古时青海云杉、白桦覆盖，金钱豹出没其中。山势雄伟，若骏马奔腾。阿尔泰游牧民称骏马为“贺兰”，故名贺兰山。这里栖息过一个匈奴人部落，鲜卑时代各部落多以山谷为姓氏，因之称为贺兰部。拓跋珪的母亲贺氏便是贺兰部的女儿，代国王妃，未来北魏的王太后。

贺氏具有草原女子的勇敢机智。代国亡国的逃亡路上已经显示出贺氏机警沉着的过人之处。从草原过阴山穿戈壁到漠北逃难，道路漫长，车辆轮子跑掉了。贺氏急中生智，取下头簪插入轮中，重新把轮子固定住，又跑出一百多里，车轮不倾，从而躲过大难。

代国亡国之后，贺氏笼络住一批忠于拓跋部的精干人才，这批人才在后来复兴代国、统一草原、南下中原过程中立下赫赫战功。贺氏是个有争议的人物，南朝人说她嫁给了公公老代王什翼犍，并由此认定拓跋珪应该叫拓跋什翼珪。不管贺氏嫁给公公也好，小叔子也罢，我们对于这个帮助儿子成功复国的草原奇女子，只能用一句话来表达敬意：这个女人不寻常。

堡垒是从内部攻破的。刘显采取行动之前有人向贺氏告了密。谁呢？刘亢泥的妻子。刘亢泥的妻子和贺氏母子有什么关系呢？刘亢泥的妻子是刘库仁的老婆、什翼犍的女儿，也就是拓跋珪的姑姑。匈奴旧俗，“父死妻其后母”，刘库仁死后，拓跋氏为刘亢泥所有。为保护拓跋人的血脉，拓跋氏派人通知贺氏。

贺氏和拓跋珪当然不住贺兰山，那里是铁弗匈奴人的草场。他们依旧待在拓跋鲜卑人龙兴之地的盛乐，阴山山脉一处山峰七介山脚下的牧场，这个地方后人称之为“敕勒川”。

告密的不仅仅一拨人，刘显的谋士梁六眷也参与了。梁六眷是代王什翼犍的亲外甥，他派部族人穆崇、奚牧去七介山告密。从这里我们可以看出，拓跋部的联姻非常广泛。拓跋部用血缘关系笼络着一个又一个毫无干系的部族。这是拓跋部能够从小部落做大的原因，就像一家股份公司，能够不断吸取外来资本壮大自己。我们不难理解，为什么北魏孝文皇帝会进行汉化，这是拓跋人久远的传统。这种传统对华夏民族的作用不可估量。我们可以想想，从历史长河中消失的匈奴人、羯人、鲜卑人、氐人、羌人、丁零人去了哪里呢？其实，他们最后都成为汉人了。

贺氏获得消息后大为吃惊，起初不相信刘显会鲁莽行事，将信将疑。穆崇和奚牧二人的到来，彻底打消幻想。她立刻采取行动，让拓跋珪兄弟和代国老臣长孙犍、元他、罗结轻装骑马逃走，自己则待在营地等待刘显到来。因为她知道，如果刘显发现拓跋珪逃走，一定会彻底撕下伪装进行追杀，那时恐怕谁都难逃一死。

刘显率匈奴骑兵闯到七介山，声言要把拓跋珪带到军中历练，却怎么也找不到人影。贺氏骗他说拓跋珪刚刚出去，吩咐侍女们端上热奶和大块的羊肉，烫了一壶马奶酒热情招待。

论起辈分，贺氏是刘显的舅妈，刘显自然不能太过分。再者，刘显想等拓跋珪回来带走，便留了下来。贺氏亲自陪坐给刘显斟酒。刘显残酷无情，却不是好色之徒。父亲刘库仁死后，后母拓跋氏中年美貌，刘显不动心。他一心视拓跋部为最大敌人，不肯和他们走得太近，于是把拓跋氏让给兄弟刘亢泥。

贺氏生来美貌，此时风韵犹存，酒量也不错。男人和美丽的女子一起喝酒总是吃亏，何况和贺氏如此精明漂亮的女人呢？刘显心中有事，莺呢燕语之中耳红眼热已然大醉。

一阵马的嘶鸣、人群的喧哗声把刘显从梦中惊醒，抬头一看，黎明的晨曦透过毡帐的窗口射进来，毡帐外嘈杂不休。

刘显双目朦胧地问道：“怎么回事？”

帐外的亲兵回道："大人，马厩里的马惊了，贺夫人正在外面哭呢。"

刘显这才想起昨夜在贺氏处饮酒，醉了被扶到一处帐篷里睡下。不待他多想，外面吵闹得厉害，刘显披上衣服走到帐外。

毡帐外围满人，贺氏正在那里哭哭啼啼。见刘显出来，贺氏哭得更凶，眼泪如断线珠子一般滚落下来，冲刘显诉道："适才我的儿子还在此处，怎么一会儿的工夫就不见了，你们谁把他杀了，我苦命的儿子呀！"贺氏悲悲切切啼哭不休，把个刘显弄得糊里糊涂，心道："这么说，拓跋珪夜里回来了，不见了？不行，快追！"

刘显想要去追，又见围观的人多是拓跋部众。游牧民族住穹庐，就是帐篷，现在的蒙古包，四下都是开放的，不像汉人们圈墙住。

四处赶来的牧民们黑压压地聚了一片。刘显不想失去拓跋鲜卑人支持，如此情况，不好再四下搜寻拓跋珪。思前想后无计可施，刘显只好辩白非他所为，假惺惺劝解贺氏："舅母，你别伤心，拓跋兄弟是不是有什么事自己出去了，再派人找找。若说我的手下想害拓跋兄弟那不可能，我与拓跋珪是兄弟，若谁有这个胆子，看我不剥了他的皮。"

此事原本是贺氏故意让人惊马演的一出戏，目的就是不让刘显再去追自己的儿子，见刘显出面说话也就借台阶下，止住悲声道："既如此，我再派人找找，珪儿没福，只可惜辜负你的一片心意。"

贺氏这个女人不寻常，聪明，有识见，不愧为部落首领的女儿，不愧为代国两位王子的王后。她非但把你拖住，分不开身，还要让你不能追，哑巴吃黄连，有苦说不出。刘显中了贺氏的计策，拓跋珪等人安全逃到贺兰部的聚居地大宁。与拓跋珪一道逃亡的有一批忠于拓跋珪母子的原代国势力，这批人后来成为北魏开国功臣，史称"元从二十一人"。

贺兰部也是匈奴人，他们容得下拓跋珪吗？

肆 贺兰匈奴

贺兰部是匈奴的一个部落，不是纯粹意义上的匈奴人，是由匈奴人与高车诸部（关于高车族将在后面详谈）杂居共处繁衍生息而来。贺兰部非常强大，许多高车部落与它结盟。

代国时，贺兰部与孤独部同为拓跋部的附属部落。拓跋部非常注重与贺兰部的关系，时有政治联姻。拓跋部首领拓跋郁律曾将女儿嫁给贺兰部首领贺纥。贺兰部传到贺野干时，娶什翼犍的女儿辽西公主为妻，生下贺讷和贺氏，随后亲上加亲，贺氏又嫁给什翼犍的儿子拓跋寔。论起来，舅舅娶了外甥女，可见拓跋部的伦理关系和草原其他民族一样非常混乱。总之，拓跋部依靠通婚融合加强血缘关系，逐渐发展壮大。

代亡后，贺讷接管贺兰部落。贺兰部虽然名义上归刘库仁统辖，实际是我行我素，俨然一个独立王国。天王苻坚拿出对付草原民族的传统办法，封贺讷为将军。游牧民族没有定居点，逐水草而居，贺兰部早已远离贺兰山，来到阴山以北、西拉木伦河以西的草原上，聚居在大宁，即今天的内蒙古赤峰一带。

随着宗主国前秦战败、刘库仁被杀，贺讷感到称霸草原的机会降临，于是起兵攻打独孤部。两大匈奴部落之间的战争以贺兰部失败而告终。正在他懊丧不已之时，拓跋珪到来了。贺讷非常高兴，隆重欢迎，并当面恭维拓跋珪说："复国之后，当念老臣！"贺讷说这句话并非真心实意，不过是试探一下。从贺兰部意欲占领代北（今山西北部及河北西北部一带）可以看出，贺讷有称霸草原的雄心。

不管贺讷出于什么目的，我们这位心气高傲的十六岁少年拓跋珪却笑道："果真像舅舅说的那样，外甥怎么敢忘记呢？"贺讷再没什么表示。拓跋珪的盛气凌人和招摇引起贺兰部众的不满，为什么只有你拓跋部才可以做草原主人呢？我们大匈奴才是草原和大漠真正的主人。

以贺讷弟弟贺染干为首的一部分贺兰贵族开始谋划除掉拓跋珪，贺讷和贺染干不是一母所生，恐怕贺讷未必同意。因为贺讷是什翼犍之女辽西公主所生，拓跋珪的亲舅舅。要杀拓跋珪，不能让辽西公主和贺讷知道，最好是暗杀。

为什么草原上强大的部族均欲置拓跋珪于死地呢？拓跋部自首领拓跋力微建立代国开始，历经八王之乱、五胡之乱，一直雄霸匈奴故地，经营草原近一个半世纪，通过互相联姻成为塞北草原最大的一支力量。虽说代国被前秦国灭亡，但根基雄厚，势力仍在，精神不散。其他部族想夺取草原霸权，绝对绕不开拓跋部这堵墙。拓跋珪是拓跋部的魂，是旗帜。

拓跋珪寄居人下，本该做事低调，但他性格张扬，做事动作大。他与独孤部闹翻后，干脆大张旗鼓，召集故旧。草原上的拓跋人和原代国的部族纷纷投奔拓跋珪，其中包括刘显的很多附属部众。刘显很是气愤，大呼上当，派人抓捕贺氏，精明的贺氏逃奔到刘亢泥家，在供奉神像的车子中躲藏了三天。刘亢泥全家人为她求情，贺氏这才免于一死。贺氏保住儿子完成任务，没必要继续待在独孤部，便鼓动原代国中部大人庾和辰带领部族和她一起逃到贺兰部。

拓跋珪的势力越来越大，贺染干迫不及待地要除掉他，指使匈奴勇士侯引七突实施暗杀。牧民尉古真告密，拓跋珪做好准备，营地戒备森严。侯引七突不敢贸然动手。贺染干怀疑尉古真泄露计谋，把尉古真抓起来审讯，用两个车轮夹他的头部，用刀刺伤他一只眼睛，尉古真拒不承认，贺染干无奈，只好释放他。

暗的不行，贺染干亲自上阵，率骑兵包围拓跋珪的营地。双方剑拔弩张，烈马长嘶，火拼一触即发。拓跋珪客居贺兰部，真正动起手来，是生是死，不言而喻。危难之间，贺氏挺身而出，谴责贺染干："你们要杀死我的儿子，到底想置我于何地呢？"贺染干虽心有不甘，却只得收兵退走。他并不惧怕贺氏，实在是害怕贺讷和辽西公主，不得不离开。

贺染干行动失利使拓跋贵族看到希望。拓跋珪的从曾祖纥罗与其弟拓跋建及诸部大人共同请求贺讷推举拓跋珪为王复立代国。贺兰部和拓跋部有千丝万缕的联系，加上辽西公主支持，贺讷不得不支持拓跋珪复国。此外，贺讷知道贺染干对贺兰部首领位置也抱有野心，一旦自己失去拓跋各部支持，就会让贺染干得利。贺讷思来想去，想起三国的曹操，自己何不"挟天子以令诸侯"，借助拓跋珪的力量统一大漠草原。

个人的利益大于种群的利益，这不是匈奴人的悲哀，而是人类的悲哀。

贺讷推举拓跋珪为代王，贺染干坚决不同意，我们贺兰部怎么能立拓跋珪一个外人做首领呢？贺讷笑着对弟弟说："拓跋珪是正统王子，你我以前都是代国的臣子，现在反对人家复国，说不过去吧！"

有了贺兰部首领的拥戴，一切水到渠成。公元 386 年，东晋孝武帝太元十一年春正月，拓跋珪在拓跋诸部和贺兰部支持下，在牛川召开部落联盟大会，复兴代国。

壮阔雄伟的阴山南北自古以来就是千里牧场，内蒙古有首民歌唱出了芳草萋萋、鸟语花香、牛羊遍野、风光无限的阴山草原：“美丽的草原我的家，风吹绿草遍地花，彩蝶纷飞百鸟儿唱，一弯碧水映晚霞，骏马好似彩云朵，牛羊好似珍珠撒，牧羊姑娘放声唱，愉快的歌声满天涯。”

青苍蔚蓝的天空下，无边无际的大草原上，拓跋部向我们展现了草原民族独特的祭天礼俗。女巫们扭摆身子摇动铜鼓，拓跋珪与拓跋部其他七族的首领以黑毡蒙身，在篝火青烟缠绕熏缭中向西拜天，改元登国，正式登上代王宝座。

拓跋部在呼伦贝尔草原游牧时，曾经七分部落，由纥骨氏、普氏、拔拔氏、达奚氏、伊娄氏、丘敦氏、俟亥氏七个兄弟分别统辖，七个部落连同拓跋部形成“鲜卑八国”。部落可汗由拓跋部直系担任，从而确立君位世袭的兄终弟及的制度。但是，每位首领继位，必须与其他七个部落的可汗对天盟誓，以示团结一致，相依相存。这种传统直到东西魏时仍然存在，但后来已经沦为形式。

代王拓跋珪依靠汉人谋士建立起国家机构，对有功之人进行奖励，大封部落首领及亲贵，以长孙嵩为南部大人，叔孙普洛为北部大人，汉人张衮为左长史，许谦为右司马，奚牧为治民长，王建、和跋、叔孙建、庾岳等为外朝大人，统领亲兵，诸将皆掌宿卫军，并参军国谋议。长孙道生、贺毗侍从左右，传递命令。很快，代国的中央机构和权力中枢基本形成，一个复兴的奴隶制国家在漠南草原重新崛起。

代国复兴，王权并不巩固。新代国政权承袭老代国部落大人共管国事的旧制，然而，拓跋王族对附属部落的控制远非什翼犍时期可比。以贺兰部为首的部落难以归心使得新代国仅仅是个空壳，代北的匈奴独孤部和黄河西边拓跋部的世仇匈奴铁弗部也虎视眈眈。

舅舅贺讷以居高临下的姿态注视着年轻的代王，这也算一个国王吗？有谁见过寄居在别人牧场里的国王？

一百年前，鲜卑人打败匈奴帝国，迫使匈奴人西迁南移。一百年后，这场两大民族的争斗又将开始。年轻的代王拓跋珪面对的将是势力强大的匈奴三大部落。

第二章
匈奴人最后的机会

有人把匈奴人比作狼。狼之所以凶狠，因为群狼构成了一支强大的团队。狼群所过之处没有任何动物能够幸免，无论多么凶猛狡猾。但是，一旦失去团结的精神，狼群就会丧失可怕的力量。人性的忌妒也会使人类的团结变得脆弱。此时的匈奴人已经不再是横行草原的天之骄子，匈奴三大部落致命之处在于不团结。

一百年前，鲜卑人征服骄狂的匈奴人。北匈奴逃得很远，据说逃到欧洲，他们的首领阿提拉竟然攻入西罗马帝国的首都。南匈奴更是四分五裂，大多部落成为晋王朝的附庸。这些受西晋帝国保护的附庸一度占领洛阳，建立匈奴人的王国。后来，他们被来自中亚地区的羯人打败，再度沦为牧羊人。

大匈奴的复兴，只能寄希望于留在草原与鲜卑等北方民族互相通婚的三大部落，即独孤部、铁弗部和贺兰部。拓跋鲜卑人复国成功，留给匈奴人的机会不多，可他们仍旧不团结。铁弗匈奴人悠然享受着黄河河套、鄂尔多斯草原鲜美嫩绿的青草；贺兰匈奴人兀自做着拉木伦河霸主的美梦；只有独孤部在行动，这是匈奴人最后的机会。不求消灭所有拓跋人，只求扳倒他们的首领拓跋珪，因为这个人太可怕。

壹 此儿有志高天下

拓跋珪最大的优点是什么，志向！有志者事竟成。

北魏名臣汉人张衮曾经对人评价拓跋珪说："主上天资杰迈，逸志凌霄，必能囊括六合，混一四海。"张衮说拓跋珪最大的优点就是有志气、有理想、有抱负。这是一个人干大事最基本的一项素质。

牛川在贺兰部控制之下，心高气傲的拓跋珪不甘心受人操纵。他不会去做懦弱的汉献帝，很快和贺兰部首领两个舅舅贺讷、贺染干闹翻。拓跋部与贺兰部的蜜月仅仅维持一个多月，拓跋部就脱离贺兰部庇护，由牛川迁到云中川。

云中川，即今前套平原。今天的内蒙古省会、草原明珠青色之城呼和浩特就坐落在这里，不过当时并没有这么一座城市。古时的云中川是一望无际、天野相接、水草丰盛、牛羊肥壮的大草原。《魏书》中记载："云中川自东山至西河二百里，北山至南山百有余里，每岁孟秋，马常大集，略为满川。"这里是拓跋鲜卑龙兴之地，代王什翼犍在此建造了盛乐宫。

复兴伊始，代国内忧外患，年轻国王拓跋珪面临着重重困难，举步艰难。从中国整个版图望去，王国实际控制区域仅有现今内蒙古前套平原狭长的草原地带。北有贺兰部、南有独孤部、西有匈奴铁弗部、东有一个强大的慕容后燕国。

四面强敌环伺，危机重重，拓跋珪非但不退，反而主动出击！公元386年四月，少年气锐、志向远大的代国国王拓跋珪毅然诏告草原诸部，将代国国号更名为魏，自称魏王，改元立国，北魏国建立。代国复国仅仅四个月，拓跋珪就更改国号，这一举动意味着什么？去掉百年传承的国号对草原新王国来说，是福还是祸呢？

更改国号需要智慧和莫大的勇气。代国雄霸草原百余年，拓跋珪复兴家国，靠的就是这面招牌，你把自己的招牌砸碎，生意还做不做？看看人家慕容鲜卑人，这个复国，那个复国，都叫燕国。你争我夺，互不相让，就为了大燕那块金字招牌。这也给后人留下些难题，前燕、后燕、西燕、南燕，分清楚很费劲。

为什么要改称魏国呢？历史学家们曾经进行过无数次探讨。其中有一种说法：古人看重五德历运，按照五行说法，魏居土德，接续汉晋之间的曹魏。北魏所居的土德，就是曹魏的土德，承续的是汉朝的火德。拓跋之魏，即曹魏之魏。

八王之乱后，中国大地建立大大小小十多个政权，众说纷纭，都说自己是正统。拓跋珪怎么办呢？去掉代王称号，就是要为自己寻个正统，不能承晋是必然的，因为晋朝仍在，承匈奴汉国？承羯族赵国？承氐人秦国？不行！干脆一起否定，我即魏国，曹魏的魏国，你司马氏篡魏而立，我就是曹魏，我复国了。

十六岁正是憧憬理想的年龄，今天的我们沉迷在游戏、网络中编织自己的梦想，喜欢战争游戏的玩家会精心选择扮演的角色。拓跋珪心中的偶像是三国魏国的曹操，他认为代国称号不足以威服四海，而且也不希望别人指手画脚地说："你能有今天，无非靠着祖辈的荣耀。"

南北朝的北朝魏国在漠南云中川大草原上正式建立，拓跋珪亲手掀开中国历史新的一页。代王爵位是晋朝册封的，拓跋珪抛弃了晋朝正统地位。虽然东晋取得淝水之战胜利，但是经过苻坚苦心经营，晋朝在北方影响力已大不如前，各路英雄都想取而代之，大晋国不再是那个为少数民族所尊崇的天朝上国。代国更名魏国显示出拓跋珪的雄心壮志，不再受晋朝束缚，定下更高的战略目标，要与各地群雄角逐天下。

不是每一个人都能够认同拓跋珪的志向和勇气。拓跋联盟中有些部落看不到魏国的前途，认为拓跋珪狂妄，把保护伞扔掉，数十年的老店换了门面，整个一败家子。代国虽说复国，用不了多久就会让这位牛气哄哄的少爷败掉。燕雀焉知鸿鹄之志，他们哪里懂得拓跋珪的凌霄壮志？古来英雄皆寂寞！

护佛部首领侯辰、乙弗部首领代题率各自部众叛离魏国，独自游牧去了。二部的叛逃更激起联盟内部的不稳，人心惶惶。拓跋各部落的首领和将领们愤怒不已，齐聚魏王大帐，请命追击叛徒。

拓跋珪出奇地冷静，他有自己的判断："侯辰和代题的部落世代为我们拓跋部做事，有罪过能忍则忍，当今国家草创，人们的想法不同，愚昧的人看不清形势，自然进退无常，不值得追赶。"

两个月后，没能找到合适水草、安全又得不到保障的代题率乙弗部重新归附魏国。拓跋珪不冷不热，代题再次叛离魏国。这一次，乙弗部众不愿相随，代题只得单身投靠独孤部刘显。拓跋珪任命代题的孙子倍斤为乙弗部的首领。这一手非常精明，不计前嫌，不搞牵连，遇上这样的老板，员工怎么会不安心工作呢？

安定住部落联盟的人心，拓跋珪开始注意最大的敌人匈奴独孤部。拓跋部的强大在于团结，匈奴的衰落在于不团结。从南北匈奴开始，匈奴人就陷入这个怪圈之中。

拓跋珪和母亲贺氏一道对独孤部开展瓦解工作。草原民族由一些血缘关系相近的部落组成，独孤部也不例外，其中一个较大的部落在刘罗辰领导下。刘罗辰是刘眷的儿子，刘眷被刘显杀死。拓跋珪利用二人的矛盾，继续老代王什翼犍时代与孤独部联姻的政策，娶刘罗辰的妹妹刘氏为夫人。拓跋珪这段姻缘非常完美，既有综合部族利益的因素，又有两人的多年感情。

拓跋珪小时候寄居独孤部，与刘氏两小无猜，青梅竹马。二人的婚姻彻底拉拢住刘罗辰部，引起独孤部的分化，刘显的另一个弟弟刘肺泥也率领部落降魏。刘显被逼无奈，选择战略退却，退入长城内，南走马邑（今山西朔州一带），把草原让给了拓跋部。

生性残忍、狡猾多诈的刘显难道会坐以待毙？当然不会，他正在策划着一个更大的阴谋。胜败在此一举，这是匈奴人最后的机会！

贰 三岁犊岂胜重载

什么阴谋呢？刘显派弟弟刘亢泥出使山西的西燕国，向西燕国主慕容永索要一个人，一个叫作拓跋窟咄的人。

拓跋窟咄是老代王什翼犍的幼子。前秦灭代国时，拓跋窟咄已长大，留在代北怕生变故，被强逼迁往长安，入太学读书，实际上是监视起来。长安战乱，拓跋窟咄随慕容鲜卑东归，随行军中。他是什翼犍所剩的唯一一个儿子。

西燕主慕容永是个很奇怪的人，命运跌宕起伏。他的遭遇可以印证一句古老的格言："三十年河东，三十年河西。"他是前燕国的贵族，与慕容皇族是远亲。前秦灭燕，苻坚迁徙鲜卑人到关中。慕容永流落长安街头，老婆在家缝制皮靴，他出去练摊。千万不能小瞧卖鞋的，三国蜀主刘备早年也卖过鞋子。你不必感叹命运多舛、人生多难，只要有足够的信念一定能够成功。从万人景仰的贵族沦落为寻常小商贩，并没有让慕容永丧失斗志。

前秦淝水战败，慕容永毅然踢掉摊子，跟随帅哥皇帝慕容冲起兵关中，成为慕容冲手下的一员悍将。慕容冲被思乡东归的鲜卑人杀害，慕容永乘机夺取西燕国的大权，率军东归，击败天王苻坚的长子、盘踞在晋阳的苻丕，独霸山西称帝。

以慕容永的阅历和聪明，他对刘显的用心洞若观火，知道拓跋珪在草原光复代国对独孤部构成威胁，所以刘显另外寻出一个代国的继承人，想要引起魏国内乱，趁机消灭拓跋珪。帮助刘显等于向魏国宣战，与之为敌。不帮助刘显，对西燕国没有什么害处。可慕容永做出一个奇怪的选择，帮助刘显。

原因不难猜测。慕容永认为刘显的独孤部在草原势力最大，而拓跋珪的魏国毕竟是新生力量，再者拓跋窟咄一去，名正言顺，势必引起魏国分裂，一个内乱部落如何经得起强敌攻击。帮助独孤匈奴称霸草原，自己凭空多了一个强大的盟友，何乐而不为呢？于是，慕容永同意将拓跋窟咄送给刘显。

慕容永猜得没错，刘显用意险恶。既然代国复兴成为现实，拓跋珪称王，可你毕竟是代王什翼犍的孙子，我把代王的儿子请回来，看你怎么办？按照草原规矩就该让出王位来，如果不让，打你师出有名。刘显的计策一方面争取到西燕国支持，另一方面也可使魏国刚刚团结起来的部落联盟陷入分裂。刘显的奸计差一点儿就得逞了。

黄叶纷飞，秋风乍起。刘显尽起独孤部兵马护送拓跋窟咄回盛乐继承王位，此举造成魏国部落联盟大地震，诸部骚动，人心顾望。拓跋珪亲信左右侍从勿忸于部族的于桓兄弟与莫那娄等八家部落首领密谋发动叛乱迎接拓跋窟咄。

八家部落密谋，莫那娄首领莫题提议派人送箭给拓跋窟咄以示效忠，并轻蔑声称："三岁犊岂胜重载？"三岁小牛犊拉得了重货吗？言下之意，拓跋窟咄年长，拓跋珪年幼难以成事。

莫题这个人很聪明，然而聪明人往往为聪明所害。莫题献给拓跋窟咄的长箭为他埋下了杀身之祸。莫题不仅是一家部落的首领，而且以幢将身份率领拓跋珪的禁兵，连亲兵中都有人反对，可见局势岌岌可危。

之所以有这么多部落图谋叛乱，因为他们和莫题的看法相同，认为拓跋珪年幼无知，行事鲁莽，掌控不住形势。再一个抱怨拓跋珪和贺兰部闹得太僵，以致四面树敌，不会是拓跋窟咄和刘显的对手，准备及早效忠新主子。

讨好新主子最大的功劳莫过于抓捕拓跋珪。于桓等人迅速制订出抓捕拓跋珪的计划。可就在当天晚上，以于桓兄弟为首参与密谋的勿忸于部五位头领，却被鲜卑武士从羊皮被窝里硬生生拽出来，扭到魏王的帐篷，迎接他们的是拓跋珪那张冰冷的面孔。于桓知道一切都结束了，可他怎么也想不通，为什么拓跋珪这么快获悉密谋，直到舅舅穆崇站到身边才如梦初醒。但他一直以为穆崇是最不该告密的人。

穆崇记得吧？就是和奚牧两人到七介山向拓跋珪母子通报刘显阴谋的那个穆崇。穆崇是代人，祖先从拓跋力微开始世代效忠拓跋部。为人机灵敏捷，“少以盗窃为事”，就是小偷。

他虽然职业不光彩，但非常重义气。看看穆崇是怎么做的：当拓跋珪母子寄居独孤部的时候时常救济帮助，没有人能比得上；在拓跋珪危难之时挺身而出，冒着生命危险送信。

当年刘显要杀拓跋珪，梁六眷让穆崇通风报信，知道刘显会疑心是他走漏风声，临行前对穆崇说：“刘显日后肯定会疑心我，你一定不要泄密，现在骑上我的骏马，把我心爱的女人一起带上。如果刘显怀疑到我，你就说偷了我的马，抢了我的女人畏罪逃跑。”

刘显从七介山败兴而回以后，越想越不对劲，在驻地里调查，发现梁六眷手下的奴才穆崇失踪，并且梁六眷少了一匹骏马。他联想到梁六眷是什翼犍的外甥，又参与了此事，一定是他泄密。刘显正要派人去抓，穆崇此时却回来了，四处张扬说：“我看不惯梁六眷那副奴才样，背主沽恩，忘记自己是代国的奴才。我夺他马，抢他女人，看他能把我怎么样？”刘显听说后，又觉得梁六眷不会背叛自己，便不再深究此事。

穆崇大可和拓跋珪一道逃到贺兰部去，远无必要冒着凶险再回独孤部。可他重“义”，对拓跋珪母子重“大义”，对梁六眷重“小义”，算得上侠义中人，义薄云天。讲义气的人吃亏，但并非所有讲义气的人都吃亏。拓跋珪不是一个轻易被感动的人，穆崇的义气还是打动了他那颗冰冷的心。穆崇日后参与策划谋反，当时陷入极度疯狂猜忌的拓跋珪杀死了弟弟，却原谅了他。

当外甥于桓告诉穆崇，八家部落密谋抓捕拓跋珪时，穆崇却大义灭亲，连夜告密。拓跋珪临危不乱，当机立断，斩杀于桓等五人，对莫题等七家部落首领则全部原谅，并不追究。这一手显示出他高人一等的政治手腕，诛杀主犯立威、从犯一概赦免来稳定各个部落的人心。

拓跋珪为防备联盟内部的人继续发难，率领诸部落向北翻越阴山，再次去依附贺兰部。拓跋珪果然能屈能伸，先前和人家贺兰部闹得那么不开心，这次居然扯下脸皮来再去。不过话又说回来，这也是没有法子的事，以一个离心离德的部落联盟去和拓跋窟咄、刘显联军交战又能有多少胜算？

拓跋珪第二个优点就是坚忍。坚持、不放弃，不到最后一刻不认输。即使来到贺兰部地盘，也指望不上贺兰部会帮你出兵打仗，拓跋珪想到了中原帝国后燕。慕容燕国与拓跋魏国是姻亲，拓跋珪是后燕国皇帝慕容垂的孙外甥，他的祖母是慕容垂的亲妹妹。拓跋部的使者长孙贺和安同骑快马入塞向后燕国求援，没想到长孙贺半道投奔拓跋窟咄去了，安同历经千辛万苦从小路赶到后燕国新都中山城（今河北定州市）。

长孙贺之所以半路投奔拓跋窟咄，一方面出于对拓跋珪的轻视，另一方面他不认为慕容燕国会出兵帮助魏国，因为燕国的老皇帝慕容垂正忙于和黎阳的丁零人以及南方的东晋开仗，哪有闲工夫管草原上的事。

拓跋鲜卑人和匈奴独孤人的命运竟然掌握在遥远的中山皇宫里。慕容鲜卑真是鲜卑人吗？慕容垂又是个怎样的人？他会帮助拓跋珪吗？

叁 一代枭雄慕容垂

世间不乏常胜名将，但有不败的将军吗？极少，但有！慕容垂就是其中之一。慕容垂十三岁开始带兵，大小千余战，从无败绩，人们称之为枭雄。前燕灭亡后，他依靠坚韧不拔的意志成功复国，成为慕容家复国第一人。然而，他死后仅仅一年，依靠一场场军事胜利建立起来的后燕王国最终兵败河北，退出中原。对于百战百胜的名将慕容垂来说，上天似乎对他太不公允。

纵观古今中外，没有任何一个家族可以与鲜卑慕容家相媲美。慕容这个名字如同烟花般绽放出绚丽色彩后便湮没在中国浩瀚的历史洪流之中。慕容家族起初并不住在江南水乡姑苏燕子坞的参合庄，而是驰骋纵横在广阔无垠的辽东大地。金庸先生说得没错，他们拥有盖世武功。

慕容鲜卑是东北的林地民族，祖先不讲汉话。那么，慕容这个姓氏又是怎么来的呢？它来源于一顶帽子，很奇怪吧？东晋十六国时代奇怪的事多着呢。

慕容鲜卑属于东部鲜卑，东部鲜卑起源于内蒙古自治区东部的鲜卑山，即今科尔沁右翼中旗西哈勒古河附近的大罕山。东部鲜卑在檀石槐时最为强大，他在高柳（今山西阳高县）北三百余里的弹汗山设立大帐，建起鲜卑廷，统一众多的鲜卑部落，结成强大的部落大联盟。檀石槐死后，鲜卑一度衰落。后来一个叫作轲比能的鲜卑大人重新建立鲜卑部落大联盟。轲比能死后，鲜卑联盟分裂为三部。宇文部、段部、慕容部先后兴起。

慕容部原本游牧于西拉木伦河上游。三国时代，慕容部首领莫护跋率部向东南移动，到达沿海之滨的辽西郡。莫护跋跟随魏国大将司马懿征讨辽东公孙渊有功，被封为率义王，定居大棘城（今辽宁省义县）。

莫护跋起初并不姓慕容。当时燕地和代地的人喜欢戴步摇冠，步摇冠即一步一摇的帽子。那是一种流行于汉代的笼冠，本来是武将戴的帽子，其形状像一个倒置的高脚酒杯，四周用笼状的硬壳套上。所谓步摇冠，即在笼冠之上镶有像树枝树叶状的金枝金叶片，摇动即响。戴在头上，一走一晃，一晃一响。

这种帽子时尚前卫，莫护跋非常喜欢。把披散的头发束起来，戴上步摇冠，整天招摇过市，诸部落的人都不叫他名字，叫他步摇。莫护跋不仅不反感，反而很开心。久而久之，步摇叫成慕容（东胡语的音讹），莫护跋也就以慕容作为自己的姓氏。

后来慕容家族建立王国，为增加文化分量，解释说，之所以要以慕容为姓是慕二仪之德，继三光之容。不管如何，慕容是叫定了，而且透露给我们一个信息，步摇冠和慕容之称是慕容部从野蛮走向文明，从游牧走向定居的开始，也就是汉化的开始。

公元 285 年，慕容廆继承慕容部首领，西晋王朝封为鲜卑都督。八王之乱爆发后，匈奴人进入中原，晋廷南渡，匈奴和羯人争霸北方。慕容鲜卑趁机在东北扩张势力，人口猛增十倍，国力逐渐强大。公元 333 年，慕容皝自称燕王，建立前燕王国。一代开国君主出手不凡，打败羯族后赵的远征，灭掉宇文部和段部，击败高句丽，一统辽东。

慕容垂是慕容皝第五个儿子。起初不叫慕容垂，而叫慕容霸。慕容皝儿子众多，其中四个儿子比较出色，分别是次子慕容俊、四子慕容恪、五子慕容霸和小儿子慕容德。

儿子多了，难免偏向。慕容皝对慕容霸甚是宠爱，经常对弟弟们说："此儿阔达好奇，终能破人家，或能成人家。"遂为其取名慕容霸，字道业，认为他最终能够成就慕容家的霸业，甚至想立其为世子。因其不是嫡出，未能如愿。燕军攻打高句丽和宇文部，慕容霸为先锋，时年仅十三岁，勇冠三军，成为慕容家族一颗新星。慕容皝对慕容霸的宠爱引起后来成为燕国皇帝的慕容俊的忌妒。

慕容皝去世，慕容俊即燕王位。慕容霸与慕容恪一道入关，擒杀冉闵，攻占邺城。慕容鲜卑入主中原。慕容霸喜欢打猎，曾因游猎坠马折齿。慕容俊称帝后，出于妒忌，给他改名慕容垂，封为吴王。慕容垂噩运从此接连不断，改名字只是个开始。不久，前燕宫廷发生一起巫蛊案。

巫蛊是一种巫术。古代的人认为用意念诅咒或祈福可以灵验，常用木头或玉石刻成人物形状进行施法。巫蛊案的主犯是吴王慕容垂大人段氏。她诅咒的对象是谁呢？燕帝慕容俊。为什么要巫蛊皇帝呢？因为她的丈夫是慕容俊的五弟。如果皇帝死了，她丈夫有可能登上帝位。发现案情的是慕容俊皇后可足浑氏。案子看起来似乎很清楚，作案动机、客观行为、违法事实俱在，可是主犯却没有招供。

"我有一千种方法让你开口！"这句狠话在段氏身上没有用。鲜卑女人性格刚强，何况段氏是鲜卑三大姓氏之一。东部鲜卑最尊崇的姓氏有三：慕容、宇文、段氏。

女人天生忌妒，因为她们要讨好男人，不允许其他女人接触自己喜欢的男人，也难以容忍别的女人比自己高贵，可足浑氏也一样。可足浑皇后将段氏下狱，严刑拷打，动用大刑逼供。段氏骨气硬，一句软话不说，可足浑后发狠，指示廷尉往死里整，段氏被折磨得不成样子。

慕容垂心痛，实在看不下去，暗中派人对段氏说："人生会当一死，何堪楚毒如此，你就招了吧。"段氏的回答令人感动："我难道怕死吗？我要承认巫蛊皇上，上辱祖宗，下必连累吴王你，我决不会那样做！"结果段氏在大狱里被活活折磨而死，这件案子终因证据不足，未能定案。

巫蛊案是慕容兄弟二人争斗激化的结果，可足浑后想借此案牵扯慕容垂，除掉眼中钉。段氏宁死不屈，出乎意料。慕容垂思念段氏，娶段氏的侄女段元妃为继室。可足浑后依旧不依不饶，和慕容儁商量，罢黜段元妃，让妹妹长安君嫁给慕容垂，明为妻子暗为监视。

慕容儁死后，慕容暐继位。中原是所有人垂涎的地方，东晋大司马桓温率步骑五万自姑孰出师伐燕。桓温是中国历史上的著名将领，以一句"男子不能流芳百世，亦当遗臭万年"的豪言壮语名留青史，灭成汉、伐前秦威震天下。

东晋军队水陆并进，浩浩荡荡，势如破竹，屡败燕军，兵至枋头，直逼燕都邺城。面对东晋名将的凌厉攻势，慕容暐准备退却，怎么来的怎么回去，慕容鲜卑做好回到东北的打算。举国惊扰、徘徊不定之际，慕容垂于朝堂之上傲然请战："臣率军迎敌，若打不赢，再走不晚！"

慕容垂生平未打过败仗，桓温生平也未打过败仗。两位不败将军的对决终会决出一名失败者。慕容垂分兵断晋军粮道，用伏击战术击败桓温，斩首三万级，取得襄邑大捷。这是桓温一生中打过的唯一一次败仗。桓温深耻丧败。吴王慕容垂顿时名动天下。

宫廷是诞生阴谋的温床。太后可足浑氏感受到慕容垂功高震主的气焰，将战功抹杀，拉拢太傅慕容评，准备加害慕容垂。亲信们劝慕容垂先发制人，慕容垂保持着枭雄惯有的沉着和冷静："骨肉相残，首乱于国，我有死而已，怎么忍心做这种事！"

真正的枭雄从来不会在道义上授人以柄，当然也不会束手就擒，慕容垂选择了逃亡。慕容垂伪装打猎，带着子侄亲信们微服出邺城，逃往故都龙城（今辽宁朝阳）。到邯郸时出了意外，幼子慕容麟因向来不受慕容垂宠爱，跑回邺城向慕容评告状。慕容评派出精骑追赶，幸亏长子慕容令有万夫不当之勇，亲自殿后，追兵不敢逼迫。慕容垂父子只得改道西行，投奔前秦国。

慕容垂前来投奔，乐坏天王苻坚。前秦早就想灭掉燕国，迟迟不动手，就怕这尊护法金刚。慕容垂走了，前燕必亡。

慕容垂念念不忘复国大业，怂恿苻坚南下伐晋。淝水之战，慕容垂用三万军队牵制桓冲十万荆州大军，未损失一兵一卒。前秦主力兵败淝水，慕容垂把军队完整交还给苻坚，带着手下亲信回到邺城，斩吏烧亭，聚众起兵，收复河北、辽宁原前燕的国土，复兴燕国，史称后燕。

肆 燕魏合兵

魏国使者安同来到后燕皇宫，见到威震天下的不败名将、燕帝慕容垂。巍峨雄伟的太极殿，金碧辉煌的须弥宝座，威严的仪仗、金甲武士，十二旒白云珠的通天冠，绣日月星辰的绛纱龙袍……一切的一切表明如今的慕容鲜卑人，早非操着东胡语说话、捕鱼牧马的东北野蛮民族，已是中原的主人。

慕容垂身躯笔直，雪白的须发、历经沧桑的面庞似乎向世人诉说着慕容鲜卑无尽的荣耀、灾难与不幸。那只结实有力的手紧紧握着腰间的宝刀，刀是慕容鲜卑人的象征，也是勇敢不屈的象征。慕容垂手下有一支精兵，百战百胜的精兵。安同知道，后燕国正与东晋争夺山东，与丁零人争夺河南。慕容垂爱兵如命，怎么肯牺牲将士的生命去帮助别人？

后燕不出兵，拓跋珪只有死，魏国存亡系在安同一人身上。安同是西域人，东汉末年，祖先世高作为安息国王子留学洛阳。八王之乱，一家避乱辽东，以安为姓。父亲安屈曾在前燕国做官，前燕国亡后，家道中落。后来，安同做起运输业，组织了一支商队，贩运马匹于草原、中原之间，获利颇丰。安同素有大志，不甘心于商旅，遇到拓跋珪，一见如故，认为拓跋珪有王霸之才，毅然舍弃商队，追随左右。

安同有后燕国的背景，是以拓跋珪委以重任。面对困难退缩，不是商人的性格。安同正准备用三寸不烂之舌纵横捭阖，不料慕容垂已然同意。

慕容垂的爽快大大出乎安同意料，这么快搞定名动天下的枭雄，安同几乎不相信自己的耳朵。

为什么出兵？为了他的孙外甥拓跋珪？亲情在慕容垂心目中不值一提。当年父王慕容皝将女儿嫁给什翼犍是为了取得拓跋代国的帮助入主中原。如今拓跋王国弱得不能再弱，燕国已得河北之地，同盟还有用吗？

慕容垂出兵救援魏国，是因为慕容永支持独孤匈奴。对于正与东晋、丁零人打仗的慕容垂来说，最大的敌人不是东晋，也不是丁零，而是西燕皇帝慕容永。

西燕的建立者是慕容冲，慕容冲是前燕皇帝慕容暐的亲弟弟。慕容暐死在关中，慕容冲才是燕国的正统皇帝。慕容冲称帝阿房，慕容垂只能称燕王。慕容冲反对关中的鲜卑人东归故土，一心想在关中立国，就是畏惧他这个枭雄叔父。慕容冲死了，慕容垂才得以正式称燕国皇帝。而今慕容永以慕容冲的继承人自居，当起大燕国皇帝，这不是与他慕容垂对着干吗？

两人之间的敌意，毫不掩饰。当年从淮淝之役退下来的慕容垂起兵复国时，宗族家眷多在长安，经历关中战乱之后，随鲜卑大军东归。慕容永做西燕皇帝不久，便残忍诛杀了一路跟随东归的慕容垂宗族。

一山不容二虎，一国不容二君，大燕国只能有一个皇帝。不是慕容永死，就是慕容垂亡。凡是慕容永支持的，慕容垂都坚决反对。作为后燕国的皇帝，慕容垂绝对不愿意看到一个亲西燕的草原政权来威胁西北边疆，何况以重装骑兵为主力的燕国军队需要大批塞上优良的军马，所以他毫不犹豫地命令儿子赵王慕容麟率步骑五千救援魏国。

慕容麟就是曾经出卖过他的幼子。连老爹都出卖，足见此人无情狡诈。事后，慕容垂的确冷落过这个儿子，但慕容麟在复国战争中表现出来的军事才能令慕容垂刮目相看。

后燕军在慕容麟的指挥下越过太行山出塞，安同先行一步回国送信，发现牛川已被拓跋窟咄和刘显的联军占领。联军大肆搜捕过往行人，想来叛徒长孙贺已经通风报信，绝不能让魏燕两家取得联系。安同隐藏在商人载运的货囊中，趁着夜色跳进一处枯井逃得性命，过不得关口，只得返回燕军驻地。

援军的消息魏国无从知道，拓跋窟咄和刘显的联军逼近南部。贺兰部的贺染干落井下石，趁机劫掠魏国北部部落的牛马羊和财物。诸部惊恐混乱，形势危如累卵，没有人会相信正在和周边国家打得不可开交的慕容垂会来救援与他毫不相干的魏国。人们开始骚乱。北部大人叔孙普洛等十三家首领和许多乌桓部落都投奔匈奴铁弗部刘卫辰去了。

冬天到了，西伯利亚的寒风扫荡着蒙古高原的一切，入冬的寒流预示着这个冬天将格外地冷。拓跋珪内心火热，坚强期盼着最后一线希望。部众越来越少，他已经无力阻挡牧民散去的脚步。这是人生又一个危急时刻。每当危险逼近的时候，穆崇总会出现。他带回一个关于白狼的神话。白狼救了拓跋珪，拯救了处于崩溃边缘的魏国。

部落撤离的时候，穆崇主动留在盛乐探听敌军动向，孤身夜入刘显军营侦察，把马和随从留在营外，结果一不留神在一处有火光的地方被一个女人看到，女人大呼小叫，惊动了敌人。穆崇赶紧向营外跑，慌忙中找不到随从和马匹，只得藏身一处泥坑。追兵过后，他重入敌营盗得马匹出逃，夜晚睡在沼泽旁，半夜一匹白狼冲他嚎叫。穆崇惊醒，猜出白狼的意思，驰马随狼逃走。逃出很远回首望时，发现原来休息的地方竟有火光晃动。

白狼对于草原民族来说是神物，就像中原的龙，后代许多人把狼的精神等同于草原民族的精神。穆崇把自己的遭遇告诉魏国牧民，天神站在拓跋珪一边。真的有白狼吗？只有穆崇自己知道，也许是他编造的谎言，目的无非是鼓舞拓跋部牧民的斗志。

魏国部众离散的消息为后燕军主将慕容麟获悉。为安定魏国人心，安同冒着危险再次偷渡牛川报信。困境中的拓跋珪终于获得后燕出兵的消息，魏军士气再度恢复。拓跋窟咄得知后燕军入援，撤兵回到高柳防御。拓跋珪亲自率领精锐部队返回牛川，穿过参合陂，出代谷，与燕军会师。

燕魏军队与刘显、拓跋窟咄的联军在高柳川展开大战。拓跋珪第一次见识到慕容鲜卑的军队，那真是一支铁军，无坚不摧的铁军。人马披甲，刀矛锋利。慕容鲜卑依旧保持着游牧民族的传统，战士作战勇敢，丝毫不逊于拓跋人。

独孤部大败，刘显率残部退回马邑。拓跋窟咄向东败逃，投奔铁弗匈奴。刘卫辰心胸狭隘，忆起与拓跋部的仇怨，竟将拓跋窟咄处死。拓跋珪收编拓跋窟咄的部落，慕容麟班师中山。

北魏与后燕的第一次军事合作大获成功，看似完美的乐章中却透出一点儿不和谐的音符。后燕皇帝慕容垂遣使册封拓跋珪为西单于、上谷王，拓跋珪没有接受。拓跋珪之所以放弃代王的称号就是想与天下英雄平起平坐，怎么可能接受燕国的册封呢？慕容垂忽视掉这一细节，妄自尊大，为日后失败埋下祸根。

战败的刘显不死心，他以马邑为基地，四处招兵买马，扩张土地，图谋东山再起。刘罗辰、刘肺泥拉拢刘亢泥背叛刘显，刘显领兵攻打，兄弟相争，独孤部内乱。谋士张衮向拓跋珪献策道："刘显志大意高，绝非等闲之辈，常有吞并我国的意图。如果不乘独孤部内乱一举将其歼灭，必为后患。若我轻师独进，恐怕他会率部逃逸。可派使者联络燕国，东西并进，一战可擒。这可是千载难逢的良机，机不可失啊！"

卧榻之侧岂容他人酣睡。张衮的战略建议得到拓跋珪同意，安同再次来到中山城。也该着刘显倒霉，刘卫辰献给慕容垂良马三千匹，行至半路竟被刘显抢走。慕容垂本来就想攻下代北，从东面和北面包围西燕，偏偏刘显来惹他，正在生气，魏使到了，两下一拍即合。

第二年秋，七月，魏燕联军再次出动，从两个方向杀向代北。燕将慕容麟、慕容楷指挥军队攻打刘显。刘显大败，率残部撤回马邑西山。在弥泽遭遇拓跋珪的魏军，全军覆灭，刘显单骑投靠西燕主慕容永。慕容麟尽收刘显的部众，获牛马羊数千万头。

买卖没有白做。后燕国如愿以偿控制住代北，得到马邑诸镇。慕容垂立刘显弟弟刘亢泥为乌桓王做傀儡，替后燕管辖匈奴部众。接着，迁走独孤部八千户到中山城充实人口。这场战争最大获利者是北魏。拓跋珪通过击败拓跋窟咄和刘显两次战役，使魏国逐渐成为塞北草原强大的国家，巩固了自己的王权地位和在诸部落中的威望。

淝水战败，统一的前秦大帝国瓦解。经过一系列的战争，此时中国大地国家林立。东晋割据长江之南；后燕占领河北、辽宁；西燕拥有山西；后秦据有关中；吐谷浑雄霸青海西藏。为积蓄力量与群雄争霸，拓跋珪发动对蒙古高原诸部落的远征，迈开统一草原的步伐。与之同时，一个地跨凉州和西域的王国迎着漫漫黄沙，在数不清的绿洲上升起了旗帜。

第三章 西域征服者

自西汉起，西域就是中国领土。魏晋时代，中国对西域的控制力减弱。公元382年，西域十国叛乱，前秦苻坚于是发动了一次西征西域的军事行动，这次战争，成就了一位盖世名将。万里远征，以十万之众破西方百万大军，威震边疆，征服西域三十六国，他就是后凉国的国主吕光。

壹 楼兰古国

古代中国西域有一个古老而神秘的国家——楼兰。说它古老，早在公元前176年就已经建立，成为西域一个著名的“城郭之国”。

《汉书·西域传》中记载：“鄯善国，本名楼兰，王治扦泥城（在今若羌地区），去阳关千六百里，去长安六千一百里。户千五百七十，口四万四千一百。”楼兰属西域三十六国之一，在汉武帝时并入中国版图。

楼兰古城依畔烟波浩渺的罗布泊，曾在丝绸古道上盛极一时，是连接东西方的纽带，它东接敦煌，西北至焉耆、龟兹，西南到若羌、且末。丝绸之路给楼兰带来了经济的繁荣，东西方的文明在此交会。文明也给楼兰人带去了灾难，都城大兴土木，林地乱砍滥伐，致使水土流失、风沙侵袭、河流改道、气候异常、瘟疫流行。楼兰人不得不弃城迁徙，流沙渐渐埋没了一座辉煌壮丽的千年古城。

前秦帝国大将吕光目睹了茫茫黄沙湮灭楼兰都城令人悲哀的一幕。

吕光是略阳氐人，其家世为氐族酋豪。父亲吕婆楼，辅佐苻坚登基为王，官至太尉。传说吕光出生之时，夜有神光，故以光为名。吕光十岁时就显示出军事方面的志趣，和伙伴们一起玩游戏，喜欢排兵布阵。长大后身材雄壮，与楚霸王项羽一样目有双瞳。不喜欢读书，喜欢放鹰走马。人们都认为他是个顽劣子弟，唯独秦相王猛认为他是个人才，向天王苻坚推荐说："吕光，绝非寻常人啊！"

"堂前听喜鹊，出门遇贵人。"千里马常有，伯乐不常有。王猛就是吕光的贵人。吕光从军入伍，才华得以施展。前秦军征讨山西，吕光与号称"不败"的猛将张蚝大战于铜壁，由清晨杀到日暮，刺张蚝于马下，自此威名大震。后随王猛伐燕，立下大功，先后平定苻氏宗族中苻双、苻重、苻洛的叛乱，与邓羌并为前秦两大虎将。

有了贵人，还要有机遇。吕光人生的最大转变来自两位天山来客。

公元382年，淝水大战前一年九月，鄯善王休密驮、车师前部王弥窴入前秦都城长安朝贡，说天山北麓的狯胡国日益强大，西域有十余国叛中国依附狯胡，请求天王苻坚出兵讨伐不服大秦的西域诸国，重新设置西域都护府，甘愿充当大军向导。

西域自汉武帝置都护府以来，一直是大汉的领土，三国魏晋依汉故事，设西域都护、戊己校尉、西域长史等官职管理西域事务。至前凉王张骏，更在高昌设郡，对西域管辖愈加严格。它们虽然名义上是国家，实质仍是中原王朝的郡。

汉置西域都护府时，西域为三十六国，至三国时已兼并至二十国，今有十余国反叛，可见西域的局势已是岌岌可危，否则两个国王不可能千里迢迢亲自跑到长安来讨救兵。

苻坚爽快地答应下来，表示愿意派出十万军队。关于西征问题，朝野上下发生争执。秦相苻融反对，认为西征"只会虚耗中国，投兵万里之外，得其人不可役，得其地不可耕"。苻融的看法与古代许多人的看法一致，在当时交通条件不允许的情况下，就算把西域打下来，守得住吗？再者说，西域耕地稀少，为其消耗大量人力物力，不值得。

中原帝国军队大规模进入西域，前秦之前，历史上只有一次，是为了汗血宝马。苻坚又是为了什么呢？

古代西域即今新疆，指玉门以西、葱岭以东之地。西域诸国由两部分组成，绿洲和游牧国家。绿洲国家即城郭之国，以绿洲为中心建城堡，统领周围的农村和牧区。游牧国家则是逐水草而居、行无定所的游牧部落。北面绿洲有车师、焉耆、龟兹、姑墨、温宿、喀什；南面罗布泊旁边有楼兰、于阗和莎车等。

联系中国与印度、伊朗、希腊、罗马世界之间的伟大商路——丝绸之路就穿过这些绿洲。

匈奴和两汉为控制西域诸国互相争夺，自然因为西域的丝绸之路可以带来巨大的财富。

天王苻坚则有另外一重考虑。苻坚是一个伟大的领袖，他懂得国家强盛的基础在于文化力量。苻坚统治前期，任用王猛执政，依靠儒家文化治国取得相当大的成就。随着北中国统一，氐人、汉人、鲜卑人、匈奴人、羌人等各民族共同生活在一个国家，文化冲突不可避免。而江南也存在着一个汉文化正统的东晋。苻坚极为渴望用一种新的文化统一国人的思想，他为前秦国选择了佛教。

佛教是外国的，氐人对于中原汉人来说，也是外来的，这便是羯族后赵崇尚佛学的原因。东汉通过对西域的控制，从丝绸之路上带来印度文化、宗教和艺术。大批布教的印度佛教徒从这条路来到中国。确保丝绸之路的畅通，可扩大佛学影响，强化前秦国的意识形态。

西域，志在必得！

贰 大漠关山

公元383年春，正月，前秦天王苻坚拜吕光为使持节、都督西域诸军事，与姜飞、彭晃、杜进、康盛等将领，率五千铁甲骑兵，七万精锐步兵，以鄯善王休密驮、车师前部王弥窴为向导，兵发长安，踏上远征西域的漫漫征途。万里远征，这是中原大帝国继李广利出征大宛之后第二次向西域大规模投放兵力。

春寒料峭，长安笼罩在冰冷的寒气中。苻坚、吕光君臣二人谁都不会想到，这是他们永别之日，吕光从此再未踏上关中的土地，再未返回略阳家乡。吕光带走的是前秦国的常备军。五个月后，苻坚下诏倾国兵力进发江南。如果历史可以假设，苻坚是否会后悔发动保卫西域之战？淝水之战中，由良家子弟组合而成、有着华丽装备的中军难以抵御谢玄的北府军攻击，这与吕光抽走近十万氐汉精锐部队不无关系。

无数次战争证明，两线作战鲜有不败者。人上路了很难回头，沿着河西走廊行进的吕光已经着手拟订西征军事计划。西征军打击的重点，一个是焉耆国，一个是龟兹国（今新疆库车县一带），地处西域西部。区区两个绿洲国家根本无法阻挡西征大军，因为吕光得到了车师和鄯善国支持，粮食给养保障充分。西域诸国势力比较分散，难以对抗中原王朝。若想对抗，必定有另外的势力，两汉时是匈奴，前秦时是猃胡。猃胡是什么样的国家呢？

猃胡来自天山以北裕尔都斯草原、纳伦河谷及其以西以北地区，也就是《魏书·西域传》中的悦般国，范围大体在今哈萨克斯坦、吉尔吉斯斯坦等中亚国家一带。猃胡部族原隶属北匈奴，后来逐渐发展壮大，开始卷入绿洲国家间的纷争。到前秦灭前凉，猃胡已控制了龟兹、焉耆、温宿、尉头等天山南麓绿洲国家，势力向疏勒、于阗等国渗透。

没有无缘无故的战争。西域有条发财的路，谁控制了西域，谁就有取之不尽的财富。猃胡欲独霸西域，垄断丝绸之路。东部的车师和鄯善感到压力，才向苻坚提出请伐西域，并主动要求担当向导。

做任何事都要有计划，“凡事预则立，不预则废”。 吕光当然明白这个道理。由河西走廊进入西域的道路即是著名的“丝绸之路”，共有南道、中道、北道三条路线。由阳关，经若羌，沿昆仑山北麓西行，即为南道；由敦煌西出玉门关，沿疏勒河向西进入罗布泊则为中道；由新玉门关，穿过五船碛（莫贺延碛）到达高昌（今吐鲁番地区）为北道。

前秦军队是去攻打塔里木盆地北部以龟兹、焉耆为首的西域叛王，不是去和西方做生意，不会选择南道。吕光此次西征路线，取中道还是北道呢？面对茫茫黄沙，陌生的领域，吕光拟订出一个大胆的军事计划。出玉门关，进入中道，向罗布泊进发。

吕光的大军到达罗布泊时，其地已是满目黄沙、一片苍茫。昔日的罗布泊碧波万顷，疏勒河、孔雀河注入泊中，风吹湖面，万千浪尖，粼粼烁烁，岸边点缀奇瑰的胡杨，与偶尔破浪而去的一只只小小的独木舟构成蓝色的童话世界。而今罗布泊以西一片片芦草后面是茫茫黄沙，楼兰国也已经一点点被风沙湮没。

楼兰古城的消亡大约在公元前后至4世纪，吕光到达鄯善时，恐怕所有的建筑物只剩尖顶在风沙中矗立。吕光的心思不在改善罗布泊地区的生态，他的使命是军事进攻。

吕光休整军队，在鄯善国大张旗鼓招兵买马，声言要西进，同时下达一道奇怪的命令，北渡孔雀河，翻越库鲁克塔格山脉，向高昌进发。军士们愕然，西域的国主们更加莫名其妙。既然我们到达罗布泊，要向西攻击焉耆和龟兹，为什么不直接沿孔雀河谷向西北进军，却向北到高昌呢？从鄯善到高昌中间横亘着高大干旱的库鲁克塔格山脉，而且高昌到焉耆国中间隔着三百里流沙。

沿孔雀河至焉耆国不到一千里，翻越库鲁克塔格，再折而至焉耆国，约一千五百里，如此舍近求远，所为何来？大家注视着前秦国这位赫赫有名的大将，莫不成脑子进水了？吕光微微一笑，只说了一句话，大家都不笑了。不是人家缺心眼，而是自己实在太笨。

“声东击西！”这是一条普通得不能再普通、古老得不能再古老的计策。用兵之道看似很简单，其实千变万化。按照常规作战原理，的确不该舍近求远，但真正的军事家懂得“以迂为直，以患为利”。由孔雀河西进，敌人必有准备，易受焉耆和龟兹两国的夹击。由罗布泊转而北上高昌，在车师国休整，出流沙三百里直抵焉耆国都城下，可出奇兵制胜。

中秋佳节，西征大军途经墨山国之路抵达高昌郡。高昌城在今吐鲁番盆地，是前凉王张骏讨伐龟兹、鄯善、于阗、焉耆诸国平定西域后设立管辖西域地方事务的郡府。高昌太守杨翰带来天王苻坚南征消息，吕光下令停止进军，等待朝廷命令。西征大军是前秦精锐部队，西域和晋朝比起来，还是南征事大。

部将杜进反对说：“节下受任平叛，机不可失，我军千里迢迢，距敌仅有一漠之隔，有什么比破敌还重要的事呢？”众将和西域东部诸国国主支持杜进意见，吕光这才改变主意，征发诸国兵马，带领十万军队南渡流沙。

西征将士们体验到了“黄沙百战穿金甲，不破楼兰终不还”。他们的目标比楼兰还要遥远，大军一路艰难行走在漠海。茫茫大漠有其魔鬼的一面，也有其天使的一面。

大风起兮，黄沙漫漫，日色昏暗，热风扑面，黄沙蒙头，四野茫茫，莫知所在。太阳西下，气温骤然降低，寒气袭人，将士们用毛毡裹体，栖身在细细的沙子上。抬头望天，长空如洗，星汉灿烂，银河、星云，从来不曾如此清晰。朝行夜止，五天过去，大军在沙漠中穿行三百余里，抬眼四望，仍旧一片流沙，所带的水已不多，将士们相顾失色。

吕光鼓励众将士道："我听说昔年汉将李广利西征，精诚所至，飞泉涌出，我们难道就没有诚心感动天地吗？皇天必将有济，诸君不必担忧。"沙漠气候确实出人意料，吕光话音刚刚落地，大雨倾盆而下，平地三尺。这不是小说，而是真实的历史。前秦军士气大振，一鼓作气越过沙漠，兵锋直抵焉耆都城。

焉耆国王泥流大惊，国之精锐都在孔雀河上游，万没料到十万秦兵突然从大漠冒出。登城而望，秦军旌旗蔽日，万马奔腾，甲兵似水，刀枪如林。泥流慌忙下令开城投降，龟兹以东诸国尽降，吕光率得胜之师，渡过轮台，向龟兹挺进。

龟兹国王白纯自恃有猃胡国之强援，将城外居民悉数迁入龟兹王城内，坚壁清野，固守待援。为稳定远征军人心，瓦解敌人斗志，吕光大玩心理战，说他做了个梦，梦见一头金色大象飞越龟兹城而去。西域人奉佛，吕光借此解梦说："金象即佛神，保佑龟兹国的佛神走了，他们肯定灭亡。"于是，军心振奋，将士们踊跃攻城。

猃胡当然不能坐视不管，国王的弟弟呐龙率骑兵二十万，协同温宿、尉头等西域属国的国王，合兵七十余万来救龟兹。中世纪中国西域最大的一场战役打响了。

决战！吕光下达命令，将领们没人肯动地方。倍则攻之，兵法上讲得明明白白。两倍于敌人的兵力才可以进攻，而我方只是对方的七分之一。我们只有守，连营结阵，死守不出，才有希望。

兵法是死的，人是活的，如果照本宣科就能获胜，书呆子也会是最优秀的军事家。吕光对死守战术嗤之以鼻："敌众我寡，我军困守营中，若敌人内外夹攻，必分兵抵抗，势分力散，怎么是破敌的良策呢？"死拼就是良策吗？吕光有主意，对付龟兹军队可以用木头人。前秦军队在城南五里设一营，深沟高垒，钉上木桩，披上铠甲，戴上头盔，遍插旌旗。大军向城西转进，迎击猃胡联军。

龟兹在天山脚下，北面起伏的天山群峰，横亘东西，雄伟壮丽，气势磅礴，顶峰积雪皑皑，银光闪闪。南面一片黄沙茫茫无际，直贯云天。“北风卷地白草折，胡天八月即飞雪。”狂风怒吼，硕大如斗的碎石，满天飞滚。西征军与猃胡联军展开决战。《晋书》称猃胡军“弓马娴熟，善使矛槊，铠如连锁，射不可入，以革绳为武器，策马掷人，多有中者”。

《晋书》对猃胡军骑兵的描绘，有夸张附会之嫌，七十万人只能是主力骑兵身穿铠甲，绝不可能全部着铠，革绳就是草原牧民套马的绳索。我们不要小看套马的绳索，胡人入侵欧洲时就曾经以革绳作为武器大败哥特军队。针对猃胡军的战术，前秦军列勾锁阵迎敌，吕光因之成为后世钩镰枪大阵的始祖。勾锁阵大败猃胡军主力，斩首万级，呐龙狼狈而逃，西域附国的军队只好投降。

吕光一战破敌百万，荡平天山，威名震动西疆。猃胡军队惨败的消息传进龟兹城中，白纯收拾珍宝，弃城逃走。西域王侯降者，三十余国。西征军进入龟兹都城，吕光见到的是波斯萨珊王朝和印度贵霜帝国式的壮丽恢宏的王宫，都城的繁华不亚于长安。华丽奇特的宫室让这位西域征服者惊讶万分。参军段业作《龟兹赋》讥讽龟兹的豪奢，记载西征功业，可惜这篇文章未能流传下来。

西域人家家户户存有精酿的葡萄酒，富户大家的葡萄酒竟至千斛，酒桶堆积如山，酒香四溢，十年不败。《晋书》称“胡人奢侈，厚于养生”。西征将士们尽情狂饮，醉倒在百姓酒窖中的比比皆是。

吕光恩威并施，立白纯弟弟白震为龟兹王安抚百姓。西域诸国前代未能臣服的王国，不远千里皆来归附，献上汉朝时赐给的符节凭证。吕光与其更换符节，并上表前秦朝廷，可惜此时的前秦已处于战火之中。吕光始终未得到长安诏命，又见龟兹繁华富饶，本想留下来，可氐汉将士们思乡心切，只得踏上归程。

公元 385 年三月，吕光大军启程，两万多头骆驼满载西域诸国的各种珍宝奇玩，并驱赶一万多匹骏马东归。战争为了获取财富，否则出生入死干什么？在这堆积如山的战利品当中有一件奇特的宝物。

一个人，一位价值连城的僧人。

叁 鸠摩罗什

佛教自印度传来，经书都是梵文，佛经译成汉文全靠从事翻译工作的僧侣。有一位高僧曾经当众立誓：“如果我所传译的经典没有错误，愿身灭之后，舌头不会焦烂。”高僧圆寂，后秦皇帝在逍遥园举行仪式，依佛法焚尸。灰飞烟灭，形骸粉碎，只有舌头依然如生。

这位高僧就是鸠摩罗什，一位来自西方的神僧，印度大乘佛教始祖龙树的四传弟子，中印混血儿。鸠摩罗什先代本出婆罗门族，在印度世袭高位。父亲鸠摩罗炎，弃相位出家，东渡葱岭，远投龟兹，龟兹王迎为国师，后被逼娶龟兹王妹耆婆为妻，生下鸠摩罗什。

鸠摩罗什少有慧根，七岁随母亲出家，日诵谒三万二千言，能晓经、律、论三藏佛典。十二岁在沙勒国举行大会，升座讲《转法轮经》，年轻的鸠摩罗什从此名声大噪。二十岁在龟兹王宫受戒，龟兹王为其造金狮子寺。鸠摩罗什之所以能在西域名声显赫，与其通晓梵语、龟兹等西域民族语言有莫大关系。

鸠摩罗什的名声传到中土，中原高僧释道安一再劝天王苻坚去西域迎鸠摩罗什入关。苻坚在建章宫为吕光饯行时，特意嘱咐：“鸠摩罗什，深解法相，后学之宗，贤哲者，国之大宝，若克龟兹，即驰送入关内。”

苻坚何以如此看重鸠摩罗什，他对中国历史进程起了怎样的作用？文化是国家的立国之本，战争只能逞一时之威风，亚历山大的马其顿王国、成吉思汗的四大汗国昙花一现，没有文化的国家很难在世界民族中长立久安。

八王之乱后的中国大地群雄并起，民族割据，互相征伐。皇权败落，儒学衰微，玄风日上，人民信仰空虚，贵族崇尚玄无。新兴的蛮族以野蛮的手段征服土地、践踏道德，民族矛盾尖锐，战乱永无止境。天王苻坚为统一思想、平定天下、结束动乱，为中国找到了佛学。

后赵天王石虎曾大力倡佛。可佛教源自印度，佛学经典皆是梵语。当时中土佛学领军人物佛图澄仅以法术兴佛，平生未译一经。佛图澄的佛学可以度百姓，不足以度士人，无法与儒家、道家和各族所崇拜的神相抗衡。

苻坚称天王后，沙门释道安站到宣扬佛学教义第一线。

释道安本姓卫，常山扶柳人，生性聪敏，十二岁出家，破除俗姓，以释为姓。道安生得丑陋，以貌取人是人的通病，师父不喜欢他。有一次，道安同学向师父要经卷，师父递给他一卷辩意经，约五千言。道安带佛经入田，休息时候读经。晚上回来，把佛经交还给师父，再求剩下的佛经。师父不高兴："昨天的经书尚未读完，怎么又来索要？"道安答道："记下了！"

一句话吓师父一大跳，也没说话，又给了一卷《光明经》，不下一万言。道安带着佛经入田干活儿，晚上还给师父，索要别的经书。师父让他背诵，不差一字。师父这才明白，人家是佛陀转世，从此格外敬重。

道安又拜佛图澄为师，首创寺塔传教，门下弟子无数，中分河北，有一半的河北人受过教化。为避中原之乱，至襄阳讲经布道，整理佛典，为晋朝皇室、士庶所重。在襄阳十五年中，道安除每年讲经外，最伟大的一项成就是制定管理僧团的制度，叫作"僧尼轨范"。佛教的清规戒律从他手里开始制定，人身行为也被限制。以前和尚独来独往，现在则成为住宿生。

前秦破襄阳，苻坚得道安大喜过望，谓群臣道："襄阳释道安是神器，方欲致之以辅大秦。"道安至长安，居五重寺，苻坚每有军国大事常常咨询，并指示学士，无论佛学还是外学，有疑难处都向道安请教。长安一带因而形成一句谚语："学不师安，义不中难。"意思是说做学问如不以道安为师，学问不能精深，经不起人家的质疑问难。

道安之前，对佛经的翻译、注释错误甚多，无法服众，不能度人，不利于佛教传播。道安开始对佛经进行注释。可以这么说，真正的注经始于道安。

道安深知若想佛教在中土发扬光大，成为主流意识形态，佛学经典必须译成中文。佛学浩如烟海，道安才学毕竟有限，他想到了名扬西域的鸠摩罗什，极力怂恿将鸠摩罗什迎到中土，同时坚定苻坚出兵西域的决心。

可惜，苻坚还没有得到心目中的高僧，自己的前秦帝国就已经灭亡了。后来，鸠摩罗什到达后秦，在长安译出《大品般若经》《维摩诘经》《妙法莲华经》《金刚经》等三十五部二百九十四卷，成为中国佛教史上四大译经家之一。后秦因此成为佛国，国内一度比较安定。后秦对北中国的国家政权影响深远，成为北魏一段时期的样板。

当然，这些都是后话。鸠摩罗什神思俊才，西域人人钦服，每年举行讲经法，西域诸王必云集闻法，长跪在鸠摩罗什的法座旁，让他踏着登上法座。吕光破西域后，为树立威权，打压鸠摩罗什，强迫他与龟兹王女成亲。鸠摩罗什苦苦请辞，吕光大加奚落："和尚的操守不过像你父亲罢了，有何不可。"

吕光亲自灌醉鸠摩罗什，送入龟兹王女的洞房。吕光又让鸠摩罗什骑猛牛、乘恶马，想看他从牛背和马背掉落的滑稽相。几番恶意欺辱，鸠摩罗什胸怀坦荡，丝毫没有怒色。

不管怎么说，鸠摩罗什犯了色戒，后来到达长安，后秦皇帝强逼他接纳十名伎女。伎女不是现代意义上的妓女，而是指以歌舞为业的女艺人。鸠摩罗什对自己持戒不严耿耿于怀，深以为恨。每逢升座讲说经义，他时常语重心长地说："譬如臭泥中生莲花，只需采撷莲花，不必沾取臭泥啊！"

纵使如此，也难掩这位佛学大师的光芒。吕光改变对鸠摩罗什的态度缘自一件偶然发生的事。一日行军至日暮，前秦军在一处山脚下安寨休息。鸠摩罗什缓缓劝道："都督安营此山脚下，必见狼狈，应该徙军陇上，远离此处！"吕光傲然道："依谷下寨，可避风寒，有何狼狈？"

夜间，滂沱大雨倾盆而下，山洪暴起，士兵死者数千人。吕光从此对鸠摩罗什另眼相看，遇有军国大事常常咨询。可见鸠摩罗什不仅佛学造诣高，天文、地理知识也相当丰富。

吕光就东归去留请教时，鸠摩罗什答道："这里是凶亡之地，不值得久留，中路自有福地可居。"这话实为西域诸国主，不过能够准确预见大军止于凉州实为奇迹。如非后人杜撰，鸠摩罗什当有其神异或占卜的过人之能。

肆 平凉州

大军东归的消息传至姑臧（今甘肃武威，凉州的治所）。此时天王苻坚新平佛寺遇害，吕光并不知道，凉州刺史梁熙却清楚得很。天下大乱，英雄并起，梁熙想分一杯羹，如何肯把吕光这只猛虎招来？吕光平定西域，声威中天，手下兵强马壮，凉州还会是自己的吗？梁熙虽有割据之志，可惜没有本事。有人劝他拥立苻氏子弟，压制吕光，重建前秦帝国，他不敢。有人劝他守卫沙漠中的要塞高梧谷口和伊吾关，渴死西征大军，他不听。

一个人既没本事，又听不进别人的话，失败离他还远吗？

梁熙任命儿子梁胤为主将，率五万军队驻兵酒泉，阻挡西征大军的归路。双方大战，吕光大破凉州兵，连克凉州四镇，攻入姑臧城，杀死梁熙，陆续削平凉州各地抵抗力量。

吕光在凉州打了四场战役，即与梁熙的安弥之战，与张大豫的姑臧之战，与彭晃的张掖围攻战和远征敦煌之战。四场战役下来，吕光平定凉州，自称三河王，几乎和拓跋珪同年登上王位。氐人凉国宣告成立，史称后凉。吕光多次想进兵关中为苻坚复仇，但凉州归长安之路被另外一个新兴王国占据，这个王国就是鲜卑乞伏部建立的西秦。

西秦国王乞伏国仁的祖先出自东部鲜卑。公元 265 年，乞伏国仁五世祖乞伏祐邻带领部落，由阴山迁至宁夏清水河流域，势力渐盛。其后，游牧到甘肃兰州一带。前秦帝国兴起，国仁的父亲率部归降。

淮淝之役，乞伏国仁率领部落骑兵担任秦国凉州兵团先锋官。淝水大败，乞伏国仁的叔父乞伏步颓在陇西聚众叛乱，苻坚派遣乞伏国仁西归平叛。叔侄有默契，乞伏国仁回到陇西，马上成为乞伏部的新首领。

苻坚死讯传来，乞伏国仁大聚豪帅，在新筑的勇士堡置酒高会。陇西乞伏部豪强、其他各部落大小酋长、各级将领官员齐聚一堂，在勇士堡高台之上露天宴饮。喝到意兴之时，乞伏国仁举起酒碗，发表了一场具有震撼力的演讲，给苻坚做了一篇精彩的人生总结：盛极而衰，穷兵黩武必败，历史赋予的机遇必须牢牢抓住。

或许我们真的不该小视胡族的英雄们，他们对东方传统文化精髓的理解，毫不逊色于汉人。单凭这三点认识，乞伏国仁不愧为十六国之西秦国的开国君主。乞伏鲜卑豪强一致拥戴，乞伏国仁于酒席之上成就王霸之业。吕光与国仁交战，双方互有胜负，名震西域的大英雄难越湟水一步。

吕光不知道天下形势。天王苻坚虽然死了，但是前秦并没灭亡。苻登祭起前秦大旗，与羌人姚苌在关中展开了八年惨烈的战争。

第四章
食人魔与中山狼

中国西部有两个古老的民族，氐人和羌人。两族杂居共处，相濡以沫，氐羌不分家。利益却让这对患难朋友反目成仇，在黄土高原和渭水平原兵戎相见。有意思的是，他们的国号都是“秦”。史家为了区别，按建国先后顺序称之为“前秦”和“后秦”。

狡猾如狐的羌人姚苌勒死氐人最伟大的天王苻坚，苻坚的孙子为报国恨家仇，不惜成为令人恐惧的食人魔。这一老一少的较量，极富搞笑意味，他们把军事智慧发挥得淋漓尽致。在他们看来，战争很可爱。

壹 方圆大阵

古代的罗马军团以其密集的方阵、钢铁般的纪律纵横世界、无敌天下，将中东的沙漠、不列颠高山统统踩在脚下，他们横扫千军、所向披靡。当荧屏再现古罗马声威浩大、气势如虹的铁甲方阵时，我们也许要感叹，为什么中国没有这么一支无敌的大军？

因为中国古代优秀的军事家们并不看重阵形的作用。被誉为武学之冠冕的《孙子兵法》十三篇并无阵形篇，孙子指出“方马埋轮，未足恃也”，强调“水因地而制流，兵因敌而制胜，故兵无常势，水无常形，能因敌变化而取胜者，谓之神”。

宋代的名将岳飞在与宗泽对话时道出了其中的奥妙。岳飞喜欢野战，这里的野战不是现代意义上区别于城市或要塞作战的野外作战，而是指不按常法作战。宗泽对岳飞说："你的勇智才艺，纵是古代良将也比不上，最大的缺点就是好野战，非万全之计。"作战讲究排兵布阵，讲究阵形战术，乱来怎么行？岳飞回答道："阵而后战，兵法之常，运用之妙，存乎一心。"意思是说，摆好阵势以后出战，这是打仗的常规。但是，运用得巧妙灵活，在于思考。指挥员要有因敌变化、随机应变的作战艺术。

貌似强大，实则笨拙刻板、缺乏变化的罗马方阵，不过是任人宰割的案板上的鱼肉。如果古罗马与古中国展开对决的话，罗马军团只会先赢后输，而且会败得很惨。

罗马方阵，古代中国有位君主使用过，并加以改造，运用得炉火纯青，他的名字叫作苻登。苻登是前秦天王苻坚的族孙，史评其人"少而雄勇，有壮气，粗险不修细行"。苻登贵为王族，仕途却稍有挫折。最初为前秦殿上将军，后迁官长安令。人生过于顺利，容易犯错。苻登粗豪奇险的性格得罪了上司，被贬为狄道长。

狄道在哪里呢？今天的甘肃临洮。苻登属平级调动。不过，两个县令天上人间。长安是前秦帝国都城，最大的县。狄道却远在西北，偏僻难行。唐代有首诗："北斗七星高，哥舒夜带刀。至今窥牧马，不敢过临洮。"临洮是唐代防御吐蕃的军事要塞，在前秦，则是对抗吐谷浑的前方哨所，苦寒偏远，哪能和繁华的长安相比？

塞翁失马，焉知非福？留在长安的达官贵人经历战火蹂躏，死者无数。苻登小日子过得虽苦，但性命无忧。苻登不甘心做个小县令，长安失守后，投奔河州刺史毛兴，当上毛兴的司马。河州辖枹罕（今甘肃临夏一带），是前秦帝国的兵马大郡。苻登目的很明确，依靠毛兴在乱世中建功立业。

苻登不接受教训，经常点品时事，旁若无人。兄长苻同劝他："不在其位，不谋其政。你随口胡咧咧，别人不喜欢听，等你以后做大官随便怎么着都行。"从此，苻登收敛了些，很少和别人再海阔天空地胡侃。

一天，毛兴有事找他，正赶上属官们汇报政事。毛兴开玩笑说："小司马，你说说该怎么办？"苻登张口就来，分析得头头是道。毛兴心里特佩服，将幼女许配给他。河州是淝水战后前秦帝国为数不多的大据点之一，毛氏则是氐人的大豪强。毛兴把女儿交给苻登，等于把河州，把氐人的未来交给苻登。毛兴认为，只有苻登才能抵御关中的羌人王国，抗衡那只狡猾无耻的中山狼。

慕容鲜卑东归，将关中之地拱手让给原前秦羌族将领姚苌。如果评选世界十大无耻皇帝，姚苌必定名列前茅。

姚苌，乱世奸雄，背主忘恩，酷虐奸诈，诡计多端。天王苻坚从刑场上救下姚苌，南征东晋时，任命姚苌为水军总指挥，恩比天高。他呢？在新平佛寺用一条白绢将救命恩人送上西天，整个一忘恩负义的中山狼。城池打不下来，他骗城里人说，只要你们肯投降，既往不咎。结果呢？人家一开城门，杀了个鸡犬不留。这样一位君主，靠什么赢得人心，靠什么获取成功呢？狡诈中的真诚，酷虐中的豁达，还有灵活多变的战术。

羌人占领长安，前秦许多官员都投降了。姚苌登基称帝，国号不变，仍然是大秦，史称后秦。一时间，关中陇右之地出现三个秦国，前秦、后秦和西秦。秦始皇的崇拜者还真不少。

姚苌搞了一个开国大典。太极殿大宴群臣，文武大臣们大多喝得烂醉。姚苌高兴，一辈子当一回皇帝不容易，当然要好好喝一顿。直喝得醉眼蒙眬，耳热口滞。醉酒的人容易说真话，姚苌就说了一句真话，一句得罪人的真话。

“你们与我曾经在此殿同为前朝臣子，今日忽为君臣，不感到羞耻吗？”

众文武官员大眼瞪小眼，面面相觑。这句话说得很伤人，在座哪位不是前秦帝国的臣子呢？前秦刚刚亡国，皇帝苻坚尸骨未寒，大家却又像狗一样参加新皇帝的庆典。

有人脸红，有人尴尬，也有人不以为然。一个叫赵迁的大臣晃荡着站起身，吐出一口酒气，回答道:“陛下是天子，天尚不耻以陛下为子，臣等何耻为臣！”

这位赵迁先生的话更伤人。说陛下您是天子，老天爷都不以有您这样的儿子为耻辱，我们做您的臣子有什么可羞耻的。言外之意，我们无耻，您更无耻，别忘记天王苻坚是谁杀的呀？哪朝哪代的臣子敢对皇帝说这话？换朱元璋早一刀把他咔嚓了，还得诛九族。我们这位中山狼皇帝非但不生气，反而龙颜大悦。姚苌大笑，高兴哪，真是无耻到家了。姚苌性子直率，毫不掩饰。小人，也是真小人，我就是小人，你怎么着吧！

关中是氐人和羌人的发源地，天王苻坚死了，氐族人在关中的势力仍然很强大，姚苌开始讨伐前秦帝国的残余势力。毛兴的河州首当其冲，姚苌的弟弟姚硕德率军攻打毛兴，双方互有胜负。战乱不止，河州的氐人开始厌倦战争，分成两派，主和派与主战派。主和派杀掉毛兴，推举卫平为河州刺史。毛兴临死前，给主战派留下遗嘱说："我打羌贼这么多年，没成功，遗憾啊！军权一定要交给小司马苻登，消灭羌贼全指望他了。"

前后秦不两立，许多人看到这一点。从地缘政治角度看，关中之地容不得两处政权，不是你死就是我亡。好战派氐族贵族认为卫平衰老，难成大事，准备废掉他，忌惮卫氏家族人多势众，商议好些日子没出结果。氐人啖青对众人道："大事应该及时决定，不然必生变故，明日七夕，我在家中设宴，诸君请卫公参加，咱们开个会。"

七夕佳节，枹罕文武官员敦请卫平至啖青府中赴宴。幽蓝的天幕上，一轮弯月喷射出清冷的寒辉。纤云若隐若无，群星灿烂，星罗棋布，一条乳白色的天河横贯中天，隔断两岸。牛郎、织女星像两颗钻石般闪烁着冰冷的光，永恒地注视着人间的一幕幕悲欢离合。

大宴之上，啖青抽出宝剑，离席上前，慷慨陈词："今天下大乱，我等休戚与共，非贤主不可以济大事，卫公老迈，理应让贤。狄道长苻登，虽王室疏亲，但志略雄明，请诸君立之，以赴国难，有不同议者，但讲不妨！"说罢，奋剑攘袂，怒目而视。有不同意见尽管讲，讲完宰了你，这是民主生活会吗？卫平明白，七夕大宴为他而设，没有任何选择的余地，只得让出河州刺史。

枹罕的氐人共推苻登为抚军大将军，大聚兵马誓师，一场决定氐人和羌人命运的大决战揭开序幕，双方将军事谋略运用到极致，一台台好戏轮番登场。

战争要素之一，士气。苻登懂得士气的重要，临行前举行了一场盛大的阅兵仪式。前秦军队三军缟素，军中立起天王苻坚的神位，供奉在华丽的战车之上。战车上置青色顶盖，遍插黄旗，以虎贲三百护卫。

苻登亲自在战车前祭奠，放声大哭，唏嘘流涕，祷告道："昔日陛下在五将山遇难，贼羌肆害圣躬，实苻登之罪也，今合义旅，有众五万，精甲劲兵，足以立功，即日直造贼廷，奋不顾命，上报皇帝酷冤，下雪臣子之恨。请陛下在天之灵保佑义兵每战必克！”仇恨的力量足以毁灭一切。五万前秦兵像一群怒气冲天的牛，气势汹汹向东开进。

上邽（今甘肃天水）守将姚硕德遣快马飞报长安求援。姚苌闻报，亲点大军五万迎击。两军相遇在胡奴阜。两军对面，姚苌大吃一惊。前秦军列成方阵，黑压压一片，阵中白旗飘扬，最中间一驾战车羽葆青盖，遍插黄旗，战车两边两面长形大旗，上书黑字，一面书“报仇雪恨”，一面书“至死方休”。前秦将士们头盔和铠甲上分别刻着“死”“休”二字。方形大阵外围是一层又一层密集的步兵，皆着重甲，最外一层执大盾，后几层步兵各执长槊重剑，再往后的步兵执弓弩。方阵中央是圆形阵，前秦骑兵手持长矛，整个方阵就像一座矛山箭海。

苻登摆出的方圆大阵，发挥士兵各自为战的优点，以圆形骑兵居中，又弥补方阵一翼被突破整个阵形陷入混乱的弱点，达到方形布阵的最高级别。

肉搏战打响，羌军马步队向前秦军发起凶猛攻击。每一处方圆大阵外侧的士兵竖起大盾，第二队士兵支起长槊，铁盾长槊之后的强弓硬弩，轮番发箭。持续而密集的箭雨铺天盖地般射向冲在前面的羌族骑兵，羌骑挥刀舞矛拨打箭矢，还是一批批从马背上摔下去。狂奔到阵前的战马被长槊刺中，哀鸣声中，将骑手摔下去，方圆大阵像铸起的铜墙铁壁般屹然不动。

姚苌拔剑在手，亲自指挥军队向大阵发起一轮又一轮进攻。只要羌军撕开一条口子，手持重剑、弯刀的前秦骑兵就会风驰电掣般迎上来，将进入大阵的敌兵逼出去。羌军反复攻击，始终无法撼动苻登如城墙般坚韧的防线，胜利的天平开始倒向前秦军。战鼓声中，前秦兵迈着整齐步伐，排山倒海般向羌军攻击前进，共鸣的声音震动原野。羌军抵挡不住，大败。姚苌肩胛中箭，负伤奔跑，一口气逃到上邽城，人马折去大半。胡奴阜一战，前秦大胜，斩首二万余级，苻登威震陇西。

逃入高墙坚城的姚苌边疗伤边哼哼：“不怕你现在闹得欢，小心秋后拉清单。”姚苌说这句有根据。陇西土地贫瘠，加之大旱、战乱，根本没有粮食维持旷日持久的战争。没粮食吃打个屁仗！苻登有办法，对将士们说：

“你们不要害怕饥饿，早上出战，晚上就有熟食吃！”所谓熟食其实是敌人的尸体。

人肉可以吃吗？当然可以！十字坡孙二娘的人肉叉烧包味道香腻可口、滋味鲜美。苻登的士兵们也道出真实答案：吃人肉，健壮能斗。

方圆数十里，血流成河，遍地人头，不见尸体，因为尸体都被吃掉了。好莱坞的恐怖大片常有食人镜头，但整支军队以人肉为正餐，恐怕从古到今只有这一支队伍吧？那些为军粮犯愁的将领真该向苻登将军取取经。苻登的军队有了外号，食人魔军！苻登也有了一个令人恐惧的名字，食人魔王！

魔王时来运转。在山西坚持抵抗的天王苻坚的继承人苻丕战死了，陇西成为前秦王国的最后根据地。公元386年，北魏登国元年，拓跋珪称魏王的同年，苻登立坛于陇东（今甘肃平凉地区），即前秦皇帝位。食人皇帝有名无实，为了得到关中地盘，为了打回长安，食人魔军更加疯狂。

两军野战，羌军屡战屡败。中山狼姚苌总算遇到狠角色，奈何不得方圆大阵，如何取胜呢？这可难不倒他，对付敌人，姚苌不仅像狼一样凶狠，还像狐狸那样狡猾。

贰 两袭大界村

孙子兵法讲：“无邀正正之旗，勿击堂堂之陈。”经过几次直接野战的失利，姚苌改变了作战策略，不和苻登正面对垒交锋，重新规划关中地区新的战略布局。你不是吃人肉嘛，让你人肉没得吃。

由西北高地进入关中有两条路，一条由上邽经陈仓、眉县至长安；另一条由安定经新平城至长安。姚苌选择安定和上邽两大军事重镇与长安构成三角形战略支撑体系：太子姚兴镇守长安；勇猛善战的姚硕德出镇上邽；姚苌亲自坐镇安定，以此撑开全局，控制形势。

姚苌把大军分散开，以零散各地的营寨确保军粮供给。当时诸营众多，故而称姚苌的军营为大营，大营称谓从此而来。苻登攻占关中许多地区，三大重镇不丢，前秦军只能疲于应付。

此时，后秦形势也极为不妙。苻坚死后，关西的英雄豪杰认为苻氏已亡，姚苌平定关中地区只是时间问题。没想到半路杀出个程咬金，苻登的方圆大阵纵横无敌，众人纷纷转而支持前秦。为打消关中人对苻坚的思念，姚苌亲自率人把已经埋葬的苻坚尸首挖出来，用皮鞭抽打，剥掉衣服，裸出尸体，再用荆棘包起来，挖个坑埋掉。

苻登大怒，发誓报复。转眼初冬时节，北风吹过，落叶萧萧而下。清晨，灰色的云层笼罩着天空，苻登留大军于新平，率骑兵一万突袭安定姚苌的大营。

姚苌用兵谨慎，早有探马飞报入营，羌军全营戒备。苻登见姚苌已有准备，不再攻击，命令骑兵四面围住姚苌的营寨，抬出天王苻坚的神像，绕着羌军大营放声大哭，边哭边诉姚苌的罪行，哀声动人。

苻坚为人宽厚，对羌人有大恩。缢杀之时，羌军曾经为之痛哭。前秦军的哭声打动羌军，好多士兵捂住耳朵，不忍再听。姚苌听着四面哀声，明白这是苻登的心理战。韩信在垓下用“四面楚歌”瓦解楚军斗志，击败霸王项羽，苻登依样画葫芦。姚苌嘿嘿一阵冷笑，他可不是有勇无谋的楚霸王，下令三军将士一块哭。羌兵人多，哭声震天，一下子把前秦军的哭声压了下去。苻登听着震天号哭，又气又急，却也无计可施，只得引军退去。

姚苌此人迷信，与苻登交战屡败，认为前秦军中的苻坚神像起了作用，有神灵帮助，因此也在军中立起苻坚神像。众文武哭笑不得，心道：“若是苻坚有灵，还不把你碎尸万段。”众人不敢多说话，谋士尹纬看不下去，劝道：“陛下，苻登是苻坚的族孙，立像是应该的，陛下立苻坚的像是何原因？”姚苌眯着三角眼道：“朕自有道理。”

每个人都希望站在真理一边，不管真的有理，还是无理取闹。姚苌面对神像毕恭毕敬，神色恬静。神像上的人曾是他的君主，是他的恩人，也是他下令勒死的，还是他把尸体从地下挖出来抛到野外的。

如果你做过同样的事情，可能这个人会成为你一生的噩梦。姚苌要解释，他要自己相信，要群臣和将士们相信，甚至要让死人相信，他姚苌光明正大，下面是祷告词：

“臣兄姚襄为陛下所害，临死之时，要臣为其复仇。新平之祸，臣是奉家兄之命所为，非臣之罪。试想，苻登陛下远亲，还想为陛下复仇，臣岂敢忘记为兄长报仇？再者，陛下命臣以龙骧建业，就是要我像陛下一样称帝，臣又怎敢违背陛下的教诲呢？而今我为陛下立像，陛下就不要再计较臣下的过错了！”

言辞恳切，痛心疾首，真好像苻坚误会他一样，群臣听得目瞪口呆，张口结舌。不要脸的人见过，没见过这么不要脸的。这是一种精神，如果没有这样的精神，你没法去做坏事，做了坏事也会受到良心的谴责，你会一生不安。姚苌没有良心吗？他有。一个人只能标榜正义，纵使颠倒黑白，绝不能承认自己错了，错了你就万劫不复。

姚苌满心以为这一次可以和苻登一较高下。次日交战，姚苌命人抬着苻坚的神像，出寨迎敌。两军对阵，登上箭楼的苻登一眼就看见羌军阵前苻坚的神像，又见姚苌一副得意扬扬的神态，心中气急，爬下箭楼，拍马而出，大呼叫阵：“为臣弑君，而立像求福，能有用吗？无耻小人！弑君恶贼！姚苌！你若有胆量就出来，与我单打独斗决一死战，何苦枉害无辜！”姚苌充耳不闻，心道：“我多大岁数了？六十，和你小娃娃单打独斗，你以为我傻呀！”苻登见他不敢应战，挥军冲杀，羌军又大败。夜晚宿营，姚苌闷闷不乐，巡视诸营，发现军中夜间数度惊扰。姚苌大怒，心道必是苻坚鬼祟作怪，命人砍下苻坚神像的头颅送给苻登。

姚苌鬼点子多，一计不成，又生诡计，对群臣说：“苻登这个魔头把辎重留在大界村，我分兵偷袭，定能成功！”传令给儿子姚崇，领兵三万偷袭大界村。谁知苻登早有准备，姚崇的兵马刚到安丘，便中了苻登埋伏，全军覆没，姚崇单骑逃回大营。苻登趁机一路追杀过来，进逼安定。

眼见前秦军逼近城下，姚苌又有妙计，对众人说：“与穷寇硬碰硬是兵家大忌，朕要亲自领兵偷袭大界村。”文武官员一听偷着乐，以为会有什么妙计，刚刚偷袭人家中了埋伏，被杀得片甲不留，又要去送死。姚苌一脸奸笑：“卿等有所不知，上次那魔头伏击我军侥幸得胜，以为朕不敢再去，必不设防，朕偏要再去，杀他个出其不意。”

姚苌亲自点起骑兵三万，人衔枚，马束口，三更天出动，兵发大界村。看到这儿，我们肯定会想起抗日战争中，时任八路军 129 师师长的刘伯承同志率领我军在山西省七亘村同一地点，两次设伏击败日军的经典战例。日军有姚苌的狡诈，苻登却无刘伯承同志的智慧。羌军一路毫无阻拦，苻登果然把伏兵尽撤。拂晓，远远望见大界村，羌军杀进村去。村中只有苻登皇后毛氏和留守的文武官员及数百名士兵。

南北朝出巾帼英雄。毛皇后美貌勇敢，善于骑射，弯弓跨马，指挥数百名壮士拼死抵抗。羌兵人多势众，将毛皇后擒获，押来见姚苌。姚苌翻身下马，背负双手，弯腰打量毛皇后，见她生得清秀端庄，柳眉轻竖，秀目含怒，却显得愈加妩媚。姚苌心中喜欢，轻声道："朕年已六旬，未睹如夫人这般冷艳之巾帼，若得夫人，可欢度晚年，我姚苌别无所求！"毛皇后羞怒交集，边哭边骂道："姚苌，你已杀天子，今又欲污辱皇后，上天能容你吗？"

姚苌确实做得过分，你说你都六十了，霸占人家妻子做什么。美人求之不得，总不能再留给苻登。舍不得也要下手，姚苌杀死毛皇后，又杀了苻登之子苻尚，擒秦国名将数十人，一把火烧掉屯粮，端了苻登的大本营。

苻登闻讯又惊又怒，急忙引兵回援大界村。诸将对姚苌道："我军偷袭大界村得手，贼兵骇乱，我若趁乱于半路伏击，又是大胜仗。"姚苌摇摇头："苻登兵众虽乱，怒气犹盛，不能与之争锋。"不怕人多，就怕士气旺，没有把握的仗少打。羌军迅速撤离战场，从另一条路撤回大营。

前秦、后秦两国的战争打到第三个年头。这段时间，北中国遍地烽烟，如同东汉末年诸侯割据时代。魏王拓跋珪与匈奴首领刘显大战，吕光平定凉州。关中、陇西一带田地荒芜，哀鸿遍野，饿死的人枕于道路，交战双方精疲力竭。粮草付之一炬，前秦军乏粮，军士时有饿死。姚苌用兵飘忽不定，不打硬仗，前秦将士吃不上熟食。苻登只得撤军休养生息，前后秦各自罢兵。

这一场食人魔与中山狼之间的较量没有结束，到底哪一方能够取得最终胜利呢？

叁 智者无敌

将者，智、信、仁、勇、严也。曹操在《孙子兵法》注释中称，这是将帅应该具备的五种品德。为将五德中，智术在先，这便是奸诈无耻的姚苌战胜义烈慷慨的苻登之奥妙所在。

公元390年，北魏登国五年夏，四月，后秦皇帝姚苌正庆祝六十大寿，宴席未散，一份告急文书传到。大后方出事了，发生叛乱。反叛军首领是原前秦将军魏揭飞，他自称冲天王，召集氐人、匈奴各部攻打后秦的杏城（今陕西黄陵西南）。刚刚归附后秦的羌人雷恶地火上浇油，借机起兵，攻打李润城（今陕西蒲城东北）。

两国交兵，最害怕内乱，西边的苻登没收拾完，北边又犯事了。姚苌暗暗心惊，下诏亲自北征。苻登兵临城下，在长安家门口，魏揭飞远着呢。文武官员大惑不解，纷纷问道："陛下不忧六十里外的苻登，却忧六百里外的魏揭飞，这是为什么？"

感觉后秦国的大臣们就像小孩子，遇事总爱问为什么。明朝崇祯皇帝曾经抱怨过："我是好皇帝，是你们大臣误我。"如果姚苌听到这句话，就会开导这位同行："自己的事儿自己做，别总指望别人。"

群臣无能，姚苌非但不生气，反而耐着性子、苦口婆心分析："苻登不是一天能消灭的，朕之城池也非苻登一天所能攻取的。雷恶地智略非常，如果联合魏揭飞，攻下杏城和李润城，长安东北非朕所有啊。"

长安东北地区是后秦对抗苻登的大后方，一旦雷恶地和魏揭飞反叛成功，自己必将东西交困，失去粮食供应地，姚苌这一点看得极清楚。去打魏揭飞，须防着苻登。为避开苻登耳目，姚苌不敢带大军前往，偷偷点齐一千六百名精锐骑兵，奔赴杏城，距城百余里下寨。

魏揭飞万没料到姚苌会舍弃苻登，亲来征讨，惊恐不已。等到阵前一看，发现羌兵不多，大约两千人的模样，大喜，急召各路兵马，氐、匈奴之兵络绎不绝。

姚苌每次听说魏揭飞增兵总是非常高兴，诸将觉得奇怪，问道："贼不断增兵，其势日炽，陛下为何不忧反喜？"姚苌笑道："魏揭飞煽动百姓叛乱，种族、部落甚繁。各族经常叛乱，朕虽能杀掉其首领，但是余党不容易一下子铲平，还会四处作恶。现在，他们像乌鸦般自投罗网，正可一网打尽，一个也漏不掉，朕的东北无忧啦！"诸将嘴上称是，心中窃笑，皇帝有毛病。他们忘记一个道理：狼并不在意它面前的羊是一只还是一群。

人多力量大，魏揭飞奉为真理。另一位叛军首领雷恶地赶来会师，集合三万人马向羌军杀来。姚苌固守营垒，令姚崇率领数百骑兵出其不意地迂回到敌军身后发起突袭。叛军惊扰，混乱之际，姚苌下令攻击。魏揭飞的队伍多是未经训练的新兵，被羌军骑兵前后夹击，分割冲突，立时大乱。羌军击斩魏揭飞，叛兵逃散。姚苌纵骑追赶，一路下来，斩杀无数。等到清点战场，一千六百骑兵竟斩杀敌人的首级万余。

羌军大胜，雷恶地逃而复返，到后秦大营请降。雷恶地原本是姚苌手下很有本事的将领，后来投靠苻登，得不到苻登信任，又转投姚苌，这次反叛失败，再次投降。这么一位反复无常的人，姚苌竟然没怪罪，待之如初。雷恶地对人哀叹道："我自认为智勇杰出一时，每次遇到姚翁就难以施展，这是我的命啊。"

雷恶地降后秦，北地平定，杏城守将姚当成出城迎接。姚苌徘徊于营地之间，用手轻轻抚摸每一处木栅，历经沧桑的老脸满是留恋，久久不愿离去。姚苌对姚当成说道："你在这座营寨的每个栅栏孔中都竖上木牌来表彰将士们的战功。"

姚当成连声诺诺。一年之后，姚苌问起此事。姚当成回道："表彰木牌太多，显得营地狭小，我把营地扩大了。"姚苌叹道："朕自结发以来，与人战，未尝如此痛快，以千余兵破敌三万之众，可见用兵不在多寡，难道兵多一定打胜仗吗？军营小才是奇迹，怎么能够以军营大为可贵呢？"

前秦皇帝苻登得知姚苌平定魏揭飞之乱，懊悔不已，大骂手下情报工作做得不好："潜伏的特务呢？怎么不汇报！"前秦特工加班加点，终于成功策反一位后秦国的高级将领——豫州刺史苟曜。苟曜手中有一万人马，镇守长安外围据点逆方堡，与苻登约定时间夹攻羌军。苻登闻报大喜，率军长驱直入，进占泾水口的范氏堡，强渡渭水，进逼长安。

姚苌出兵迎战，依旧破不了苻登的方圆大阵，损兵折将。姚苌收集残败兵马，要再与苻登决战。众将感到奇怪，这和姚苌平时的作战策略不同。平时能打则打，打不赢就跑，今天怎么了，连忙问："陛下用兵一向谨慎，每每以计取胜。今天我军失利，为何还要与贼军决战呢？"姚苌冷笑道："苻登用兵迟缓，不识虚实，这次却一改常态，轻兵直进，抢占我军东侧，摆明把我军向西赶。西面是苟曜的壁垒，他与苟曜那小子有阴谋，如果我们攻势稍缓，阴谋必定得逞，要抢在敌人会合之前打破他们的计划。"

姚苌挥军再战，苻登不曾料到姚苌一反往常规律，受挫之后依旧猛攻，被杀个措手不及。激战数日，前秦军孤军深入，给养难继，只得退回眉城。

苻登退去，姚苌也不追赶，率兵转而攻打新平。前秦守将金槌势单力孤，献城投降。姚苌率数百骑欲入新平城，诸将纷纷劝阻，说金槌不可信，恐其反复。姚苌笑道："金槌已然背叛苻登，如果再来害朕，到哪里安身？他初来归附朕，应该推心置腹，怎能不予信任，让人起疑心呢？"姚苌入新平，与金槌把酒言欢。新平的氐人欲杀姚苌，金槌不听，姚苌安全返回长安。苻登听闻金槌降后秦，大起兵马攻打新平。姚苌率兵救援，临行在西堂对太子姚兴道："苟曜闻我北行，必来见你，你可借机杀了他。"姚苌刚走，苟曜果然到长安见姚兴，探听此番用兵的虚实，自然人头落地。

姚苌击败苻登，进入安定城，大摆宴席庆功。酒至半酣，将领们的牢骚话出来了。他们对姚苌不打硬仗、不敢与苻登主力决战不满，借着酒意一起说："若是魏武王在，决不会让苻登这个魔头狂妄至今，陛下未免谨慎稳重得太过分了吧！"

魏武王是指姚苌的哥哥姚襄，文武全才，十七岁时，已经雄武冠世，率领羌人纵横河南，周旋于燕、晋、秦三大强国之间。他深得人心，每次转移，老百姓拖儿携女跟随。与前秦帝国争夺关中，兵败遇害，时年二十七岁。姚苌称帝，追谥魏武王。

这帮文武官员好主意不出，还出言挖苦人。姚苌略有醉意，端起酒杯，静静听完，手捋花白的山羊胡，冲诸将笑道："朕不如亡兄者有四：身长八尺五寸，臂垂过膝，人望而畏之，一也；将十万之众，与天下争衡，望麾而进，前无横陈，二也；温古知今，讲论道艺，驾驭英雄，收罗俊异，三也；亲爱士卒，统率大众，上下咸悦，人尽死力，四也。然而，朕却得以建勋立业，驱策群贤，为什么呢？"姚苌环顾群臣，得意道："正望算略中有片长耳！"

你们说我哥哥怎么怎么厉害，我也知道，相貌威武、文武全才、所向无敌、深得人心，这四点我确实不如他，为什么我做皇帝，他失败了呢？就是因为我算略中有那么一点点长处罢了。群臣举杯山呼万岁！

肆 神出鬼没

姚苌奸诈无比、厚颜无耻、一副泼皮无赖的形象，却是好皇帝。他优点和缺点一样鲜明，性格豁达、虚怀若谷、生活俭朴，行事风格颇有汉高祖刘邦之风，吃饭从来只有一盘菜，皇后穿着朴素的衣服，后宫金钱珍宝全部供给军旅，奖励战功。

姚苌生性简率，喜怒哀乐随性而发，臣下有功，立马就赏，如有过失，当众辱骂，毫不留情。为此，大臣权翼曾经劝过，说陛下您弘达自任，不修小节，驾驭群雄，包罗俊异，弃嫌录善，有高祖之风，但是轻慢臣下的习气，应该改改。姚苌敛容谢道："这是朕的本性。尧舜的美德，朕一点没有，汉高祖的坏习气，却让朕继承了，若不是卿言，安知朕过！"自此以后，对待臣下过失，多少给人留点面子。不过姚苌骂人归骂人，处罚极轻。

公元 393 年，北魏登国八年，六十三岁的姚苌病卧军中，召太子姚兴诣行营安排后事。姚兴准备起程，有人劝他铲除功臣："今贼寇未灭，皇上年迈，又大病缠身。王统等人是皇上的旧臣，屡立功勋，各据坞堡，拥有私人武装。平素在皇上跟前言语唐突，肆无忌惮，皇上一旦不讳，谁人能镇服他们？不如趁皇上尚在，将他们除去。"

姚兴想想也对，一朝天子一朝臣，这帮功臣在姚苌面前尚且嘻嘻哈哈，自己当上皇帝怎么统御得了？随即杀掉王统、王广、苻胤、徐成、毛盛等豪强大族，然后赴行营。姚苌正躺在帐内休息，闻听后，捶床大怒："王统兄弟，朕之州里同乡，实无他志。徐成等人皆是前朝名将，天下小定，朕方用之，奈何随意诛杀，令人丧气！"兔子遍地，怎么能把猎狗煮吃了呢！姚兴羞愧不安，默不作声，姚苌又气又怒，病势日沉。

前秦特工工作出色，得到姚苌患病的情报。苻登大喜，焚香禀告苻坚神位道："曾孙苻登受命讨贼十年了，幸亏太皇帝降病姚苌，放心吧，这回一定收复长安。"苻登大军杀到安定，距城九十余里下寨。姚苌躺在床榻上养病，闻报惊起，大病竟愈，率军出安定城外扎营，抵御苻登。

次日，两军对垒。苻登又见到老对手，心道不对啊，不是有重病吗？

正疑惑，哨探来报，羌军偷袭营地。苻登见姚苌亲自迎战，心中已怯，又恐后营有失，急令退兵，姚苌并未下令攻击。

苻登回营，见营帐多为羌军毁坏，便弃营退走，又害怕姚苌追击，令猛将殿后，频派哨骑探听羌军动静。前秦军退行至傍晚，后军来报，未见羌兵追赶，苻登这才放下心来，加紧赶路。

天明，探姚苌大营的侦骑来报："贼诸营已空，不知所向！"苻登大惊失色，心中暗道，这老羌贼不见来追，营中又无人，干什么去了？苻登对身边的亲信大发感慨："彼为何人，去令我不知，来令我不觉，谓其将死，忽然复来，朕与此老羌同世，何其厄哉！"我和他生在一个时代，怎么这么倒霉！

姚苌的兵马去哪里了呢？姚苌得知苻登退走，连夜引大军从侧翼迂回至前秦军身后，所以大营无人，为什么没有发动攻势呢？姚苌此时病势加重，他能够起来迎敌，不过是病中的回光返照。双方没有交战，姚苌退回安定。

转眼又是一年，姚苌病势沉重，终于支持不住，从安定回到长安。晋书记载一则故事，姚苌回长安时途经新支堡，梦见天王苻坚率领数百名鬼兵杀入大营。姚苌恐惧，一边跑一边狂叫道："臣姚苌，杀陛下者臣兄姚襄，非臣之罪，不要冤枉臣。"姚苌逃入宫中，殿内侍卫挺长矛刺鬼，误中姚苌的阳具，众鬼大叫道："正中死处。"侍卫拔出长矛，血流如注。姚苌惊醒，见阳具肿得老高，太医用针刺阳具治疗，出血的情景和梦中相同。

我们也许会认为这则故事仅可作为茶余饭后的笑谈，但若仔细考究，发现极有可能。中国北方自后赵政权开始，尤其石虎当政时，佛教日昌，因果报应之说深入人心，汉化和奉佛的氛围必将影响长久居住在滠头的姚家。姚襄单骑渡淮去见东晋名士谢尚的时候，谢尚散去仪卫，幅巾相待，两人一见如故。足见姚襄的汉学造诣之高。姚苌投入前秦，天王苻坚奉佛更加精进，前秦佛教氛围不减后赵，故而姚苌在行军打仗中表现出浓重的迷信色彩。

日有所思，夜有所梦。姚苌弑君夺位，思想压力极大，临死有此一梦信非后人杜撰。姚苌死了！临终前给太子姚兴立下四条规矩："以恩德抚骨肉，以礼义接大臣，以信义待事物，以仁慈遇百姓。"能说出这样的话来，足见姚苌是个明君。姚苌终年六十四岁，在位八年。固然坏蛋一个，但他确实是位有智慧、有才干的君主，真小人也罢，真性情也罢，千秋功罪自有后人评说。

太子姚兴不逊色于乃父，苻坚时为前秦国太子舍人。姚苌马牧起兵，姚兴自长安冒险逃到军中。姚苌出征，常留统后事。苻登进攻关中，姚兴镇守长安，作为一镇主将，后秦战略体系的一员，为抵御苻登立下战功。战争期间，姚兴与儒士们讲论经籍，不以战乱忘记学习。姚兴没有辜负姚苌期望，二十二年执政期间，面临强大的北魏和东晋威胁，仍然使后秦一步步成为北方强国。

姚苌死后，姚兴秘不发丧。他知道一旦姚苌死亡的消息传出，苻登必定发兵来打长安。姚兴先发制人，抢先下手，自称大将军，主动率大军攻打前秦。苻登得到姚苌死讯，喜出望外，傲慢地对众文武官员道："姚兴小儿，朕折根枝条就可以狠狠抽他一顿屁股。"留下太子苻崇守胡空堡，征召国内所有士卒进攻长安。

两军在马嵬堡遭遇。后秦大将尹纬抢占马嵬堡的废桥，遏断水源。苻登大军到达，喝不上水，时值盛夏，渴死者无数。苻登尽起大军急攻废桥。尹纬命令出击，姚兴派人下令："苻登穷寇，宜持重，不可轻战！"尹纬眦目道："先帝登仙而去，人情忧惧，今若不思奋力死战，大事去了！"不听将令，下令决战。前秦、后秦在废桥展开激烈对攻战，前秦军大败。

苻登收集残兵败将回营，将士们已经丧失斗志。苻登与姚氏父子的战争整整打了八年。八年下来，胜利遥遥无期，战争初期的昂扬斗志荡然无存，只剩下悲观失望、痛苦厌战。当天夜里，大军散去。苻登单骑逃回胡空堡，太子苻崇听说父亲军败，弃城早走。苻登无所归，只得收集亡散，逃入马毛山（今平凉山区）。

姚兴率军追击，与苻登激战于马毛山南，擒获苻登，就地斩首，关中平定。姚兴在槐里为姚苌发丧，即皇帝位，回师长安。同年，苻崇在湟中即位，攻打鲜卑乞伏部的西秦失败，阵亡于军中，前秦正式灭亡。

羌人战胜氐人，取得八年战争的最后胜利。与之同时，为积蓄力量与群雄争霸，魏王拓跋珪发动了对蒙古高原诸部落的远征，迈开统一草原的步伐，塞外雄鹰已展开巨大羽翼翱翔在千里草原和大沙漠的上空。

第五章
征服蒙古高原

古代的大草原永远弱肉强食。日渐强大的拓跋贵族渴望更多的牧场、奴隶、牛羊和财富。拓跋珪意图恢复代国联盟昔日的强盛，他鹰一样的目光越过绵延的阴山山脉、茫茫的大戈壁、松涛澎湃的林海搜寻着一个又一个的猎物。后燕国皇帝慕容垂感受到来自北方大草原的隐隐杀机，六十九岁高龄的不败名将再次挥起戈矛。战神出征，慕容鲜卑的铁蹄瞬间踏碎两个王国。敌人消灭了，下一个轮到盟友。

壹 草原雄鹰

拓跋代国瓦解之后，大漠南北处于分裂状态。在西伯利亚—蒙古边境，向着阿尔泰山、杭爱山和肯特山延伸的戈壁滩北部草原上，生活着数以百计的游牧部落，西北的高车，南面的铁弗匈奴、柔然、贺兰匈奴各自占据一方水草。大兴安岭的南端聚集着库莫奚、契丹、解如等强悍野蛮的林地部落。

公元388年，北魏登国三年四月，拓跋珪发动魏国联盟全部军力北征草原，东征林地部落，迈开统一大漠南北的步伐。六月，拓跋人的骑兵队在弱落水（今内蒙古拉木伦河）南畔大败库莫奚部落，抓获四部杂畜十余万，兵马渡过弱落水。库莫奚集中部族力量进行偷袭，拓跋珪再次打败他们。随后，魏国远征军向东前进到女水，击败解如部。第二年正月，拓跋人的骑兵突袭高车东部诸部落，掠得财货无数。二月，在女水河畔击败吐突邻部，部落中男人、妇女、儿童全部西迁云中川做奴隶。魏国东征北讨大获全胜，获马、牛、羊四十余万头。

经过一年休整，拓跋珪打起西部高车人的主意，率大军向西挺进数千里，到达鹿浑海（今新疆布伦托海，即福海县），挑选精锐骑兵向西北急进百余里，偷袭高车袁纥部，掳获马、牛、羊二十余万，西征又获大胜。

魏军攻击吐突邻部时曾遇到麻烦。吐突邻是贺兰部的附属部落，贺讷及贺染干兄弟率领诸部落救援，被魏军击败。拓跋珪见贺兰部公然出兵与魏国为敌，心知与贺兰部一战必不可免，贺兰部实力强大，绝非自己能够轻易解决。

魏国使者拓跋仪来到后燕国都中山城。拓跋仪是拓跋珪的堂弟，贺氏改嫁过拓跋仪的父亲拓跋翰，他们是一家人，同是慕容垂的孙外甥。拓跋仪到中山向燕帝致谢，并约燕国共同讨伐贺兰部。拓跋仪河北之行还隐藏着不可告人的秘密，即探听后燕王国虚实的使命。随着势力逐渐增强，拓跋珪对于雄霸中原的后燕国也有吞并之心。

以草原宗主国自诩的后燕皇帝慕容垂在中山城富丽堂皇的宫殿，接见来自草原的野蛮人，态度显得极为傲慢。慕容垂深深地靠在御座之上，白眉低垂，眼睑微合，听着拓跋仪陈述魏王对自己的感激之意，冷冷一笑，责问道："魏王何不自来拜谢？"拓跋仪静静回答道："我们先王与燕国祖先曾经一起为晋朝的帝室做事，世世代代情同兄弟。我今天奉使前来，在情理上没有失误。"代王和燕王均为晋朝册封，从这一点上来说，两国为平等关系。

百战名将慕容垂此时志得意满，燕国在他手里得到复兴，对东晋的战争获胜，将山东之地划归己有，后燕已成为北中国最强大的国家。后燕军屡次出塞帮助魏国打仗，救拓跋部于危难之中。慕容垂又是拓跋珪爷爷辈的尊长，态度自然倨傲："吾今威加四海，岂得以昔日为比！"你说的那是哪一辈子的事？拓跋仪不卑不亢："大燕如果不修德礼，欲以兵威自强，这是将帅们的事情，非使臣所知。"

拓跋仪话语中透出兵戈之气，老皇帝未加理会，权当涉世未深的毛头小子狂妄之语。

通过静悄悄的观察，拓跋仪回国对拓跋珪说："慕容垂年老体衰，太子慕容宝庸碌懦弱，范阳王慕容德自负才气，绝不是将来少主的臣下。慕容垂一旦死去，内难必起，到那时候才可以图谋，现在不行。”魏燕两国牢固的同盟关系出现裂痕。

虽然拓跋仪在朝堂上软软地顶撞慕容垂，但燕国老皇帝仍然决定继续扶植北魏，派赵王慕容麟的军队出塞攻击贺兰部。慕容麟与拓跋珪西征凯旋的魏军会师，在意辛山（今内蒙古二连浩特西南）大败贺兰部和纥突、纥奚三部联军。纥突部和纥奚部战败，向魏国投降。

贺兰部到了危急存亡之秋，这种时刻所有的人应该团结一致。可贺染干却阴谋杀害兄长贺讷，双方混战。贺兰人自己把自己送给敌人，这份大礼，慕容麟无论如何也要收下。后燕军活捉贺讷，投降的牧民数以万计。

分赃是件很痛苦的事情。拓跋珪和慕容麟在对待贺兰部去留问题上产生分歧。东晋十六国时期战乱不断，加上汉人南渡，人口资源紧张。战胜一方往往将战败方的人民强迁到自己都城周围务农来增强收入，后燕也不例外。可拓跋珪也需要人口，不允许慕容麟强迁贺兰部。

燕帝慕容垂调和矛盾，下达一道折中命令，贺兰部一分为二，贺讷留在草原，贺染干所部迁移至中山，燕魏两家平分。慕容麟悻悻回到中山，对慕容垂说：“儿臣观拓跋珪之举动，终为国患，不如令他来朝廷，让他的弟弟监领国事。”慕容麟极其诡诈，看事情有一双锐利的眼睛，从拓跋珪行事中看出他勃勃野心。慕容垂没有同意，因为有更重要的事情要去做，暂时不想去招惹拓跋珪。当时后燕国控制的地方包括现在的河北、辽宁一带，山西存在着另外一个燕国政权——西燕，河南存在着另外一个魏国政权，史称翟魏。

翟魏是丁零人翟辽建立的王国，国家弱小，夹在强大的东晋、后燕和西燕中间，本不成气候。国王翟辽凭借狡猾无耻，竟然顽强生存下来。东晋强大投降东晋，后燕强大投降后燕，西燕强大投降西燕。天下公认的枭雄慕容垂一再上当，终于下定决心收拾这个滚刀肉。

打仗需要马匹，燕国的主力部队是具装骑兵，即重甲骑兵，需要优质的战马。塞上大草原则是良马生产地，后燕为维持其不断征战，必由北魏源源不断地输送军马。两国使者不断，关系看上去颇为融洽。为准备与西燕和翟魏的战争，主政的后燕者决定增加草原输入的军马数量，外交谈判陷入僵局。后燕对良马的贪得无厌和拓跋珪与日俱增的实力之间终于产生不可调和的矛盾。北魏拒绝如数供给后燕军马，后燕国则扣留魏国使臣拓跋觚。

扣押使者的行为激怒了拓跋珪。拓跋觚不是外人，是拓跋珪母亲贺氏的亲生儿子，拓跋珪同母异父的兄弟。后燕非但没有得到想要的良马，两国关系反而破裂，北魏与后燕断绝交往。

蒙古高原的贺兰部和西方高车以及东方库莫奚等部落都被魏国灭掉，大草原上唯一能与魏国抗衡的只剩朔方地区的匈奴铁弗以及附庸部落柔然。拓跋珪向来喜欢从逆境中奋起，与后燕国的交恶激起他的昂扬斗志。北魏国转而联合西燕国，迫不及待地对铁弗匈奴展开攻势。

论起草原各部落的综合实力，无疑拥有河套地区丰美草地的匈奴铁弗最强。面对塞外各部落之间的争霸战争，历经沧桑的刘卫辰反而没有了年轻时的锐气，生怕丢掉河套那块财富。刘卫辰就像一只哈巴狗，谁强大就去舔谁的屁股。南向后秦称臣，东向西燕称臣，摆出一副奴才架子，但难逃灭亡的命运。为了统一大草原，稳定魏国大后方，确保与后燕战争无后顾之忧，拓跋珪的长矛坚决刺向刘卫辰和他的附属部落——柔然。

贰 千里击柔然

柔然作为中国北方的一个民族，我们对它的了解少得可怜，就是它孕育了突厥民族。我们震惊于突厥的狼头大纛，却不知道柔然曾经是突厥狼群的主人。柔然是一个什么样的民族呢？有人说威震欧洲的阿尔瓦人就是柔然，也有人说蒙古族的始祖就是柔然。

柔然民族的起源要从一个叫“木骨闾”的孩童说起。鲜卑拓跋部代王猗卢称霸草原，劫掠高车诸部，经常组织大规模的“掠骑”。抢掠他们的牲畜补充军需，掠得人丁以为兵卒，抢得老幼妇孺，便作为奴隶。

《魏书·高车列传》中载：“高车，盖古赤狄之余种也，初号为狄历，北方以为敕勒，诸夏以为高车、丁零。其语略与匈奴同而时有小异，或云其先匈奴之甥也。”通过魏书记载，结合考古等研究，可以从中探索出高车来历。高车自号狄历，春秋时称赤狄，源自丁零。丁零也叫丁令、丁灵、钉灵，是游牧于贝加尔湖一带的中国北方民族。

匈奴西迁后，丁零居匈奴故地。三国时，各部鲜卑南迁，占据匈奴故地，掠骑于大漠南北各族，丁零迫其压力，和匈奴人一样四处迁徙。一部分丁零人迁至塞外阴山一带，北方人称之为敕勒。一部分内迁中原，仍号丁零，淝水战后建立翟魏政权。一部分和匈奴杂居，仍在贝加尔湖以南游牧，汉人称之为高车。

高车与匈奴同在北方游牧，语言与匈奴大同小异。高车部落众多，大的部落有六个，有狄氏、袁纥氏、斛律氏、解批氏、护骨氏、异奇斤氏。《魏书》记载一则故事，清楚反映出高车与匈奴通婚的历史事实。

传说匈奴单于有两个女儿，姿容美丽，国人皆以为女神。匈奴单于说，我有这样美丽的女儿，怎么可以许配给凡人呢，只能配给上苍。匈奴单于在漠北无人之地，筑起高台，让两个女儿住在上面，冲天祷告道："请上天自来迎娶。"整整过了三年，老天爷一点儿娶亲的意思也没有。她们的母亲准备迎女儿回来，单于不答应。

又过了一年，一头老狼昼夜守台嗥叫，利爪在台下挖穴，无论狂风暴雪，从不离去。匈奴单于的小女儿说："父王把我扔在这儿，准备配给上天，而今狼来，也许就是神物，是天之使者。"下台欲和老狼结合，姐姐大惊道："这是畜生，不要污辱父母！"妹妹不听，缓步走下高台，成为老狼的妻子，生下无数儿子。后来逐渐滋繁成国，其族人好引声长歌，又似狼嗥。匈奴人称高车为狼族，匈奴的外甥。这一部族所用车辆车轮高大，辐数很多，故汉人称之为高车。

拓跋鲜卑人在一次对高车部落的掠夺中，捕捉到一个幼童，发始齐眉，年纪很小，不知道自己叫什么名字，捕主叫他"木骨闾"，"木骨闾"意为秃头。因为鲜卑拓跋部是辫发，高车部落是剃发，近似于后来蒙古部落的发式，即将脑后一部分头发全部剃去，正面一束或剃去，或者剃三搭辫发。故而有人说木骨闾即"蒙古里"之意。

木骨闾长大之后，魁梧彪悍，免除奴隶，成为一名骑兵。后来违反军令当斩，木骨闾纠合一百多人，逃亡于大沙漠的溪谷之间，投靠纥突邻部。木骨闾死后，其子车鹿会雄健英武，聚集不少牧民，自号柔然。柔然之意，即蒙古语中"贤明"的意思。车鹿会取与"木骨闾"近似的"郁久闾”为姓。

当时柔然部落并不强大，依附拓跋代国，世为别部帅，向代国贡献马畜、貂皮等物品，冬天徙渡漠南，夏天还居漠北。车鹿会死后，三传至郁久闾地粟袁。地粟袁死后，部落一分为二，长子匹候跋居东面，次子纥提居西边。前秦灭代国，柔然转而依附匈奴刘卫辰。拓跋珪复兴代国，建魏国，东征北伐，草原诸部落多降，独柔然不来投靠，依旧臣服刘卫辰，在刘卫辰唆使下经常侵略魏国边境部落。拓跋珪想消灭刘卫辰，势必要先灭掉其帮凶柔然。

公元 391 年，北魏登国六年冬十月，打败贺兰部三个月后，拓跋珪迅速吹响攻击柔然的号角。柔然部落慑于魏国连胜的声威，从游牧地狼山举部遁走。拓跋珪千里大追击，从狼山向西追奔六百里，举目四望，朔风吹起连天的衰草，无边无涯，四野茫茫，哪里有柔然人的影子？

魏军轻骑而来，粮食供不上，诸将与部落首领认为军粮不继，再追无益。拓跋珪一向固执自负，不听众人的意见。众人想到拓跋珪对谋士张衮言听计从，都让张衮去劝。张衮也觉得追下去无用，对拓跋珪转达诸将意见：“贼远粮尽，不如早还。”

拓跋珪自信地一笑，反问诸将：“若杀副马，为三日粮，够用吗？”熟悉成吉思汗蒙古大军西征史的人一定知道，蒙古骑兵一人配两匹马，长途跋涉，轮番换乘，马歇人不歇。到达会战地点，不必休整，直接换乘另一匹没有负重的马参加战斗。魏军也是如此，所以拓跋珪有此一问：“粮食没了，我们还有副马，若杀副马，当作三天的粮食，够吗？”众人一寻思，当然够了，纷纷点头道：“足！”足是足，可回来怎么办啊！拓跋珪深邃的眼睛一亮，毅然道：“那就追！”

魏骑倍道兼行，茫茫戈壁与湛蓝的天空连成一线，平坦、广阔、无边无际。零星点缀在焦黄的戈壁上的一丛丛骆驼刺、芨芨草，在北风中干枯残败。戈壁褪尽仅有的一点点绿意，泛着凄楚的灰褐色，显出无尽的苍茫与荒凉。魏军的马队踏过辽阔空旷的戈壁滩，隆隆的马蹄声和着扬起的尘土，回荡在千里戈壁上空。

魏军终于在大戈壁南床山下追上逃跑的柔然部落，如狼似虎的魏骑像凶猛的狼群一样，瞬间将大批柔然人分割包围。刀矛寒光闪处，血浆漫天飞舞，戈壁上尸横遍野，鲜血满地。柔然两部首领匹候跋、纥提丢下大批柔然人，仓皇逃去。魏军开始血腥屠杀和疯狂抢掠。草原上每次战争都是残酷的，千篇一律，总是胜利者对失败者惨无人道的劫掠。魏军掠得大批财物、牛羊、女人和儿童，几乎获得半支柔然部落。

拓跋珪得意地对手下将领们说：“你们知道我前几天问三天粮食的意思吗？”众将领摇头：“不知道。”拓跋珪解释道：“柔然部落驱赶家畜奔逃那么多日子，到了有水的地方一定滞留。我用轻骑去追赶他们，计算道路远近，料定不超过三天一定能追到。”众将叹服。

魏军将领长孙嵩和长孙肥继续追击柔然残部。长孙嵩追至平望川（今蒙古国哈尔和林西）击斩柔然别部帅屋击；长孙肥西追至涿邪山（今阿尔泰山东脉），匹候跋请降。魏军抓获郁久闾纥提，以及他的儿子郁久闾曷多汗、侄儿郁久闾社仑、郁久闾斛律等柔然宗族数百人。

拓跋珪歼灭柔然部落后，迅速率领六千精锐骑兵倍道回师，诸将不解：“今已破贼，何必匆匆回军？”拓跋珪冷笑道：“我料定那刘卫辰老儿，见我倾国之兵攻打柔然，必定乘虚掠我部落。乘他没有防备，快速回军截击，必能大胜。”

北匈奴远遁他乡，入内南匈奴建立的汉国和前赵相继灭亡后，匈奴铁弗部继续捍卫着匈奴天之骄子的荣誉。对于拓跋魏国的崛起，刘卫辰惴惴不安，不思进取的性格让他坐视拓跋珪一天天强大，终于有一天，战火烧到头上，附属部落遭到打击。刘卫辰知道唇亡齿寒，拓跋珪是针对铁弗匈奴来的。趁拓跋珪远袭柔然之时，刘卫辰的儿子直力鞮动员境内牧民，凑齐九万军队偷袭魏国。九万在当时不是一个小数字，刘卫辰把匈奴人的老底全部押上了。

拓跋珪早已料到刘卫辰不会对柔然之战无动于衷，率骑兵六千从戈壁返回，急趋铁岐山（今包头阴山北），收集弓矢、牛车，列成方阵，令军士各执硬弓利弩，设伏于铁岐山南。匈奴大军突然遭遇魏军，一阵慌乱。直力鞮见敌军人少，指挥匈奴骑兵蜂拥而上。依靠有利地形和牛车掩护的魏军利用弓弩的威力，一波波箭雨倾盆而下。轻装的匈奴骑兵毫无防备，损失惨重，大军溃败，直力鞮单骑逃走。拓跋珪以区区六千骑兵大败九万匈奴兵，可谓是以少胜多的经典之战。弓弩是轻骑兵的天敌，轻骑若仰仗人马众多一味冲击车阵没有不失败的。依车列阵射杀骑兵，汉代李陵用过，晋代马隆用过，百试不爽。

拓跋珪马不停蹄乘胜追击，时值隆冬，黄河渡口冰封。魏军自五原郡金津（今内蒙古包头西）强渡黄河，直插铁弗匈奴部落境内，进逼刘卫辰都城代来城，匈奴部众骇乱。刘卫辰与直力鞮父子弃城而逃，魏军一鼓作气，攻克代来城。魏将伊谓率轻骑穷追不舍，至木根山（今内蒙古五原西），俘虏直力鞮。刘卫辰被部下所杀，献首于拓跋珪。魏军兵至盐池（今陕西定边北），擒获刘卫辰宗族。前秦出塞攻打代国的战争是刘卫辰挑起的，拓跋珪忆起旧恨新仇，将刘卫辰宗族五千余人在黄河边尽皆斩杀，投尸黄河，一时之间黄河水为之变红。刘卫辰宗族中只有三子刘勃勃逃脱。这个刘勃勃便是大败刘裕关中军，开创匈奴大夏国的一代魔王赫连勃勃。

经此一战，河套之地胡族部落纷纷投降，魏军获马三十余万匹，牛羊四百余万头，远远超过魏军征伐草原各处野蛮部落获得的财物总和。铁弗匈奴积攒的全部家当连一只羊也未逃脱，北魏国的经济财力因此强大充裕起来。

东吞勿吉，西至鹿浑海，北起贝加尔湖，南抵塞上长城，大漠南北千里草原完全变成拓跋鲜卑自家牧场。北魏统一草原各部战争的顺利使后燕国感到极大压力，慕容垂加快征战步伐，开始对邻近的翟魏和西燕发动大规模军事行动。

叁 叩囊底智

后燕国皇帝慕容垂感受到来自北方大草原的隐隐杀机，六十九岁高龄的不败名将再次挥起戈矛。慕容垂加快了对周边国家的军事打击力度，在他心目中，世界上有一个人必须死，那就是西燕皇帝慕容永。

枭雄的精明在于绝不会意气用事。慕容垂要一步一步来，攻打西燕之前，黎阳丁零人的小小王国定要拔去。丁零人的魏国建立于公元 388 年（北魏登国三年），其年山东地区已被后燕国占领。东晋北伐名将谢玄病死，那位淝水大战中在前秦后军大呼“秦军败了”的朱序被晋廷任命为都督，戍守洛阳，晋军丧失之前咄咄逼人的气势。

丁零人翟辽见后燕得势，派遣使者请降。翟辽是个大忽悠，曾经数降数叛后燕国，他摸准了慕容垂的性子，开口闭口讲仁义，只要你先投降，就不去征讨。不过，人的忍耐有限度，慕容垂终于不肯再被忽悠。战神生气了，后果很严重。慕容垂断然拒绝翟辽归降，斩杀丁零使者，明白地让他收起骗术。翟辽也做得够绝，当下自称大魏天王，建立中国历史上唯一的丁零人中原政权，史称翟魏。

翟魏领土面积狭小，地跨黄河两岸，处于后燕、西燕和东晋之间，利用大国博弈搞势力平衡，慕容垂拿狡猾多变的翟辽没办法。翟辽短命，仅仅做了三年天王便一命呜呼，儿子翟钊继位，改年号为定鼎。口气够大，只怕他没有本事定鼎中原。这一回，慕容垂逮住机会，后燕军大举攻伐翟魏。

翟钊火速向西燕求救。西燕皇帝慕容永与大臣们商议，主张出兵的大臣和不主张出兵的大臣各执己见。鸽派人物主张观望，说：“两寇相争，双方必然疲敝，我们坐山观虎斗，奈何要冒进兵的危险呢？”鹰派人物主张出兵，提出围点打援之计，说：“慕容垂强大，翟钊弱小，何弊之有？不如速去救援，以成鼎足之势。我们发兵进攻中山，昼多疑兵，夜多火炬，慕容垂必定害怕而退军。我军迎头出击，翟钊攻击背后，这可是老天爷给我们杀死慕容老贼的大好时机，断不可失啊。”慕容永最畏惧的人就是慕容垂，不到万不得已，绝不肯和慕容垂过招。因为他知道，慕容垂生平无败仗。

后燕大军迅速攻占丁零国都黎阳，列兵黄河北岸。翟钊孤注一掷，将兵马撤到南岸，依靠黄河天险防御。慕容垂与诸将立马黄河岸，河水奔流不息，对岸的丁零人军容齐整，戒备森严。诸将感叹道：“丁零人素来彪悍，又有准备，我军不宜渡河！”慕容垂白眉轻扬，呵呵一笑：“翟钊小儿，有何能为？看朕今日为大家露一手！”

慕容垂早已想好一条声东击西之计。距离黎阳四十里另有一处渡口，名叫西津口。慕容垂下令移营西津，制作牛皮战船一百多艘，船头站满士兵，逆水而上。翟钊远远望见，以为慕容垂想从西津渡河，急忙引兵赴西津防卫。慕容垂暗中派遣将军慕容镇从黎阳渡口连夜渡河，天刚放亮，防御工事构筑完毕。翟钊发现上当，急忙返回，攻击慕容镇大营，后燕军坚守不战。丁零人往来疲惫，燕营攻不下来，只得退却。

慕容垂的儿子慕容农率军从西津渡河，慕容镇从大营中杀出，东西夹击，丁零人大败。翟钊撤到滑台，携带妻子儿女，收集残兵败将，北渡黄河，进入白鹿山打游击。慕容农对慕容镇道："翟钊无粮，不能久居山中，我们假装回兵，等他下山之时，再发起攻击。"燕军退走，留侦骑观察动静。翟钊果然下山，慕容农回军掩击包抄，丁零军队投降，翟钊单骑逃往西燕国都长子。慕容永封翟钊为车骑大将军，一年后，翟钊谋反被杀，发源于贝加尔湖的丁零人建立的翟魏政权短短四年便宣告灭亡。

昔日前燕国拥有今河北、山东、山西全境和辽宁、河南一带，慕容垂的复国大梦只剩山西一境。

北魏登国八年（393）秋天，慕容垂来到邺城，大聚文武，欲乘战胜翟魏的东风征伐西燕。诸将均不同意："慕容永并未挑衅边境，我军连年征讨，士卒疲惫，不可再动干戈。"只有范阳王慕容德支持出兵："慕容永国之枝叶，本非太祖嫡亲，妄自称帝，迷惑视听。只有将他除去，才能统一我大燕民心，士卒虽然疲惫，又岂能罢手！"

时年六十九岁、满头银发的慕容垂仰望雁阵行行的淡云高天，秋风劲吹、红叶纷飞之中目光灿灿，发下豪言道："我虽然老了，但是拍一拍口袋，即使剩下的这一点点智谋也足够对付他们，总不能把这个贼子留下来拖累子孙。"（吾虽老，叩囊底智，足以取之，终不复留此贼以累子孙也。）

后燕与西燕以太行山脉为分界线，门户就是太行山的五处隘口，西燕依靠雄关进行防御。慕容鲜卑的两大高手在太行之巅展开较量。太行山山势险要，易守难攻。这场战争的结果告诉我们，再险要的地势也不足恃，赢得战争靠智慧。

慕容垂调集燕军主力步骑七万分两路伐西燕，第一次战役爆发。张崇出井陉关，向晋阳进发；平规攻沙亭（今河北临漳西南）。慕容永命尚书令刁云、车骑将军慕容钟统率大军五万防守潞川。

次年二月，第二次战役再次打响。慕容垂留慕容宝之子清河公慕容会镇守邺城，征调后燕国地方部队，扬言兵分三路再次进兵。慕容楷出滏口，慕容农出壶关，慕容垂自领一军出沙亭，大造声势，各军准备就绪。针对后燕的军事部署，慕容永马上分兵遣将，严兵拒守滏口陉等隘口。以台壁（今山西黎城西南）为总后方聚积粮草，补给各军，派小逸豆归、王次多、勒马驹三将率兵一万保卫。

后燕三路大军集结邺城西南，一个多月不进兵。慕容永心中疑惑，慕容垂老奸巨猾，三路伐人，虚张声势不进兵，肯定另有所图。想到太行陉道路宽阔，怀疑慕容垂声东击西，派人偷渡太行陉或轵关陉。慕容永悉数召回滏口陉诸道兵，屯于轵关（今河南济源西北），封锁太行陉路口。

慕容永奸诈，但不及慕容垂老谋深算。慕容垂一个月按兵不动，就是要给西燕人造成一种迂回进兵的假象。得知慕容永撤掉防守滏口陉的兵力，慕容垂亲引大军出滏口陉，攻入天井关，进逼西燕屯粮重地台壁。慕容永慌令大逸豆归救援台壁，平规将其击败。小逸豆归出台壁讨战，被慕容农打得大败。后燕军斩勒马驹，擒王次多，小逸豆归逃回城中，后燕军把台壁团团围住。

慕容永知道上了慕容垂的当，咬牙切齿，令镇守潞川的大将刁云、慕容钟回援台壁，召轵关陉诸军还长子。刁云、慕容钟为后燕军攻势震怖，率众投降。慕容永气急败坏，尽诛二人妻子老幼，亲提精兵五万杀向台壁。人马进至台壁南三十里处，远远望见旌旗招展，慕容垂亲率后燕军排开阵势，挡住去路。仇人相见，分外眼红，慕容永鼓励将士，亲自擂起战鼓，西燕军呐喊呼啸着扑向后燕军，慕容垂挥军迎上，两军一阵混战。

慕容垂佯装败退，慕容永纵兵掩杀，追了几里路，事先埋伏的慕容国率领骑兵部队从山涧中突然杀出，切断慕容永的后路。四面伏兵尽起，慕容垂勒兵回战，大破西燕军，斩首八千，慕容永狼狈逃回长子。后燕军攻占台壁，晋阳守将闻讯弃城逃走，后燕军攻克晋阳。

后燕诸路兵马将西燕国都长子城围了个水泄不通，慕容永欲投奔后秦。有人劝道："昔年石虎伐龙城，太祖坚守不出，卒成大燕之基。今慕容垂七十老翁，厌苦兵革，终不能顿兵连年攻我，当坚城固守，拖垮敌人。"慕容永点头，总不能干等，一面献玉玺于晋廷求救兵，一面告急于魏王拓跋珪。晋魏两国援兵未到，长子城中有将领开门投降，迎后燕军入城，慕容永被擒。慕容垂望着这个敢于挑战慕容鲜卑皇族正统的异类，破口大骂，下令枭首示众。

燕帝慕容垂消灭翟魏和西燕，夺取大片土地，势力越来越强大。长子被围之时，魏王拓跋珪应慕容永之邀，派弟弟拓跋虔和大将庾岳率五万骑兵东渡黄河救援西燕，屯兵秀容（在今山西忻州市）。西燕亡国，两军没有交锋。此前，后燕与北魏的关系一度紧张，由于两国急于向四邻用兵，发生索马和扣押人质事件时并未兵戈相向。但是，两个一向亲密、世代联姻的鲜卑国家之间的裂痕已无法弥补。此时此刻，北魏救援西燕，军事敌对形势已然确立。它们各自消灭了四周敌人，巩固了后方，北方两大强国之间的战争随时有可能爆发。

战争，人类为什么要进行战争，为什么一遍又一遍重复着战争的噩梦，一遍又一遍从诅咒战争中走向战争？

鲜卑人是好战的民族，人们普遍早熟，从历代王族年纪轻轻便弓马纯熟可以看出他们对武力极端崇尚。慕容鲜卑是极端中的异类，他们从战争中走向辉煌，从战争中走向衰败，从战争中走向中兴，又从战争中走向灭亡。

慕容垂的一生是慕容鲜卑民族性格的见证，自十三岁征高句丽起，历经大棘城之战、入关之战、擒杀冉闵之战、淝水大战、复国之战、灭翟魏之战、统一两燕之战，攻无不取，战无不克。然而，他所领导的慕容鲜卑，结局仍然是一场悲剧。他不明白，人是平凡的，无论多么坚强、勇敢的战士最终也会厌倦战争，反感杀戮。慕容鲜卑的贵族和百姓经历一系列的战争后有如日暮黄昏，心力俱疲。

拓跋鲜卑的贵族们在拓跋珪率领下四处出击，轻而易举掠夺了相对弱小的草原部落大量财富。北魏的疯狂扩张让慕容垂感到了威胁，民族好战性格让他轻率地举起钢刀，决定北中国命运的大决战即将开始。

肆 膏粱子弟

比较交战双方的实力，无论是综合国力，还是军队的战斗力，后燕明显高出一筹。后燕军是自淝水大战后，十多年血雨腥风里走出来的战士，他们水淹过邺城，五桥泽败过东晋的北府兵，攻滑台，取晋阳，围长子，破台壁，纵横中原，所向无敌，是全天下最精锐的士兵。

拥有最精良的具装重骑兵的后燕军，最后为什么败得如此凄惨呢？是魏国军队更加强大吗？不是！魏军是各部落的联兵，武器装备和军事训练难与燕军抗衡。魏军之胜，胜在战略战术。

后燕国大军即将挥师北上的关键时刻，戎马一生的老皇帝慕容垂突然卸去军权，将大军指挥权交给太子慕容宝。指挥官是一支军队的灵魂，其能力直接影响战局。战前，燕国大臣高湖将拓跋珪与慕容宝进行了比较，得出慕容宝不如拓跋珪的结论：“拓跋珪沉勇有谋，幼历艰难，兵精马强，不可轻视。皇太子富于春秋，志果气锐，如今把军事指挥全权交付给他，必定小看魏国，轻敌必败。”

高湖说得很客气，毕竟慕容宝是燕国未来皇帝，但言下之意清楚明了。拓跋珪十六岁起兵复国，征战草原多年，高柳城击败拓跋窟咄，弥泽湖大破刘显，西击库莫奚于弱落水，东击吐突邻于女水，北攻高车诸部，千里破柔然，渡河灭匈奴，一个接一个的胜利足以证明拓跋珪是一名优秀的指挥官。慕容宝呢？从来没有单独指挥过一次战役，本来就不是拓跋珪的对手，又心高气傲，锐气十足。如果让他独掌兵权，手握全天下的强兵，必定骄傲轻敌，最终导致失败。

慕容垂知道，论军事才干，慕容宝比不上其他儿子，用慕容宝为主将的原因是为了历练历练他。慕容垂的儿子很多，慕容农、慕容隆、慕容麟，个个战功赫赫，军功卓著，偏偏太子未立军功。“泼墨汉家子，走马鲜卑儿。”没有军功，怎能让鲜卑人心服口服，怎么做皇帝呢？高湖清楚慕容垂的心意，强调说：“事情万一不像我们想象的那样，不仅太子损伤威望，同时又坏了大事。”

慕容垂一心历练太子怎么肯听这些？事实证明高湖的正确，慕容宝确非拓跋珪对手。

慕容宝是慕容垂的第四子，大段后所生，以嫡出立为太子。少年慕容宝是个纨绔子弟，为人轻率没有志向。等到立为太子时，一改常态，钻研儒学，谈论时政的水平渐渐长进，文章也写得不错。只是有个小毛病，喜欢曲意逢迎慕容垂的宠臣以求得他们的好话，终于获得朝士称赞，连精明的慕容垂也被欺骗。

虽然慕容宝工于心计，善于伪装，但他的不成器，有个人看在眼里，急在心上。她就是慕容垂的皇后小段后段元妃。段元妃劝慕容垂废掉太子另立新君：“姿质雍容，柔而不断，承平则为仁明之主，处难则非济世之雄。”太子性格犹豫不果断，太平之世可以做一个好皇帝，遇到危难不是能够平定乱世的英雄。现今天下大乱，群雄并起，把大燕的基业交给他，恐怕不会给大燕国带来昌盛和强大。随后她又把话题转到赵王慕容麟身上："赵王奸诈且有雄心，平时轻视太子，陛下一旦去世，太子肯定控制不住此人，必然会发生内乱。”

小段后具有一双慧眼，她看透了慕容宝兄弟，洞彻到时局的发展。果然不出她所料，慕容宝在北魏大军压境之下束手无策，只能眼睁睁看着后燕的城市一个又一个沦陷。慕容麟非但不出力，反而处处掣肘，最终暴露想做皇帝的野心。兄弟相争，使北魏占领燕都中山，后燕国彻底丧失中原。可惜小段后的远见卓识、良苦用心慕容垂非但没有注意，反而陡增疑心。慕容垂冷笑着说了一句冷酷的话："你想做骊姬吗？”春秋时代的骊姬谋害晋献公世子申生，慕容垂怀疑小段后想为她的儿子争位。

一代名将慕容垂作为一名军事家固然老谋持重，但他在政治上无远略，在立太子问题上和晋武帝司马炎犯下同样错误，重成法轻人智。为确保君位传承的稳定过于看重嫡子继承制，忽略自己死后新君是否有能力应对天下突如其来的变化。他懂得骑在马上打天下而不能骑在马上治天下的道理，所以把帝位传给为士族儒士称道的慕容宝，可他忘记天下尚未太平，战争仍在继续。

既然慕容垂认定慕容宝将继承大统，便千方百计为他树立威信，每次征战总要亲征的慕容垂将伐魏大任交给慕容宝，这一决定断送了慕容鲜卑千辛万苦复兴的大燕国。

自古雄才多磨难，从来纨绔少伟男。一个是幼历艰难、受过多次战火洗礼的遗腹子；一个是生于钟鸣鼎食的王族、在父亲羽翼下长大的膏粱子弟。胜负可以预测。

公元395年（北魏登国十年）五月，燕国皇帝慕容垂正式任命太子慕容宝为主帅，率辽西王慕容农、赵王慕容麟将鲜卑步骑八万出中山，自马邑出塞北击魏国。范阳王慕容德、陈留王慕容绍率步骑一万八千人殿后，押运粮草，保障后勤。一场中原帝国与草原帝国的大决战正式拉开序幕。这场决定两大王朝前途命运的大会战，以一个美丽地方的名字载入史册，这就是参合陂之战！

第六章
参合陂之战

参合陂在今内蒙古凉城东北（岱海附近），山明水秀，风景如画。又有谁能够想到，一千六百年前一场中世纪中国的战争中约有五万燕国士兵被坑杀于此。参合陂之战成为北魏与后燕帝国命运的转折点，慕容鲜卑人由巅峰滑向深渊，拓跋鲜卑人由弱小走向辉煌，最终成为北中国的主宰。拥有当时中国最精锐的铁甲骑兵的慕容燕国为何输得这么惨，除了主将不称职之外，这场决定两大鲜卑民族命运的大决战到底还隐藏着什么秘密呢？

壹 计中计

面对来势汹汹、倾巢出动的后燕大军，谋士张衮起到了重要作用。他向拓跋珪献策说："后燕国被滑台、长子两次战役的胜利冲昏头脑，这次动员全国的人力物力来进攻，希图一战而胜，大有轻敌之心。我们应该表现得疲惫孱弱，使之更加骄纵，再寻找战机打败他们。"拓跋珪采纳张衮诱敌深入的战术，进行战略转移。拓跋仪统率阴山以北诸部落向西北撤退；拓跋遵统率阴山以东诸部向东北撤退；自己率云中川的牧民退至朔方一带。把所有的牲畜资产全部迁到黄河以西一千多里以外的地方去躲避。与此同时，展开外交努力，右司马许谦出使关中，向后秦皇帝姚兴求援。

拓跋珪没有采纳以往草原民族与中原王朝交战时的战略战术，如匈奴与汉帝国的战争，匈奴在处于劣势时总喜欢向阴山以北退却，以大漠阻隔汉军攻势，再利用轻骑兵的机动性寻找战机消灭进入漠北的汉军。拓跋珪的战略转移并非一味退却，带有等待时机进行会战的倾向性。主力部队屯驻黄河南岸，牲畜资产在后秦国北境。如果燕军渡过黄河追击的话，拓跋珪将与燕军在黄河以南决战。

后燕大军在云中扑了个空，拓跋珪的军事部署让慕容宝感到愕然。朔方地区是魏国新占领区，慕容宝满以为魏军会向漠北方向退去。当他判断出魏军的主力已经西渡黄河的时候，一个难题摆在面前。渡河需要船只，而燕军没有战船。慕容宝采取了一个很狡猾的作战策略，没有马上渡河追击，而是沿黄河自西向东攻击前进。后燕军深入魏境，兵进五原，收降北魏附属部落居民三万多户，收割杂粮一百多万斛。

有人会问，此时的北魏不是游牧国家吗？为什么会种植杂粮呢？拓跋珪复兴代国之后，有意向农耕国家转型，曾在盛乐进行农业生产。登国九年（394），拓跋仪屯田于黄河以北，从五原直到棝杨塞外。不过，当时拓跋珪没有想到五原屯粮反而资助了长驱直入的燕国大军。

有时不得不佩服古人的哲理，“塞翁失马，焉知非福”？原本种给自家人吃的粮食让别人吃掉，燕军却因为粮草丰足不再疏通粮道。后燕军队将收割来的粮食一百余万斛囤积黑城（今内蒙古武川）。慕容德率后勤大军入驻黑城，塞上通燕国的粮道无兵打理。

后燕国大军开到黄河北岸，打造船只，准备渡河。拓跋珪针锋相对，魏军在各个渡口建筑高台，陈师黄河南岸耀兵，遍插旌旗虚张声势，沿河东西绵延一千多里。两国大军隔河对峙，黄河两岸旗帜飘动，一眼望不到尽头，蔚为壮观。

拓跋珪“诱敌深入，寻机决战”的军事计划因燕军获得塞外杂粮而破产，而北魏的外交却大获成功。唇亡齿寒永远是颠扑不破的真理。后秦皇帝姚兴被许谦的游说之词打动，派大将杨佛嵩率兵救魏。得知援兵即将到来，拓跋珪果断下令拓跋虔率五万骑兵东渡黄河切断燕军通马邑之路；拓跋遵率七万骑兵劫断塞上通中山之路，彻底断绝燕军与国内的通信联络；拓跋仪率骑兵五万在黄河以北严密监视燕军动向。

北魏军队从四个方向悄悄对燕军形成包围态势。我们从北魏军队调动的数量上看，似乎魏军占优，加上拓跋珪的朔方主力军，总兵力二十万以上，燕军只有九万八千人，为什么魏军不主动会战，如此被动呢？游牧民族最大的优势就是马匹，就是骑兵力量。后燕国也是以骑兵起家，士风彪悍，燕军在当时各国军队中最具战斗力，拥有作战经验丰富、人马披甲的重装骑兵和重装步兵。

北魏军队虽多，像游牧民族一样，全民皆兵，都是轻装骑兵，对付实力弱小一些的草原民族游刃有余，若要与慕容鲜卑的铁甲军队对抗绝难制胜。战争呈胶着状态，开始比耐心。魏军本土作战，远道而来的燕军不能等，慕容宝下令伐木造船。

一个月后，船只打造完毕，慕容宝迟迟没有下令渡河。因为他忽然失去国内的所有信息。将在外君命有所不受，可慕容宝从来没有单独指挥过作战。起初，远征军和国内联系频繁，一方面，慕容宝从中山出发的时候，慕容垂已经患病；另一方面，慕容垂不放心前方的军情，燕军的作战方针很多出自坐镇中山的慕容垂之手。魏军切断燕军与国内联系，抓获来往于两地之间的燕国使者。统帅慕容宝不仅不知道魏军动向，甚至几个月都得不到慕容垂的军事指示和生活起居消息。

战？怎么战？慕容宝陷入彷徨、犹豫。他的哥哥辽西王慕容农、弟弟赵王慕容麟、皇叔范阳王慕容德沉默不语，似乎在看未来皇帝的笑话。

夏去秋来，燕军七月到达黄河北岸，三个月过去，初来的锐气已经有所削弱。此时，后秦援兵已在中途，魏军士气开始高涨。孤军深入的慕容宝不敢再犹豫下去，下令渡河攻击。上天没有帮助慕容鲜卑人。燕军刚要渡河，突然狂风大作，几十艘战船刮到黄河南岸，船上三百多名甲士被俘。

拓跋珪对燕军开始采用欺骗战术，实施心理战。俘虏的燕兵全部释放，逼抓获的来往于军队和中山的燕国信使隔着黄河向燕军喊话，告诉他们慕容垂已死。

“若父已死，何不早归！”

短短几个字，上至主帅慕容宝，下至普通士兵人人恐慌，军心骇动。慕容垂英勇善战、爱兵如子，是燕国士兵们心中的神灵。听说慕容垂已死，刚凝聚起的精气神顿时散去。

拓跋珪的心理战得到意外的收获，引爆慕容鲜卑嫡庶子皇位之争。身为太子的慕容宝继承帝位面临危机，慕容垂的死信引起不满太子势力的骚动。精于占卜的术士靳安感觉到不祥的气氛，劝慕容宝火速退兵："天时不利，我方必定大败，火速退兵，或可免去灾难。"慕容宝不听，作为一名主帅，不能因为敌人散布几条真假难辨的不利消息就退兵。慕容宝的柔而不决让燕军失去一次安全撤退的大好时机。靳安私下对人说："我们都要把尸体扔在这荒山草野，回不得家乡了！"燕国军心由是大乱。

两军又相互僵持了二十多天，慕容宝终究没敢渡河。作为军队最高指挥官，既然不相信敌军散布的谣言决定不撤军，那么你该进攻就进攻啊，在黄河岸边干耗着等什么呀？

于是等来了一场兵变。赵王慕容麟的部将慕舆嵩等人认为慕容垂是真的死了，因此图谋进行叛乱，拥奉慕容麟为大燕皇帝。兵变泄露消息，慕容宝迅速采取措施，处死慕舆嵩等将领。尽管慕容麟没有直接参与此次兵变，两人之间也不可避免地产生了嫌隙。这下好，兵无斗志，将帅不和，仗没法打了。

贰 秘中秘

十月二十五日，慕容宝终于下定决心撤兵，燕军烧船夜遁。立冬时节的黄河出现冰凌，却没有冻住。慕容宝以为魏军没有办法渡过黄河追击，撤退途中连侦骑也没有派出。

燕军的船只在撤退的时候全部烧掉，拓跋珪只能眼睁睁看着漫天的火焰心急如焚。他知道，虽然黄河以北、以东地区有拓跋仪、拓跋虔、拓跋遵三支总兵力十七万的军队，但如果没有他的亲临指挥，任何一方均不可能对燕军发动攻击。令人意想不到的是，短短八天的时间，十一月初三，天象大变，暴风骤至，黄河冰封，上天站到北魏一边。性格果敢的拓跋珪绝不会放弃每一次制胜的机会，断然下令追击，亲自挑选两万精锐骑兵踏冰渡河。

大灾难之前多有征兆。燕军退至参合陂，大风突起，黑气如堤，自军后来，临覆燕军之上。沙门支昙猛告诫慕容宝说："风云突变是魏兵将到的征兆，应该派兵断后。"从术士靳安和支昙猛和尚参与军事决策来看，汉化的燕国仍旧保持着原始迷信的风俗。当然，任何时代都有人相信巫术。术士拥有平常人所不具备的自然知识，掌握着一些自然规律，所以，他们的预言往往会成为现实。轻信术士的话便是迷信，但在科学不发达的古代，对术士的话进行分析来研判时局有时会取得出乎意料的效果。

慕容宝嘴角挂着轻蔑，笑而不答，根本不相信支昙猛的话。魏军无船，过不得黄河，再说大军走了十多天路程，魏军哪里能够追上？支昙猛和尚坚信预感准确，再三劝阻。此时，赵王慕容麟发火了，怒道："以殿下神武，师徒之盛，足以横行沙漠，索虏（对拓跋鲜卑的蔑称，因为拓跋部留辫发）何敢远来！你支昙猛妄言惊众，当斩！"

慕容麟，我们知道他是慕容垂姬妾所生的儿子，生性狡诈残忍，曾经出卖过老爹，慕容垂不忍心杀他，以教导不严的罪名将他母亲杀死。慕容垂河阳起兵反秦，智杀苻飞龙和他的氐族骑兵便是慕容麟的杰作。其后，他在平定河北的战役中屡立战功，又多次进入草原，与拓跋珪合作消灭匈奴独孤部、贺兰部。刘显、贺讷兄弟都是慕容麟打败的。

慕容麟对于拓跋珪的军事才能，草原上多变的气候，魏国速度如风的轻骑兵，不能说了如指掌，也该有一定认识。慕容麟是第一个看穿拓跋珪野心的人，曾向慕容垂建议将拓跋珪召入中山监禁。就是这样一个虑事深远、奸诈无比的将才，此时此刻竟然说出如此不负责任的话，不能不令人心生怀疑。小段后说慕容麟"奸诈负气，有轻太子之心"。从他嘴里说出"殿下神武"的话完全是假意，以他对拓跋珪的了解，竟然如此武断说"索虏何敢远来"，明摆着又是一句假话。

一直轻视慕容宝不懂军事的慕容麟，为什么对着根本不了解情况的慕容宝拍马屁，大肆吹嘘太子殿下英勇神武，燕军如何强大，索虏怎么敢来送死，等等？为什么要这么说呢？

从慕舆嵩兵变以及后来发生的一系列针对慕容宝的军事政变可以看出，慕容麟处心积虑想做皇帝。现在老皇帝生死未卜，一旦大军安全回到中山，慕容宝会顺利登上帝位，这是慕容麟所不愿看到的。如果伐燕大军失败，慕容宝在燕国声望大跌，到时候慕容麟就会有机会。我们不难看出，慕容麟内心深处希望魏军实施追击，使伐燕军事行动以失败告终，慕容宝吃败仗丢面子，他好有机会登上皇帝的宝座。

支昙猛晓不晓得慕容麟的心思，我们无从知道。面对危机，和尚哭泣地举出淝水战争的例子劝阻说：“苻坚以百万之师，败于淮南，正是恃众轻敌、不信天道的缘故！”好在老成持重的慕容德劝慕容宝听从支昙猛的话，慕容宝于是派遣慕容麟率三万骑兵断后以备非常。这又是一道令人费解的命令，慕容麟明明不相信魏军会来，慕容宝派他去岂非糊涂？为什么不派原本负责后继部队的慕容德，慕容农也可以啊？慕容宝虽寡断但不糊涂，他有自己的算盘，怕万一老皇帝真的晏驾，慕容麟早回中山再生变故，不如让他晚点儿进城。

慕容麟断后的结果可想而知，史书称“慕容麟以支昙猛为妄，纵骑游猎，不肯设备”。别说一个有掩护任务的断后部队，就是大部队在撤退的时候也会有侦察兵观察敌情。偏偏没有一个燕军侦察兵，太奇怪了，显然是慕容麟捣鬼故意不设侦骑。

后燕军像观光客般边玩边走，追赶的魏军骑兵日夜兼行，沿途会合各支魏军。初九黄昏，追至参合陂西。哨探来报，燕军在陂东蟠羊山南面的河流旁安营。拓跋珪举目望去，暮色茫茫之下，峰峦起伏，群山绵延。西面是宁静的参合陂湖水，白茫茫的湖面泛着一片轻烟似的薄雾，对面的蟠羊山只能隐隐约约辨出灰色的山影。拓跋珪对于参合陂并不陌生，生于此地，长于此地，儿时常在湖边玩耍。每一处山石、每一处草木他都依稀记得。

拓跋珪长吁一口气，连夜部署诸将，掩覆燕军。士卒人衔枚、马束口潜伏前进，悄无声息地向山腰爬去。进入睡梦中的五万燕军根本不知道死神正一步一步从漆黑的夜色中向他们走来。

晓雾蒙蒙，残月失去光泽，吊在天边，天际露出蛋白，天边的云彩像是浸了血，由淡淡的红色逐渐变得鲜红。拓跋珪率领魏军登上蟠羊山山头。山脚下的参合陂湖面结了一层薄冰，死一样沉寂，枯萎的衰草蒙着由晶莹的露珠凝结而成的一层白霜。燕军的帐篷一座挨着一座，波浪般起伏，营寨里静悄悄的，残余的火堆冒着淡淡的烟。拓跋珪脸上掠过得意的笑，眸子变得更加明亮，就像一头狼发现它的猎物已经无路可逃，马上要成为美食一样。

一轮红日喷薄而出，万千营帐一片血红。

慕容宝伸个懒腰，从行军床上爬起，打着哈欠步出大帐。燕军士兵们刚刚起床，嘈杂着，喧哗着。天边的朝霞刺得慕容宝眯起睡意蒙胧的眼睛，把头转向西面的山峦。突然，他的心倏地一紧，抬手用力搓搓眼睛，眼睛越睁越大，像是看到魔鬼一般。西面的山头影影绰绰满是拓跋鲜卑的骑兵，扭头向北，北面的蟠羊山上也是数不清的魏骑。怔了片刻，慕容宝声嘶力竭地吼道："索虏！索虏！"

一片惊恐声中，军帐里衣衫不整的燕兵窜出帐子，整座兵营乱成一团，士兵们奔跑着，号叫着。一声悠长凄厉刺耳的号角从山头响起，在燕兵听来，如同是催命魔鬼招魂的尖叫。数不清的魏骑从北面、西面铺天盖地呼啸卷下，战马轰鸣声震动山谷，雪亮的刀矛在朝阳下闪耀万道寒光。这下真应了三国马谡引用的那句兵学名言："居高临下，势如破竹。"燕军乱成一锅粥，向南奔跑挤上参合陂，湖水冰面光滑，亦未冻实，人撞马踩，冰面破裂，压溺死者以万数。

这就是奇袭的效果，一支没有准备的军队只能任由宰割。魏军对后燕军进行合围，五万燕兵放下武器，束手投降，逃出去的不过几千人。慕容宝等人都是单人匹马逃出，得以幸免。魏兵杀死勇于抵抗的燕国陈留王慕容绍，生擒鲁阳王慕容倭奴、桂林王慕容道成、济阴公尹国等文武将吏数千人，收获兵甲粮货以万万计。

参合陂之战以魏军的大获全胜宣告结束，拓跋珪随后做出一个古今中外颇有争议的决策，坑兵！

拓跋珪有远志，绝非一个野蛮部落的首领，他一心想做全天下的皇帝。平定四海需要人才，需要百姓衷心拥护。代郡太守贾闰、骠骑长史贾彝、太史郎晁崇等熟悉治国方略的汉人被挽留下来，不管出于胁迫还是诚意。余下的战俘，拓跋珪打算全部发给衣服粮食，放生回家，希望以此举感召中原地区的百姓。

中部大人王建破坏了魏王的良好愿望，提议坑杀降卒："燕众强盛，今倾国而来，我侥幸大捷，不如全部杀掉，使燕国空虚，攻打他们就容易多了。抓获强盗再把他们放掉，不是有违情理吗？"王建是乌桓中的大族，世代与拓跋鲜卑联姻。祖姑是拓跋郁律的王后、什翼犍的母亲，王建和父亲都娶拓跋鲜卑公主为妻。代国复兴，任外朝大人，与和跋等十三人共参军国大事，他的话极有分量。

杀降，在古代战争中常见，以此来消灭敌国有生力量。征服敌国有两种方式，武力和宣传。一般来说，两手政策同时使用最好。战争胜利后，将敌国士兵斩尽杀绝会使说教宣传变得苍白，不利于统治他国。拓跋珪起初不同意，对诸将说："如果听王建的主意，我怕日后南方人仇视我们。"作为处于野蛮时代的拓跋鲜卑贵族们，眼光没有那么长远。当时魏国不够强大，不可能让威胁到他们利益的有生力量存在，诸部大人都支持王建。

拓跋珪尽坑降卒，时过不久，他就后悔了。他意识到，自己埋下了一颗仇恨的种子。种子会发芽，会爆发难以估计的力量。坑杀降卒不是拓跋珪首创，他也不是最后一个施暴的人。白起坑杀降卒，导致赵国最终亡国，却不能阻止赵人起兵反秦；项羽坑杀降卒，保证秦人无力再反，却不能阻止刘邦因关中建立基业；拓跋珪坑杀降卒，没有保证燕国不再反击，也没有延迟北魏攻取中山的步伐，他最终还是打下中原。事物本身都具有两面性，仁者见仁，智者见智罢了。

漫漫黄土如烟如雾地散下，五万生灵就此窒息，无尽的冤魂弥漫在参合陂上空久久不散，亡魂在等什么呢？不过数月，他们心中的战神，他们的父亲慕容垂便来祭奠了。

叁 英雄暮年

参合陂的失利让慕容垂悔之不及，为自己的自负和轻敌付出了惨痛的代价，很快慕容垂从懊恼之中清醒过来，决定再次征伐北魏。朝臣们是持异议的，只有慕容德和他灵犀相通，"索虏以参合之捷，有轻太子之心，宜及陛下神略以服之，不然，将为后患"。慕容德说得很清楚，北魏已经不再把大燕的皇储慕容宝放在心上，如果您再不去征服他们，未来的燕国必定会受到欺凌。

慕容垂有最担心的事，百年之后，太子慕容宝挑不起大燕这副重担。燕国三面受敌，南有晋国，西有秦国，北有魏国。他不担心晋秦两国，晋国北伐每每虚张声势，雷声大雨点小，往往不了了之。秦国地处关中，西面既有吕光的凉国、乞伏部的西秦、鲜卑的吐谷浑，又有大大小小的各族政权，晋国也虎视眈眈地盯着长安。姚兴自顾不暇，更不消说打他燕国的主意。

拓跋珪的魏国不同，北方各族均被其征服，势力遍布草原大漠。参合陂战后，拓跋珪不会满足做草原之鹰，从拒绝接受燕国封王就可以看出野心的端倪，若其南下，大燕首当其冲。慕容垂后悔当初太过轻视，不过那时没办法，西燕慕容永不得不除，丁零人不得不讨，以致养虎为患，现在后悔来不及了。一旦自己撒手归天，慕容宝绝不是拓跋珪的对手，就是拼了老命，也一定要击败拓跋珪，使子孙后代不再忧虑。

参合陂的惨败让慕容宝声望大跌，慕容宝为扭转低落的人气，请求二次出塞。慕容垂不会让这位活宝再去丢人现眼，他要御驾亲征。参合陂之战，燕国主力军队损失殆尽，只得征召地方部队。慕容垂让清河公慕容会代替高阳王慕容隆镇守龙城，阳城王兰汗代长乐公慕容盛镇守蓟城（今北京）。下诏调动慕容隆和慕容盛的龙城、蓟城精锐甲兵集结到中山，准备再次大举攻击魏国，报参合陂兵败之耻。慕容隆的龙城甲兵阵容齐整地开进中山，燕人低落的士气总算稍有振奋。

公元 396 年，北魏登国十一年三月，参合陂大战后的第四个月，慕容垂留下慕容德守中山，亲率大军北征魏国。慕容垂深知自己兵少，只能出奇制胜。他不从马邑和幽州出兵，直接引兵西奔太行山，不走太行山已有的隘口，而翻越青岭（今河北易县西南）到达天门，下令军士凿山通道，艰难地翻越太行山，偷渡桑干川向猎岭（今山西代县东北夏屋山）进发。

先锋慕容农和慕容隆突袭平城（今山西大同）。燕军的奇袭战术取得成效，兵临城下，魏国平城守将拓跋虔才得到消息，仓促出战，命丧桑干川。魏军于是大溃，燕军攻克平城，尽收魏国部落三万余家。慕容垂率得胜之师北上，命慕容宝和慕容隆为前队，直指云中。

拓跋虔是魏国第一虎将，以壮勇知名，武力绝伦，从小跟随拓跋珪征战草原各部，屡立战功。拓跋虔力大无比，嫌平常的槊又细又短，改成大槊后还嫌轻，刃下缀铜铃。他使的弓是常人的数倍，北魏历代朝廷把他的硬弓存在京都平城的武库中作为纪念，让后人瞻仰。

拓跋虔临阵杀敌，用槊刺人后都要高举过头顶。史书中记载一则故事赞叹他的勇猛无敌。一次激战中，拓跋虔单手把大槊插在地上，打马退走，敌骑争着围上来拔槊，丝毫不动。拓跋虔引弓发射，一箭同时洞穿三人之胸，摇槊之徒亡魂而散，拓跋虔从容地令人取槊而去。每次征讨，冲锋在前，勇冠当时，敌无众寡，莫敢抗其前者。就是这样一员无敌的虎将一阵为燕军所杀，拓跋珪听闻拓跋虔的死讯大惊失色，哀伤恸哭。又听说慕容垂亲来，燕军前锋逼近云中川，震惊恐惧，一时不知所措，欲弃盛乐北逃。草原诸部人心惶惶，皆有投降燕国之意。

行家伸伸手，便知有没有。慕容垂卓绝的军事指挥才能和数十年的威名几乎一举扫平蒙古高原最强大的国家。燕国军事形势一片大好，但上天决意葬送慕容鲜卑。北进的后燕大军途经伤心地。

残阳西下，暮色缭绕，霞光铺在参合陂湖面上，树木、山水全部湮灭在血色中。诸将簇拥老皇帝缓辔而行，慕容垂眯缝着眼，四下望去，湖畔上、芦苇丛中白骨森森，不由一阵心悸。

越往前行尸骨越多，及至蟠羊山南，尸骸遍地，马蹄下到处白骨嶙嶙。慕容垂心惊肉跳，率众人纵马上半坡，向谷中望去，腐烂的骸骨随处可见，每一条沟壑都散落着支离破碎的铠甲和断矛残弓，大堆大堆的白骨堆积如山。泥土根本覆盖不住，让人毛骨悚然，不寒而栗。一阵阴风袭来，隐约悲惨的哀号夹在风中回响。

慕容垂心中哀恸，翻身下马，令左右摆设香案，为死难者祭奠。数万燕军将士齐下战马，人人悲凄。点燃的祭香由慕容垂亲自插上，香气缭绕在静谧山谷的森森白骨中。慕容垂躬身执礼，四面哭声一片。这根根白骨有多少是燕军将士的父子，或者是他们的兄弟，哀伤之中，一片片燕军将士伏倒身躯，捶地挠土，撕心裂肺的哭声震动山谷。慕容垂悔恨交加，这五万将士是十余年来跟随自己南征北战的豪杰英雄，一朝化为五万具骸骨，如何不让人心痛、悲伤。想自己十三岁带兵，近六十年军旅生涯，经历战阵无数，生平未尝一败，临到风烛残年，竟让自己亲历失败带来的惨痛。悔不该让太子慕容宝带兵，铸成大错，对不住为自己、为大燕出生入死的鲜卑儿郎。慕容垂惭愤呕血，由是发疾。

慕容垂病重，可他知道断不能停军不前，否则前功尽弃，他挣扎着起来，乘坐马车继续指挥燕军前进。在平城西北三十里处，他实在坚持不下去了。这次打击对这个风烛残年的古稀老人太过残酷。慕容垂体验到英雄暮年的悲伤。他出生于战火纷飞的辽东，那一年，慕容鲜卑打下了宇文部的国城。他的一生不停征战，到老也未停息，为先人的祖业复国，为后人的基业打拼，如同他常挂在嘴边的那句话：“不以贼遗子孙。”慕容垂囊中的军事智谋取之不尽，可人若死了，再多的智慧也倒不出来，这该是多么无奈与哀伤。

他不会恐惧死亡，担心的只是慕容鲜卑和他的子孙，若上天再给他一年的时间，他会不会征服草原和大漠呢？南北朝的历史会不会重新改写呢？

历史不能假设。慕容宝等前锋听到皇上病重的消息，纷纷退兵。原本投降的魏国部落中有人得到慕容垂死亡的消息，偷偷叛逃至阴山，向拓跋珪报告慕容垂的死讯：“慕容垂已死，舆尸在军。”

拓跋珪大喜，整合三军，率大队骑兵向南转进，欲追击燕军。可慕容垂根本没有退兵，燕军驻扎平城，大兴土木，兴筑燕昌城。拓跋珪上当受骗，以为报信的人说谎，急忙引兵退还阴山。

魏军退走，燕军这才东还，行至上谷之沮阳，慕容垂终于弃世而去，时年七十一岁。慕容宝秘不发丧，回到中山城，下令举哀，满城鲜卑人如丧亲生父亲，哭声一片。太子慕容宝即皇帝位，追谥慕容垂为成武帝，庙号世祖。

慕容垂为战争而生，在战争中死去，是慕容鲜卑当之无愧的战神。为鲜卑慕容部征服中原、复兴家国，先后战败东晋的名将之星桓温和谢玄，两次阻止东晋北伐，让汉家英雄们只能临河叹息。外表敦厚难掩深藏于内心的霸气，慕容皝没有看错他这个儿子，慕容垂成就了大燕的王霸之业。对于天王苻坚来说，慕容垂是伪君子；对于东晋诸将和拓跋珪来说，慕容垂是最可怕的敌人；对于慕容鲜卑来说，慕容垂是当之无愧的英雄；对于中华民族来说，他是中国历史一代名将。

慕容垂的死无异于泰山颓塌，栋梁倒地，这座由不断军事胜利支撑起来的慕容燕国的大厦还能坚持多久呢？

参合陂的胜利以及慕容垂的死让北魏国看到入主中原的希望，拓跋珪加快王朝封建化进程，在汉人的帮助下建天子旌旗，出警入跸，改元皇始，正式做起北魏国皇帝。

北魏的汉人集团大力支持拓跋珪南下，与中原各族争正统。张衮之弟张恂从中原来到塞上，献南征策，鼓动拓跋珪南下：“现今天下大乱，自晋亡之后，刘渊、石勒、慕容儁、苻健、姚苌先后称帝各自建国，旋败旋兴。他们不是中原百姓期盼的真正皇帝。陛下自代北起兵，自北而南，攻略燕赵，正可成就大业。”拓跋珪大喜，成立参谋部，张衮、张恂兄弟参赞军事，密谋南征。

肆 糊涂新君

北魏国紧锣密鼓调兵遣将准备讨伐燕国，燕国新君慕容宝却做了三件愚蠢的事。

父皇尸骨未寒，慕容宝指使慕容麟杀害曾经建议废掉自己的小段后；受长乐公慕容盛和慕容麟调唆，违背慕容垂意愿，放弃“多材艺、有雄略”的庶子慕容会，改立“美姿貌，而蠢弱不慧”的嫡子慕容策为太子。

在慕容宝诸多儿子当中，老皇帝慕容垂选中慕容会。慕容宝北伐魏国时，慕容会代行管理宫中、府中的事务，“礼遇一同太子”。慕容垂伐魏，配给慕容会优秀的佐僚属官，留镇燕之旧都龙城，委以东北重任。临死时，更是留下遗命，册立慕容会为慕容宝世子。慕容会乃姬妾所生，是庶子。可见慕容垂吸取了燕国皇室历代嫡庶子之争的教训，不立嫡子立庶子，一改“立嫡以长不以贤，立子以贵不以长”的嫡长子继承制，让最优秀的子孙做皇帝。

慕容垂的苦心没有被宠爱少子的慕容宝接受，反而引起慕容宝长子慕容盛的不满。慕容盛与慕容会同年所生，均是慕容宝的庶子，慕容盛稍大几天。慕容盛认为，论嫡，皇位属少子慕容策，论长，皇位该是他慕容盛的。他以居于慕容会下为耻，极力迎合父皇的意思推崇慕容策。这下正合慕容宝心意，征求慕容隆、慕容麟等人的意见。慕容麟不怀好意，大加赞同，皇帝越没本事他越高兴。十一岁的慕容策被立为皇太子，眼见唾手可得的皇位飞了，慕容会能高兴吗？改立皇储为燕国动乱埋下伏笔。

慕容宝继续出昏着儿，为应对北魏进攻，解决因参合陂之战造成的兵源紧缺，慕容宝下令:“定士族旧籍，分辨清浊，校阅户口，罢军营封荫之户。”

杀母、改变慕容垂生前指定的太子人选，必定引起慕容鲜卑皇族的矛盾和恐慌，而“辨清浊、罢封荫”的政策则遭到汉人豪强和鲜卑贵族的强烈抵触。

燕国的豪门大族由两部分人组成，一类是鲜卑贵族，包括慕容部、宇文部、段部及其乌桓、屠各族的贵族。虽说燕国入主中原较早，中原的典章制度施行有段时日，可慕容鲜卑毕竟是由林地和游牧民族进入农耕之地，由于历代燕国皇帝粗放型管理，残留着军事氏族制习气，加上连年征战因军功赏赐和抢夺来的人口，手下奴隶成群。第二类人，汉人士族豪门。中原地区的汉人经过八王之乱后的频繁战乱，以家族为中心各建坞堡，圈地聚民。

两类豪强手下聚集着大量的奴仆和附户农民，他们以军营封荫为借口，将更多的人口纳为私产，国家称之为军营封荫人口。参合陂之战，皇室和朝廷控制的士兵被魏国屠杀活埋近五万人，兵源严重不足，因此慕容宝下狠心清校豪门人口，以增加兵源。如此一来，触动贵族豪门的根本利益，造成附属农民生活动荡，“由是士民嗟怨，始有离心”。

如果这项政策放在太平时期，可以说是抑制豪强势力，能起到一定的作用。大敌当前，一切以团结稳定为前提的局面下，慕容宝不思团结任何可以团结的人，反而做了三件伤害国人感情的事，引起人心分裂。燕国很快为慕容宝的各项政策付出惨重的代价，“上下离德，百姓思乱者十室而九焉”。

慕容宝为应对北魏南下，重新调整燕国军事部署，将全国分成四大战区，范阳王慕容德镇守邺城；辽西王慕容农镇守晋阳；宜都王慕容凤守信都；长乐公慕容盛协助自己守卫国都。应该说他的军事部署没有什么太大问题，慕容德、慕容农、慕容盛、慕容凤都是燕国赫赫有名的战将。用本朝第一名将慕容农镇守北疆第一道屏障足以与北魏一较高下，然而局势进展大大出乎慕容宝意料。

慕容农带领几万部曲前往并州。部曲在魏晋南北朝时指豪门大族的私人武装，如同中世纪西欧的骑士们。骑士们拖家带口，吃饭成了问题。并州缺乏粮食储备，这一年又赶上下霜较早，农业歉收，百姓无法供应这么多人的粮食。慕容农派人强行向豪强募粮，派各部护军分头监视边境线上的少数民族部落。为此，汉人胡人都对他心怀怨恨，有人暗地里偷偷出塞，要求北魏出兵南下。

第七章
虎步中原

敕勒川，北魏皇帝的帐篷中，拓跋珪正与鲜卑和汉大臣们商议南征事宜。各部大人和鲜卑将领们兴奋异常，纷纷大叫道：“大王是草原大漠至高无上的主人！也必将是中原大地的主人！”拓跋珪手捶毡毯，对群臣道：“我向着巍巍大鲜卑山起誓，一定征服天下，等到拓跋鲜卑的马蹄踏上中原土地，我就可以成为真正伟大的皇帝！”拓跋部首领争先恐后大声嚷道：“南征！南征！大王是天空飞翔的雄鹰！是草原奔驰的骏马！是拓跋鲜卑人不停跳动的心脏！”

壹 中山攻防战

公元 396 年八月，大草原秋高气爽，草长马肥。草地上篝火燃起，柴草“噼里啪啦”地响着，十根烟柱在盛乐的上空冲天而起，直直冲向云霄。每一处篝火旁有四个萨满巫，腰间皮带上围着一圈铜铃，敲击着木鼓，疯狂跳动着，嘴里念念有词地祈祷着。祷告苍天大地，祷告神灵祖宗保佑此次征战顺利。燃烧的火焰向草原各部落昭示，鲜卑拓跋部的南征拉开大幕。

经过三个月的精心准备，拓跋珪开始战略大反攻。北魏各部落征集步骑四十余万，南下中原大举伐燕，拓跋鲜卑的贵族们满怀憧憬和陌生踏上南征之路。魏军浩浩荡荡地进发，挟着遮天蔽日的征尘鼓行而进，南出马邑，越过句注山，旌旗招展，迤逦两千余里。魏军兵分两路，左将军李栗率五万骑兵为先锋直指晋阳；封真等将领从东道出军都关，进攻燕国的幽州。

魏国大军兵临晋阳，引诱燕军出战。慕容农因城中乏粮也想与北魏早早决战，尽遣主力野战。两军在晋阳城外展开一场恶斗，燕军战败奔还晋阳。慕容宝新政的恶果显露，守将慕舆嵩在城中豪强支持下投降北魏，紧闭城门拒绝慕容农进城。慕容农只得率数千骑兵向东逃走。北魏大将长孙肥穷追不舍，在潞川再败燕军，抓获慕容农的妻子儿女，燕军尽没，慕容农受伤，独与三骑逃归中山。

北魏夺取并州，拓跋鲜卑第一次进入中原腹地。一般而言，游牧民族进入大城市往往不知所措，他们不懂大城市的作用，依照草原习惯，烧杀抢掠，无所不为。但年轻的魏王拓跋珪成熟得让人吃惊。他举止得体、应付自如，行事像模像样、有声有色，按照封建国家的样子第一次设置朝廷办事机构，设置刺史、太守、尚书郎等各级地方官吏，不拘一格提拔汉族人才。只要有才干，不管年龄大小都可以做官。刺史、太守、尚书郎以下的官职全部任用儒生。张恂等汉人出任各郡太守，招抚离散，劝课农桑，并州由是大安。未杀一人，未烧一房，北魏军队进入中原取得近乎完美的开局。

向来战无不胜的名将慕容农被拓跋珪一仗打败。慕容宝大为震惊，在东堂商议对策，满朝文武竟然纷纷献策固守，无一人提议主动出击，可见当时后燕与北魏的军事力量对比和参合陂战前完全倒换过来。

中山尹苻谟主张凭险守关，拒敌于太行山和长城隘口。他认为魏军人数众多，力量强大，从千里之外前来作战，乘胜前进，锐不可当，如果放敌人进入平原就没有办法再抵挡，应当依据险要地形死守。

中书令眭邃主张坚壁清野，“魏军以骑兵为多，奔来驰往彪悍迅速，但是，他们在马上携带的粮草不过够十天左右的用度。我们应该命令各郡县把居民聚集在一起，一千户人家组成一个寨堡，深挖战壕，高筑壁垒，使原野上既无人迹又无粮草可取，等待进犯。敌人来到这里没有什么可抢劫的东西，最多不超过六十天，就会因为粮食用完而自行撤退回去”。

尚书封懿同意苻谟的意见，反驳眭邃的意见：“现在魏军有数十万人，这是天下最大的劲敌。居民即使修筑寨堡，也没有办法保卫自己的安全，这等于把兵马及粮食聚集在一起送给他们。而且那样容易使民心动摇，向敌人示弱，我看不如据守关隘，决一死战，这才是上策！”

赵王慕容麟不同意凭险守关，同意眭邃的意见，战术更加保守，竟让慕容宝固守中山。“魏军现在乘胜而来，气势旺盛，正面锋芒无论如何也挡不住，我们应该全面地据守中山，等待他们出现漏洞和失策的时候再乘机反击。”

四个人正好形成两种拒敌方案，一种是凭险守关，拒敌于国门之外；另一种是坚壁清野打持久战。这是对付外来强国入侵最典型的两种战术，古今中外皆是如此。最后，慕容宝采纳第二种建议，将军权交给慕容麟，放弃小城镇，坚守大城市，修城积粟，坚壁清野，和北魏打持久战。

应该说，慕容宝采取的军事方案是最合理的一种，与士气旺盛的北魏军打野战必然失败，慕容农就是例子，除非战神慕容垂活过来。两种军事防御方案的取舍，军力弱的一方，往往采取第二种方案。

对于燕国来说，第一种方案并不足取，并州已经丢失，太行山隘口众多，而且已经和北魏所共有，一旦敌军突破一处，守关大军则有被切断后路的危险。多处设防，顾此失彼，西燕因之而灭亡，再加上魏军属于草原游牧民族，不善攻坚城，慕容麟的固守中山、坚壁清野实在是上策。燕国的持久战能够拖垮北魏大军吗？

魏军行动非常迅速，攻拔晋阳的第二个月，魏将奚牧南下略地汾川。于栗磾和公孙兰率领两万步骑偷偷从晋阳向东重新开辟韩信当年修筑使用过的栈道。拓跋珪亲提大军出井陉关直趋后燕国都中山城。魏军攻取常山，战局进展之顺利出乎拓跋珪意料。由于燕军龟缩防御大城市，魏军铁骑如入无人之境，常山以东各地的驻守官吏或者逃跑或者开城投降，各郡县纷纷归附北魏。

后燕军固守大城市的战略计划，使魏军兵不血刃进入河北。只有中山、邺城、信都三座城池还在后燕国手中。

冬季来临，北魏大军兵分三路，东平公拓跋仪带领五万骑兵进攻邺城；冠军将军王建、左将军李栗率兵五万进攻信都；拓跋珪亲自带兵进攻中山。攻城需要器械及使用技巧，对于习惯于草原作战的游牧民族来说，无疑非常艰苦。后燕国都坚固无比，中山攻防战进行得异常艰难。燕军凭借高大的城墙，在高阳王慕容隆带领下拼死守城，全力奋战，从早晨苦战到中午，杀伤魏兵几千人。

拓跋珪仰望高城，无奈叹息道："中山城坚固，慕容宝不肯出城与我们决战。急攻会损兵折将，长期围困又要花费大量的粮草，不如先去夺取邺城、信都，得手之后再来想办法对付它。"拓跋珪避开燕国都城，重点进攻其他战略要点，从中山退兵向南开进，军于鲁口。慕容麟果然是将才，一切都在按照他的思路进行。

魏军的漏洞和困难显露出来，三路军队均受阻不前。邺城守将慕容德夜袭北魏军，拓跋仪受挫退兵，拓跋珪不得不派出辽西公贺卢率骑兵二万增援。贺卢是贺讷的弟弟，拓跋珪的舅舅，论辈分自然也是拓跋仪的舅舅，因不服从拓跋仪节度，二将不和，邺城形势没有丝毫改变。王建、李栗的军队围攻信都，久攻不下。

魏国诸部落之间的矛盾因为战局不顺利开始激化。史书称"魏别部大人没根有胆勇，魏王恶之"。这句话说得很奇怪，自己的大将有本事是件值得高兴的事，怎么会讨厌他呢？

首先要明白一点，什么是别部？别部是指魏国部落联盟中除鲜卑拓跋部之外的部落。从这句话中可以看出拓跋部与其他征服部落之间有很深的矛盾，他们互相提防。什么原因使跟随拓跋珪南下的附属部落产生不满呢？这个问题不难猜测，草原民族打仗目的直接明了，没有长远目标，就是为了掠夺财富，包括黄金、牛羊、妇女、儿童等。

征战草原，牧民们的积极性很高。进入中原，为了获取民心，拓跋珪的政策有了变化，"军之所行，不得伤民桑枣"，有了类似"三大纪律，八项注意"之类的军规。习惯草原散漫作风的部落首领们接受不了人死了不少、东西不能抢的军纪，频出怨言。拓跋珪对于不听话、有本事的部落首领们动了杀机。

将帅之间的不信任导致叛变，没根投降燕国，并要求偷袭魏营。慕容宝对没根的投降大喜过望，破格晋封其为镇东大将军。可惜"处难则非济世之雄"的慕容宝没有曹操的本事，曹操得到许攸投诚之后，马上采用他的计策火烧乌巢大败袁绍。慕容宝大封没根，却不肯完全相信他。没根提出夜袭魏营时，慕容宝不派重兵前去，只调拨一百多名骑兵，导致没根虽胜而不能扩大战果。

没根时机选择正确，拓跋珪根本没有料到固守坚城的燕军会来偷袭自己。没根率领一百骑兵装扮成魏军模样，用魏军口令，夜入魏营，一直杀到中军大帐，差点儿把拓跋珪给宰了。拓跋珪狼狈逃走，没根人马太少，只能大杀一阵，领兵退走。原本可以大胜的战役草率收场，战胜拓跋珪的第一次机会丢失。

转眼到了冬季，战局毫无改变，燕国在中原的三大据点一个也没打下来。王建和李栗攻打信都，六十余日不下，士卒多死。拓跋珪集中兵力，亲自带兵进攻信都。守将慕容凤跳出城墙逃往中山，信都城向北魏投降。信都打下来，北魏军在邺城再一次遭受挫折。围城的拓跋仪和贺卢两军各自为战，互不联系，被燕军打得大败。

贰 风雪滹沱河

中原战局久拖不决，先前征服的并州和魏国根据地塞外大草原接连发生动乱。没根的侄子丑提在并州做监军，听说叔父降燕，害怕受到牵连，索性带着军队回草原举行叛乱。贺兰部、纥邻部、纥奚部加入反叛者的行列。

由此可见，反对拓跋珪的部落不是一小撮，而是有相当大的势力。草原各部落不愿意跟随拓跋部南征、为拓跋人送死卖命，希望回到草原继续过游牧生活。不仅被征服的部落，拓跋部本身也有人心怀异心，留守草原的拓跋顺在拓跋珪生死未明的情况下曾想自摄国事便是明证。

国内危机重重，河北局势僵持不下，魏军丧失进入中原时的锐气，明显处于下风。拓跋珪终于决定撤军北还，派使者前去中山向后燕求和，请求用弟弟作为人质。拓跋珪诚心诚意求和，这一回慕容宝不干了，一口拒绝讲和。你国内发生动乱，想回去？门都没有。说来就来，说走就走，我大燕国成什么了？

慕容宝开始行动，一方面尽出宫中珍宝和宫女作为赏资，在各郡县招募山野亡命的强盗匪徒，扩充新军；另一方面派使臣前往北魏军营，斥责拓跋珪忘恩负义。随后征调国内所有兵力，步兵十二万人、骑兵三万七千人，全部开拔到曲阳的柏肆（在今河北藁城市）驻守，在滹沱河北岸立下大营，拦截撤退的北魏军。南北朝著名的柏肆之战打响了，正是这一场战役再次改变双方军事力量的对比。

二月初九，魏军到达滹沱河，在河南岸扎营。慕容宝趁魏军立足未稳，连夜渡河，用招募来的一万多名盗匪组成敢死队夜袭魏营，自己亲率大军列阵于敌营之北以为援兵。如果慕容宝早下决心，当初没根投诚时，足以大败魏军。不过，现在也为时不晚。

夜色阴沉，空旷的原野回荡着北风的哀鸣。慕容宝戴着风帽，外罩狐皮裲裆，蹬着高筒鹿皮靴，立马滹沱河岸，任由凛冽的西北风割在脸上，紧张地注视着先头部队的行动。

敢死队顺风纵火，突入魏营发起猛攻。魏军大乱，拓跋珪正睡觉呢，闻讯，从行军床上惊起，光着脚就跑。燕将乞特真率百余人冲杀到中军大帐，获得拓跋珪的衣靴。魏国皇帝狼狈不堪地光着脚丫子逃到大营外，可见当时魏营之乱，形势对燕军格外有利。恰恰在此时此刻，近在咫尺的慕容宝却未下令大举进攻，十多万人就在那儿傻等。段元妃评价慕容宝的性格“柔而不断”何其正确，四个字断送了大燕国的中原之梦。

两军交战，战机如电光石火稍纵即逝，形势此消彼长。拓跋珪虽然逃到营外，却观察营内局势的发展，腾空烈焰之中燕军敢死队突然无故自惊，互相砍射，这帮子亡命之徒恐怕发现魏营中的珍宝了。

魏军是部落联军，劫掠是草原民族的看家本事。不抵抗的不准抢，抵抗的还不准抢吗？打下城池，官府敛聚的财物应有尽有。一车车、一箱箱的金银珠宝不能不让人心动，难怪强盗们自相残杀。拓跋珪抓住机会，击鼓召集刚刚溃散的兵士，侍卫和中军将士渐渐集合起来。拓跋珪下令在营外遍插火炬，让魏骑来往冲击劫营的燕军，募兵大败，逃回燕军大阵。慕容宝见机会丧失，渡过滹沱河北还。

慕容宝大有机会，魏军其他部落的士兵已经逃得很远了，如果当时下令发动冲锋，拓跋珪能不能活着回到塞上还很难说。然而，这就是将领之间的差别，临战指挥的差距足以断送一场战争，一个国家。

第二日，拓跋珪整顿队伍逼近燕营。经昨夜一战，燕军士气大为低落，慕容宝只得回师中山。魏军紧追不舍，燕兵屡次交锋，不能获胜。慕容宝害怕，弃大军而不顾，率骑兵两万人逃走。

天色晦暗，风雪交加。慕容宝唯恐魏军追上，命令士兵将袍甲枪杖尽数丢弃，轻装而逃。狂风暴雪，不计其数的燕国士兵被冻死，横七竖八躺在道路上的尸体随处可见，别说武器辎重，就连一把小刀也没带回中山城。兵熊熊一个，将熊熊一窝。柏肆一战，燕军再也无力与魏师抗衡，拓跋珪信心增强，转变态度，不再撤军，再度将中山城围住，仅派出大将庾岳率一万骑兵回草原平叛，庾岳不负所托，讨平三部，大草原归于安宁。

魏国的内乱平息，拓跋珪可以专心对付燕国。这回轮到慕容宝讲和，以送还拓跋珪弟弟拓跋觚、割让常山以西土地作为条件。拓跋珪表示同意，退兵而去。慕容宝事后思来想去不甘心，自食其言，又反悔了。

魏军回师，三度围城。自打进入中原地区，魏军苦战近半年，伤亡惨重，虽有柏肆大捷，却始终不能打下中山城。挫折让拓跋珪头脑清醒，开始思考魏军进展缓慢的原因。参合陂！是参合陂的幽灵们作怪，是他们在告诉燕国百姓拒不投降。

拓跋珪后悔了，一个伟大的征服者绝不能靠屠杀俘虏来赢得胜利。万人坑只会激发燕国人的仇恨，因而魏兵每到一地，燕民深沟高垒，清野对抗。被围之城，将士泣血踊跃，奋战不降。拓跋珪改正错误政策，开始"抚慰新附"，对柏肆之战的降兵不再杀戮，罢免一批杀人过多的将领。拓跋素延平定并州叛乱立下大功，只因在讨伐叛军时杀人太多，拓跋珪毫不犹豫地免去其官职。

为争取中原地区汉人的支持，分化燕国人，在张衮等人的推荐下，拓跋珪大量起用汉人中杰出的人才做官参军国要务，先后任命北方著名的士族领袖崔宏、屈遵、崔逞等人。

河北战乱，燕国高阳太守崔宏逃往海渚，拓跋珪亲自骑快马追到海边，颇有"月下追韩信"的意味。拓跋珪的诚心感动崔宏，他下船归顺，与张衮联手参与创立北魏各项军国制度。博陵令屈遵投降，拓跋珪拜为中书令，连升数级。燕国秘书监崔逞拜为尚书，掌管三十六曹。拓跋珪自降征服者的身价，终于稳定河北战局，争取到一部分百姓和汉人士族豪门势力对魏国的支持。而此时，中山城内发生了一场叛乱。

叁 奸王慕容麟

人们在危险之中会同仇敌忾，一旦形势略有好转，利益会让人变得六亲不认。慕容宝下诏镇守辽东的龙城守将慕容会发兵解围，慕容会因改立太子之事对慕容宝不满，不想发兵。后来在慕容宝不断催促下，勉强应承，但大军到了蓟城便停止不进。

魏军长期围困中山，辽东援兵迟迟不到，城中将士有心出城与敌人决一死战。慕容隆向慕容宝请战，欲与敌人拼个鱼死网破。慕容宝别无他策，只得同意。燕军整装列队待发，谁知，负责军事指挥的慕容麟几次三番阻止大军出击，慕容隆集合起队伍又解散，前后四次。

急不可待的数千燕军将士齐聚皇宫向慕容宝请命出战。慕容宝为众将士的豪情所感染，下令出击。慕容隆披甲上马，召集将佐下定必死的决心，对战士们立下遗嘱说："倘若我有什么不幸，你们如果有人回到北方，看到我母亲，请代为禀告我此时的心情。"大军开拔的当口，慕容宝再次听从慕容麟的劝阻，不准出战。将士们愤恨不已，慕容隆涕泣而还。

慕容麟阻止燕军与魏兵决战有秘密目的，准备利用魏军围城的懈怠期发动军事政变。他唆使部将慕舆皓谋弑慕容宝，被慕舆皓的妻兄告密。事情败露，慕舆皓与同谋数十人斩关投降魏军。燕国统治集团内部矛盾显露，慕容宝与慕容麟嫌隙顿生。慕容麟露出庐山真面目，撕下伪装，赤膊上阵，派兵劫持禁卫军将领慕容精，让他率禁军杀掉慕容宝，慕容精当场拒绝。慕容麟大怒，杀死慕容精，率亲信出城，跑到丁零人的部落里去了，中山城人心动摇。

慕容宝急了。他不清楚慕容会的龙城兵在哪里，总以为就在附近，害怕慕容麟夺了慕容会的军队，占领龙城。那样的话，自己连老家也回不去了。慕容宝狠下心来，放弃中原，北还辽东。借着漆黑的夜色，慕容宝与太子慕容策、慕容农、慕容隆、慕容盛等人率一万骑兵北逃。中山城大乱，有投降北魏的，有向邺城逃跑的，城中无主，百姓惶惑，城门大开。

拓跋珪打算连夜入城。王建一心掳掠财物，害怕天黑管不住属下，东西抢了藏起来，自己捞不着。借口怕士兵们抢劫府库财物，劝拓跋珪天明入城。拓跋珪想想也是，反正慕容宝跑了，进中山城不在乎早一天晚一天。

次日清晨，北魏军队全傻眼了。中山城门紧闭，城中军民害怕魏军掳掠，拥戴没来得及逃走的皇族慕容详为统帅闭门坚守，不放魏军入城。拓跋珪出动军队攻城也没攻下来。郁闷中，拓跋珪派人向城中高声喊话："你们的皇帝抛弃你们不管，逃跑了，你们干嘛白白找死，为谁呀？"城里老百姓说得气人："我们都是些无知的小民，只是害怕又像参合陂那些人一样，在这里权且拖延十天半月的活命罢了。"拓跋珪气得盯着王建眼里冒火，心想你净出馊主意，上一次参合陂坑兵就是你出的主意，这一次又不让连夜入城，好，这回进不去了。拓跋珪气急败坏，一口唾沫啐在王建脸上。下令长孙肥、李栗率三千骑兵去追慕容宝，慕容宝溜得够快，连影子也没追到。

军中乏粮，拓跋珪撤中山之围到河间征粮吃饭。中山城又发生内乱，慕容详见魏兵退走，扬扬得意，杀死库官骥等慕容宝留守中山城的将领自称皇帝，并将拓跋觚斩首，与北魏划清界限，希望以此坚定人们抗战的信心。

拓跋觚是拓跋珪同母异父的弟弟，北魏驻燕国的外交官，因索马事件两国交恶被扣留在中山城。慕容垂特别欣赏这个孙外甥，私下有意让他做魏国国主，待之恩情厚重。拓跋觚在中山期间，留心学业，诵读经书，赢得后燕人的好感。慕容详杀害拓跋觚，白白激起拓跋鲜卑人的愤怒，得不偿失。为恐吓反抗自己的人，慕容详执政短短一个月里杀戮无度，王公以下五百多人被杀，内外震动，莫敢忤视。威严不是靠杀人获得的，人们逐渐离心离德。

魏军无粮，燕国人也无粮。面对城中的饥荒，慕容详害怕魏军偷袭，不允许人们出城去采集野草果腹，饿死的人尸横遍野。慕容麟回来了，借助人们的仇恨，轻易除掉慕容详，终于圆了自己多年的皇帝梦。他这个皇帝做得极度艰难，手底下的百姓吃不上饭，只得下令出城四下找粮食吃。

坚持！坚持到最后的就是胜利者，这是谁都明白的道理，可真正能够坚持下来的又有几个人？

战死的，饿死的，尸体腐烂，瘟疫流行。困难属于双方，魏军人畜死伤大半，几乎没有人想把战争继续下去。这些野蛮的硬汉子流着泪对拓跋珪说：“跟从大王从塞上一路打来的士兵，活下来的只有十分之四五。”人死去一半多，众将满以为这回魏王肯定会撤兵。谁知拓跋珪的回答出乎所有人意料，说得非常之不客气，非常之冷酷：“死人是天命，有什么办法？四海之内的人民都可以成为我们国家的一部分，就看我能不能统治他们，难道还怕没有臣民吗？”

拓跋珪向他的将领和部落首领们传达了三个讯息：第一，决不退兵；第二，不怕死人；第三，不怕你们草原各部落不和我一条心。死一样的沉寂，有时话语比死亡还要令人恐怖。拓跋珪说这话，对于为他出生入死的草原诸部来说，有些绝情。他开始以中原百姓的皇帝自居，为日后与拓跋部及附属诸部落首领之间的矛盾埋下隐患。

黎明前往往是最黑暗的时刻。

中山城终于断粮了，慕容麟无奈之下，率两万燕军出城据守，意图与魏军决战。九月二十九即甲子日，拓跋珪发起对中山城的总攻。太史令晁崇劝阻道：“不吉，昔纣王以甲子亡，甲子是疾日，兵家忌之。”拓跋珪冷笑着反问道：“纣王以甲子亡，周武王不以甲子兴吗？”晁崇无言以对。

拓跋珪与慕容麟决战，大破燕军，斩首九千余级，慕容麟逃逸，魏军乘势攻克中山。燕国投降的公卿、尚书、将吏、士卒两万余人，拓跋珪一概赦免，显示出君临天下的帝王胸襟。

魏军攻克中山，燕国皇叔慕容德从邺城南渡黄河，退守山东，后燕国在河北的最后据点失掉了。经过一年零五个月艰苦卓绝的作战，拓跋珪由主动转为被动，再由被动转为主动，彻底击败强大的后燕，获得黄河以北的广大地区，使北魏成为北方第一强国。继匈奴、羯、慕容鲜卑、氐之后，又一个胡族入主中原。慕容宝到哪里去了？慕容鲜卑会甘心失败吗？

肆 兵变黄榆谷

燕国皇帝慕容宝逃离中山城，星夜兼程，途中人马逃散，宫廷中的亲信近臣跑得精光，好在高阳王慕容隆率领数百名骑兵一刻不离左右担当宿卫，众人一路风尘仆仆来到蓟城，今天的北京。到了蓟城，就到了长城，过了长城，他们就安全了，辽东是慕容鲜卑人世代生活的地方。慕容宝看到次子慕容会的辽东军，如释重负，喜出望外。然而，慕容会并不热情，冷淡的眼神掠过疲惫不堪的中原军队，竟然闪过怨恨之色。

经过慕容麟叛乱的慕容宝被儿子的表现弄得心神不宁，产生怀疑，私下对慕容隆和慕容农表达了担心：“会儿是不是因为没有当上太子怨恨朕，会不会发动叛乱？”慕容隆和慕容农一起摇头：“不会的，陛下您多心了，会儿年少，很早独当一面，养成骄纵的习惯，狂妄傲慢而已，不会有其他的想法！”慕容宝放心不下，下诏把辽东军抽出一部分配给二王统领。

慕容会既害怕，又生气，知道大军一旦回到龙城，父皇必定把军队全部交给两位叔父。自己既非太子，又失去兵权，岂不如同废人一样。想当年，皇爷爷临终怎么嘱托父皇，可父皇却把皇位交给一个绣花枕头。父皇啊，你不仁，休怪儿子不义！

慕容会善于拉拢人，平素与将士们关系很好，辽东将士感念慕容会的恩德，不肯隶属二王。辽东军将领在慕容会唆使下，集体见驾，请以慕容会为主帅，南下解中山之围。

慕容宝身边的近臣们担心慕容会有朝一日执掌大权，忆起他们拥立太子慕容策的过错进行打击报复，纷纷进言说：“清河王得不到太子之位，神色甚是不平。何况清河王才武过人，善收人心。陛下如果听从辽东将领们的话，臣等恐怕解围之后，必有春秋卫辄拒父之事发生。”卫辄拒父是中国春秋时代的一个典故，卫国太子卫蒯聩因违抗卫灵公之命出逃国外，后来他的儿子卫辄继位，拒不接纳父亲卫蒯聩回国。近臣们以此事告诫慕容宝，如果慕容会解中山之围，您一定像卫蒯聩一样回不到中山城。

此言正中慕容宝心意，但此时依靠辽东军，不敢强行拒绝，委婉对众人说：“会儿年少，才不及二王，岂可让他单独带兵！朕要依靠会儿，怎么能让他离开呢？”将士们怏怏不乐地退了下去。父子之争箭在弦上，亲信们劝皇帝杀掉慕容会。侍御史仇尼归得到消息，极力劝说慕容会先下手，诛二王，废太子，囚禁皇帝。毕竟事关重大，慕容会犹犹豫豫，没有答应。

慕容宝向慕容农、慕容隆二王提议除掉慕容会。二王坚决反对，大敌当前，父子成仇，传扬出去让人家笑话。慕容宝叹息道：“慕容会逆志已成，你们这等仁慈宽恕，不忍早杀，恐怕一旦有变，必将先害诸父，然后杀朕，那时候可不要因自负而后悔呀！”

三人的密谈又被慕容会得知，慕容会越想越怕，终于决定抓紧时间动手。大军马上就要到达龙城，驻扎在广都黄榆谷（今辽宁朝阳西南努鲁儿虎山畔）。慕容会派仇尼归、吴提染干率壮士二十余人，趁着夜色，分头袭杀慕容农和慕容隆。吴提染干摸进慕容隆的军帐，一刀砍下其头颅。慕容农被刺客的刀刃击中头部，身负重伤，咬牙跳起抵抗，抓住仇尼归，逃入山中。

仇尼归失踪，慕容会害怕阴谋暴露，连夜去见慕容宝，恶人先告状，诬蔑二王：“慕容农、慕容隆谋逆，儿臣已将他们除掉！”慕容宝最担心的事发生了，他表面不动声色，安慰慕容会说：“朕疑心二王好久了，除掉很好！”慕容会以为骗住慕容宝，下令严加戒备，亲自引路，加速向龙城进发。

慕容农躲过追杀，从深山里跑出来，找到大军。可怜的辽西王头骨碎裂，几乎看到脑髓。面对一脸鲜血的慕容农，慕容宝声色俱厉，训斥道：“先帝驾崩之时，你口口声声说辅助我，为何自负前言做叛贼呢？”下令关押起来。

大军走了十几里路，天近正午，士兵们埋锅造饭，慕容宝召群臣一起吃饭，说是商议如何定慕容农的罪。群臣到齐，慕容会就座。慕容宝给禁军将领慕舆腾使个眼色，慕舆腾悄悄踱到慕容会身后，抽剑就砍。慕容会身手敏捷，低头一躲，剑锋闪过，头部划了一道长长的口子，鲜血“唰”地流出来。慕容会跳将起来，窜出大帐。慕容宝一看不好，没得手，率左右亲信数百骑兵飞驰而去，冲进龙城。父子二人各带兵马城外交战，慕容会战败，逃往中山，被当时镇守中山城的慕容详杀死。

中山城陷落的消息传到辽东。慕容宝一心要杀回中原，尽起辽东大军，自龙城南下，慕舆腾为前军，慕容农为中军，慕容宝自将后军，前后三军连营近百里，声势浩大。

表面的声威难以掩盖疲惫不堪的军心，燕军连年作战，士兵们早有厌战之心。军队走到半路，后军将领段速骨、宋赤眉拥立慕容隆的儿子慕容崇为皇帝起兵叛乱。慕容宝狼狈逃到慕容农的中军，集合慕舆腾的前军讨伐叛军，可惜士兵们早已厌倦战争，不想南下，更不想自相残杀。中军士兵扔下武器跑了，前军也乱了，慕容宝和慕容农只得逃回龙城。

龙城中出了一个有野心的人，兰汗。兰氏是鲜卑贵族，世代和慕容家族通婚。兰汗是慕容垂的舅舅，兰汗的女儿嫁给慕容宝的二儿子慕容盛。兰汗和段速骨的叛军通谋，率领军队离城而去，给慕容宝来了个釜底抽薪。

城内兵力太少，慕容农出城投降。慕容宝和慕容盛父子率领亲信人等逃出龙城，辽东待不下去了，又跑回中原地区。

城里叛军发生分裂，有主张继续立慕容崇的，有主张立慕容农的，两家发生火并，慕容农被杀。兰汗趁机攻杀段速骨，占领龙城，成为辽东地区的新主子，废掉慕容崇，改立太子慕容策，派人找慕容宝回来。兰汗是真心吗？他只不过想以慕容策为诱饵，引慕容宝回龙城，一网打尽。

慕容宝无家可归！留在中原的最后一支队伍，范阳王慕容德的军队已离开邺城，退守山东，拒绝他们入境，因为慕容德有称帝之心。

在中原流浪的慕容宝想家了。

危险！危险！慕容盛一次又一次提醒他的父皇，留在中原打游击尚有一线生机，回到龙城是死路一条，他太了解自己的岳父。让自小生在富贵乡里的慕容宝上山打游击，比要他的命还难受。慕容宝厌倦颠沛流离的日子，幻想回到龙城太太平平地生活。慕容盛拦住马首，痛哭流涕，希望父皇相信自己。然而，对美好生活的期待让慕容宝忘记危险，拒绝了儿子的忠告。

伍 王子复仇记

慕容宝回到龙城，结局只有一个，他和儿子慕容策双双被杀。兰汗自称大单于、昌黎王。兰堤为太尉，兰加难为车骑将军，兰家兄弟控制了后燕国。

慕容盛藏身荒郊野外，听说父亲的噩耗之后，毅然赴龙城奔丧。部将们劝道："这不是自投罗网吗？"慕容盛冷笑道："兰汗性情愚鲁浅薄，我如今走投无路去投奔，他一定顾念我与他女儿的婚姻情分，不忍心杀我，只要给我十天半月的时间，定能手刃仇人，报仇雪恨！”

拓跋珪三岁牛犊建大业，印证了陆游那句名言“自古功名属少年”。慕容盛便是慕容鲜卑家族的三岁牛犊。他一生历尽磨难，十一岁受困长安城，十二岁逃奔慕容冲，十四岁从慕容永军中逃归中山。慕容盛自小有洞察事物的敏锐眼光，心机之深早在十二岁时得到过验证。那年慕容冲在阿房称帝，他对人说：“做十个人的首领，才干必须超过九人，然后才能做得安稳。如今慕容冲智不出众，才不过人，功未有成，恩未施人，先自骄大，依我看来，怎么可能不失败！”慕容冲后来果然为部下所杀。

当年从淮淝战役退下来的慕容垂举兵河内背秦复国时，宗族家眷多在长安，经历关中战乱之后，随鲜卑大军东归，慕容盛也在其中。东归大军到达山西，慕容永尚未称帝。慕容盛便对叔叔慕容柔和弟弟慕容会说：“主上已中兴幽、冀，东西未能统一，我等居嫌疑之地，聪明也罢，愚昧也罢，免不了一死。为什么这么说呢？你愚昧，别人会怀疑是不是装的呀？表现得聪明，那更坏了。不如及时东归，当如鸿鹄高飞，一举万里，不可坐待鱼肉！”慕容盛看透慕容永的野心，说这话的时候他只有十四岁。

慕容永做西燕皇帝不久，便下令诛杀慕容皇族，唯独慕容柔、慕容盛和慕容会成了三条漏网之鱼。叔侄三人逃出长子，从小路东归中山，在太行山遇到一伙强盗。少年慕容盛镇定孤傲地说：“我六尺之躯，入水不溺，在火不焦，敢挡我的锋芒吗？你们把手中箭插到百步之外，我若射中，小心你们的性命，射不中，当束手就擒。”这伙强盗根本不相信一个小娃娃的狂话，百步外竖箭，慕容盛一发中的。众盗大惊，不仅不敢抢劫，反而资助金钱让他们回到中山。

看到儿子和爱孙虎口脱险，慕容垂大为高兴，问三人西燕国动态：“敌方形势如何，长子城可以攻取吗？”慕容盛回答说：“西军扰扰，人有东归之志，陛下当修仁政以待天时。若大军一发，西军将士必投戈而来，如同孝子之归慈父。”边说边画，画地成图，西燕国的地形地貌、军事部署一清二楚。慕容垂对机智过人、胆大心细的慕容盛极为喜爱，抚着他的头笑着赞道：“昔年魏武帝曹操抚明帝之首赐予侯爵，我之爱孙，难道不可以吗？”

慕容盛一生羁贱流漂，历经生死，养成勇敢果断的性格。他判断准的事，豁了命也要去干。

慕容盛的自信源自他有一个贤惠、爱他刻骨铭心的妻子。到达龙城后，慕容盛晋见兰汗，兰氏兄弟齐劝兰汗杀掉他。慕容盛的妻子兰氏先求母亲乙氏，又逐一向兰家兄弟们叩头，泪流满面，请求饶恕夫君一命。兰汗动了恻隐之心，把慕容盛留在宫内，待他非常亲密。兰氏兄弟屡次劝兰汗杀掉慕容盛，兰汗不听。慕容盛借机从中挑拨离间，兰汗兄弟之间慢慢互相怀疑猜忌起来。

慕容盛暗中怂恿慕容家族的人起兵，兰汗的外孙慕容奇发动叛乱。兰汗派兰堤征讨，慕容盛趁机挑拨离间："慕容奇只是个小孩子，绝不可能办这么大的事情，莫非有人假托他的名义起兵，然后自己打算做内应吗？兰堤一向骄纵，很难令人相信，不应该把那么多部队交给他。"

兰汗觉得有道理，家贼不可不防，遂免掉兰堤的军权，改派部将仇尼慕带兵去讨伐慕容奇。兰氏兄弟闻讯大怒，联合起来攻打仇尼慕的军队。兰汗更加认同慕容盛的话，再次调集军队，派太子兰穆讨伐兰氏兄弟。兰穆说："叔伯并不可怕，最可怕的是慕容盛，这件事的幕后主使一定是慕容盛，应该先把他除掉。"兰汗动了心，派人去找慕容盛，准备视情况动手。

又是兰氏救了慕容盛一命，偷偷向夫君泄密，慕容盛称病没有去。事情千头万绪，兰汗暂时把他放在一边，兰穆率兵偷袭兰氏兄弟，大获全胜。

兰氏父子开庆功宴祝贺。宴席之上，父子俩喝得大醉，他们怎么也想不到，兰穆手下将领多半已是慕容盛的人。慕容盛半夜假借上厕所之机，跳墙进入东宫，与将领们一道杀死兰穆。

慕容盛终于从幕后走向前台，率将士们杀进王宫，斩杀兰汗，将兰氏兄弟、父子尽皆诛杀。慕容盛认贼作父，假颜欢笑，终报杀父之仇，为我们上演了一出中国版真实的王子复仇记。

慕容盛保持着一贯的冷酷，要杀掉冒着生命危险、周旋保全自己性命的妻子兰氏，她的父兄都是自己的杀父仇人。多亏太妃丁氏力争，才保住性命，兰氏终究未能当上皇后。一边是亲情，一边是爱情，作为女人做出选择实在太难。兰氏毅然选择爱情，为了丈夫，使父亲兄弟死于非命，可她最终得到慕容盛的爱情了吗？莫非男儿薄情，女人的一生多是一场悲剧。

慕容盛思想奇特，去掉帝号，改称庶人天王，以示功德不敢超越祖宗。慕容盛吸取父亲懦弱失国的教训，治下森严，刑罚残忍，自以为能够明察秋毫，群臣稍有一点儿不满的嫌隙，必定抢先下手，许多大臣、将领被诛杀。慕容盛确实聪明，每隔十天，亲自审理判决一次讼事，用不着严刑拷打，大多能准确破案。

水至清则无鱼。慕容盛这一套做法搞得皇族、勋旧人人不能自保。禁军将领们密谋暗杀慕容盛。东窗事发，五百多人被诛杀。他们的儿子率死士再次潜入王宫偷袭，慕容盛亲自率兵迎战。一支暗箭迎面飞来，慕容盛被箭所伤。

中箭的慕容盛强自支撑，坐着轿子来到前殿，指挥自若，安定局势之后一命呜呼！可惜这位忍辱偷生、最终复国复仇的庶人天王死时年仅二十九岁，在位只有三年。慕容盛的一生是一场悲剧，经历无数大风大浪，千军万马、矢石相交的战场毫发不损，却死于小人之手。

慕容盛死后，丁太后力排众议，不让太子慕容定继位，把情人慕容熙推上天王宝位，慕容熙成为慕容鲜卑后燕国最后一位君主。不停的战乱，辽东的慕容鲜卑人已无力进入中原报仇雪恨。令他们略感欣慰的是，他们的大仇人、北魏皇帝拓跋珪疯了，而且死在自己儿子的刀下。

第八章
帝国疑云

北魏帝国隐藏着太多的秘密，迁都、离散部落、手铸金人、子贵母死、拓跋珪奇怪的疯病等，这些秘密左右着帝国的命运。都城自北向南移动，部族一个个分离，立皇后并非皇帝说了算，要用手铸金人的方式决定，立太子必须杀掉他的母亲。北方的征服者疯了吗？这些该死的事情都发生在一座新兴城市。

壹 魏都平城

平城（今山西大同），内长城蜿蜒其南，外长城横卧其北，东连太行，西临黄河，天高云阔，山关相雄，自古以来就是兵家必争之地、塞北重镇。北魏地理学家郦道元《水经注》描绘出当时平城的秀丽风景：“滴翠流霞，川原欲媚，坡草茂盛，群羊点缀……挹其芳澜，郁葱可冷。”这是公元 4 世纪美丽云中郡的真实写照。说起古平城，熟知中国历史的人立刻会想到大汉与匈奴的第一场大会战——白登之围。平城古城始建于战国初年，是赵国的重要军事要塞。

公元 398 年七月，平城迎来了历史上最辉煌风光的时刻，二十七岁的蒙古和华北征服者拓跋珪决定迁都于此。平城是农耕文明与草原文明的分界线，北魏国都的选择耐人寻味，拓跋鲜卑人到底想做些什么呢？

拓跋鲜卑联盟三十多万军队经过长达一年多的大规模军事征服，以损失近乎三分之二兵力的代价终于占领后燕国的河北地区。这一场残酷的战争让所有拓跋鲜卑人陷入深思：战争到底该不该打？应不应该为进入中原付出这么惨重的代价？

北魏国的军事行动陷入停滞状态，既没有乘胜追击逃到辽东地区、自身动荡不宁的后燕国，也没有攻打龟缩山东苟延残喘的慕容德集团。北魏帝国上层发生冲突，以张衮为代表的汉官集团和拓跋鲜卑贵族激烈交锋，文明冲突愈演愈烈。

“文明冲突论”的提出始自美国学者亨廷顿，然而文明冲突却不是20世纪的产物，数千年来，人们都在为“文明”而战。

为什么会有冲突？利益。司马迁《史记》中曾经说过“天下熙熙皆为利来，天下攘攘皆为利往”。每个人都有利益，人们都为自己的利益而奋斗。利益就是文明冲突的根本原因，游牧民族要放牛牧马，农耕民族要耕田种地。北魏国的路应该怎么走？游牧，还是农耕？辽、金、元、清等朝都曾经统治过北中国，他们似乎做得轻松自如，因为有个榜样——拓跋珪。

雄才远略的拓跋珪不会满足只做可汗，他要做皇帝，做天下人的皇帝。若要做中原地区的皇帝，靠武力征服是不可能的，即使得到了，也会失去。匈奴汉国、前赵、羯族后赵留下的教训还不够深刻吗？

如果全盘汉化，植根大草原的拓跋贵族们肯吗？拓跋珪想到一个折中办法，这个想法主导了北魏帝国都城的选择。都城继续定在盛乐，定在草原上，不利于接受先进文化，更不利于对中原地区的统治。魏国控制的中原土地包括今天的河北和山西。若想效仿历代统治者，都城的选择不外乎两座城市，中山和邺城。

中山是后燕国的都城，邺城则是后赵和前燕国的都城。邺城土地肥沃、水源充足，是著名的粮仓，水陆交通便利，战略地位重要，又有前代王朝经营。《魏书》记载魏军攻克邺城时，拓跋珪曾亲自巡登台榭，遍览宫城，将有定都之意。拓跋珪很快打消这一念头，拓跋鲜卑联盟各部落绝不会允许都城设在汉人势力强大的地区，诸部对南征作战意义早已产生怀疑。

魏军频繁对蒙古高原游牧民族发动掠夺战争，收获丰厚。南下中原，付出的代价高收益少，尤其对于主动投降的山西地区，可谓秋毫无犯，得到的土地仍然控制在汉人豪强手中。对于不熟悉农业生产的鲜卑人来说，让他们去一个不能带来财富的陌生领域很不现实。当时北魏的经济主要以畜牧业为主，兵源靠拓跋部及其部落联盟供给，不可能把都城定在没有群众基础的地方。

经过一年多的伐燕之战，魏军伤亡大半，鲜卑贵族普遍厌战，该休养生息了。拓跋珪停止军事行动，不打击后燕国在辽东的残余势力，也不攻击山东的慕容德集团，为平息后秦皇帝姚兴的怒气，减少边境摩擦，毅然杀掉仅仅在书信称呼上对姚兴不够恭敬的亲信大将奚牧，可见其根本不想在南方用兵。邺城靠近后秦、南燕和东晋三国，如果迁都邺城，必然受到来自三个国家的军事威胁。

任何事情都不能操之过急，必须一步步来。不能迁都中原，也不能留在草原上。经过深思熟虑，兼顾鲜卑、汉两大集团的利益，拓跋珪决定迁都平城。通过迁都，为北魏国定下发展基调，即游牧与农耕并重，从迁都平城后的一些做法可以看得一清二楚。而这仅仅是过渡，拓跋珪的真实想法，是使北魏国成为真正的中原强国。

以迁都为契机，拓跋珪加紧汉化进程，按照中原国家习俗即皇帝位，改元天兴。改掉以前留发辫的习俗，命国人束发加帽。

按照北魏的旧习俗，每年夏初祭祀天神和宗祖庙；每年夏末率领部众去阴山做退霜祈祷；每年秋季刚开始时去西郊祭天。现在改了，完全依照中原国家的古制祭庙、朝会。

北魏国模仿古都洛阳、长安和邺城，在汉代平城的基础上大兴土木营造新都。宫殿、园苑、庙台一应俱全。平城国都的建筑规模之巨、数目之繁多、布局之谨严、规划之完整前所未有。

平城分皇城、外城和郭城。外城方二十里，外郭周围三十二里，有门十二，“其郭城绕宫城南，悉筑为坊。坊开巷，大者容四五百家，小者六七十家”。京畿范围东至代郡，西及善无，南及阴馆，北尽参合。

北魏政府为改善环境，从城北引如浑水，从城西引武州川水入城，使魏都城内有潺潺流水，东西鱼池有游鱼嬉戏。水旁弱柳、丝杨、杂树交荫，配上巍峨的宫殿楼阁，真是花团锦簇一般。唐代文人张嵩的《云中古城赋》描绘了平城昔日的壮丽：“灵台山立，壁水池园，双阙万仞，九衢四达，羽旌林森，堂殿胶葛。”

拓跋珪把各地官员、豪强尽数迁到平城充实人口。经过其后历代帝王努力，到公元494年孝文大帝迁都洛阳，北魏在平城建都九十七年，历经六帝七世，成为当时北方政治、经济、文化中心，拥有百万人口，在当时世界也是首屈一指的大都市。

都城的迁徙对草原牧民的生活造成冲击。就像清朝末年，人们从土地耕种走向机器大生产，怀疑、排斥、反抗，从牧民到贵族、从一个部落到另一个部落像瘟疫一样不断蔓延。为防止草原牧民集体反抗，拓跋珪准备拆散他们的部族，加快汉化。“离散部落”的政策悄悄诞生。

贰 离散部落

离散部落就是将部落中的牧民离散，在北魏是一项国家政策，策划者是汉人张衮。张衮字洪龙，上谷沮阳人，性格纯厚笃实，好学，有文才。起初在郡里做一名五官掾的小官，五官掾没有固定的职务，就是太守的左右手，幕僚角色。

拓跋珪复兴代国称王，张衮选为左长史，成为拓跋珪决策圈子中的一员，“常参大谋，决策帏幄”。破刘显、击柔然、抵御燕军入侵、入主中原等一系列战役中，张衮为拓跋珪出谋划策，算无遗漏，拓跋珪言听计从，也算一对千古知遇的君臣。

张衮在拓跋珪尚未建立功业前经常对人说：“昔乐毅杖策于燕昭，公远委身于魏武，盖命世难可期，千载不易遇。主上天姿杰迈，逸志凌霄，必能囊括六合，混一四海。大遭风云之会，不建腾跃之功者，非人豪也。”张衮自比乐毅、荀攸，看准拓跋珪是能够统一天下的英雄。

游牧民族入主中原，在魏晋之前简直就是天方夜谭，匈奴人谱写了这个神话，羯人和氐人，还有慕容鲜卑人继续着神话传说，最终结局均以悲剧收场。张衮意识到单纯靠胡人的武力统一不了天下。

鲜卑民族想要在中原立足，比起匈奴、羯、氐和羌各族来，困难更多。匈奴和羯族在东汉末年已然入塞，氐、羌更不用说，长久以来，一直和汉人共同劳作生息，适应农耕文明生活方式比较快。鲜卑人则是典型的游牧民族，长期生活在大草原，对农耕很陌生。怎样才能把鲜卑人变成汉人？

张衮提出“离散部落，编户齐民”的国家政策。不让他们放羊，让他们种地。强制解散有血缘关系的各部落，分给土地让牧民耕种。把牧民固定在土地上，使他们成为国家的编户农民，不再隶属于部落大人。

张衮好狠，一举断掉游牧民的根。拓跋珪借贺兰部战败之际，拿贺兰部开刀，使亲舅舅贺讷成为无所统领的孤家寡人。这不过是个开头，当然不止贺兰部一家，解散后的部落牧民变成普通民户，分地定居，不许自由迁徙，部落君长大人也当作普通民户看待。

魏军攻克中山后，迁徙后燕境内汉人及慕容鲜卑等杂夷三十六万、百工伎巧十余万口到平城，分牛分田，和分土定居的拓跋鲜卑人一道成为北魏的农民。为给游牧人做示范，拓跋珪亲耕籍田，带头务农。北魏的农业经济得到快速发展，但是游牧守旧势力依然强大。北魏国内并存两种文明、两种制度，双方展开了一轮又一轮的斗争，这种斗争贯穿整个北魏历史，甚至直到北魏灭亡，他们仍然在斗。

汉人和鲜卑人的矛盾被激化，冲突不可避免。“诸部子孙失业赐爵者二千余人。”《魏书·太祖纪》中的一句话把矛盾显露无遗。部落联盟中许多人的子孙失业了，估计不肯务农，拓跋珪只得安慰性地赏赐爵位。以拓跋仪和穆崇为首的鲜卑贵族开始反攻，把矛头指向汉人领袖张衮。收拾人要抓住小辫子，张衮有什么小辫子呢？

张衮在南征过程中为解决治民官的缺乏，不断向拓跋珪举荐汉人为官，往往均被录用。这些汉人多为出色的高门士族，才能是有的，是否肯真心为北魏国服务，张衮不得而知。魏军几乎是一战平定山西，占领城市无数，为尽快把占领区治理好，张衮推荐官员多少有些仓促，比如卢溥和崔逞。

卢溥与张衮同乡，两人谈了那么几次话，张衮便把他推荐给拓跋珪。卢溥出自范阳卢氏，乡里势力很大，拉拢卢氏加强北魏的统治原无过错，可后来卢溥聚党谋反。崔逞，张衮根本没见过，听说有才，“闻风称美”，便向拓跋珪大力举荐。张衮一心追随拓跋珪，又是共患过难的，深得拓跋珪信任，从来不患得患失，有什么说什么。

不做事不出错，只要做事难免出现差错，何况不计后果地做呢？鲜卑贵族正是看准他的性格，借机抓住“卢溥叛乱”和“崔逞事件”攻击张衮和汉人集团。

崔逞是高门望族，从三国曹魏开始，祖辈历任各朝各代的高官。崔逞有文才，在前燕、前秦、后燕都做过官，曾经编修过《燕记》。张衮极力推荐，拓跋珪对崔逞礼遇甚重，拜为高官。魏军攻打中山的时候，军中乏食，老百姓藏着粮食自己吃不肯缴纳。拓跋珪向群臣问计。崔逞说，桑葚可以补助食粮。古人说过，鸮鸟（鸣声恶劣的一种鸟）吃了桑葚，鸣声会变好。

拓跋珪听从崔逞的献计，令百姓缴桑葚当租，崔逞害怕魏军扰民，又说可以让士兵们自己去摘取，不过要快，时间一长，桑葚会落尽。拓跋珪当时火了，将士们要打仗，怎么能去采果子！鲜卑贵族利用这件事大肆攻击崔逞，说他讽刺我们鲜卑将士是鸮鸟，不是好鸟。拓跋珪果然很生气，不过没有发作。

不久，又发生一件事，东晋将领郗恢给拓跋珪弟弟拓跋遵写了一封信，上面有一句话“贤兄虎步中原”。拓跋珪一看，又上火了，心想我是皇帝，你不写尊称说什么贤兄，明明看不起我嘛，于是叫张衮告诉崔逞，写封回信给我贬一贬晋朝皇帝。

崔逞称晋安帝为贵主。这一下，拓跋珪真火了，新账旧账一起算，心想我顶着多大的压力保你用你，你却不尽心办事，怒斥崔逞说：“贵主何如贤兄！”下令将崔逞处死，此事累及张衮，降职处理。

拓跋珪明知与张衮无关，不得不忍痛割爱，还算手下留情。年过七十的张衮从此退出政坛，一年后郁郁死去，临死之前念念不忘北魏平定天下的大业，上疏执着地劝拓跋珪注重文德教化，表章最后一句显示出他与拓跋珪君臣之间的难忘恩情：“臣虽暗劣，敢忘前志，魂而有灵，结草泉壤。”

人生自古谁无死。为了帝国的繁荣与强盛，生命又算得了什么。张衮的功绩不可磨灭，他将儒家治国平天下的思想灌输给拓跋珪，告诫说尽管魏国武运强大，但四海未服，平天下靠的是文治和武功双管齐下，不可偏废。拓跋珪当时陷于政治斗争之中未能对其褒奖，北魏太武帝拓跋焘给予极高荣誉，策赠太保，谥文康公。

张衮对北魏忠心耿耿，一心报拓跋珪知遇之恩，没有民族偏见，毕生致力于民族融合事业。崔逞则对晋朝抱有好感，对晋朝皇帝的恭敬是汉民族感情使然。拓跋珪杀崔逞并非因为两件小事，实是派别斗争的结果，对鲜卑贵族做一些让步。拓跋珪的退让并没有使他们感到满意，一个又一个的阴谋接踵而至。

叁 手铸金人

拓跋珪做了皇帝，当然要有一位皇后。拓跋珪称帝时二十九岁，此前，已经有一任夫人，匈奴独孤部刘眷的女儿、刘罗辰的妹妹。当初拓跋珪为拉拢独孤部的牧民，分裂亲刘显的势力娶了刘氏，非常宠爱，生有一女一子，女儿华阴公主，儿子叫拓跋嗣，即后来的魏太宗明元皇帝，时年七岁。刘氏长期为拓跋珪打理后宫，并生有一男，理应母仪天下。奇怪的是，北魏帝国的皇后王冠最终落在了别人的头上。

公元 400 年三月，后燕皇帝慕容宝的小女儿慕容氏成为北魏国第一任皇后。慕容氏在中山城陷落后被拓跋珪纳入后宫，经左丞相卫王拓跋仪等人的请求通过手铸金人立为皇后，别以为这是一场普通的立后，背后隐藏着太多的故事。两个女人的皇后之争是通过“手铸金人”来实现的。刘氏没有铸成。慕容氏成功铸就，成为北魏国唯一一位手铸金人成功而被立为皇后的女人。

所谓手铸金人是魏晋以来少数民族中流行的一种用来占卜吉凶的方法，关于它的来源已无从查考。我们试着推测一下，手铸金人测吉凶绝非始自拓跋部。《晋书》曾经记载，武悼天王冉闵曾派常炜出使燕国，燕王慕容俊问他：“听说冉闵铸金人为己像，坏而不成，何得言有天命？”就是说早在冉魏时代铸像问天的方式已经开始流传。

铸像的最早记载源自佛教，传说优填王曾为佛陀立圣像。中国西汉霍去病出陇西讨伐匈奴时曾获休屠王的祭天金人。据此推测，这一传统应该是草原文明与佛教结合而产生的，盛行于石氏后赵，为拓跋部继承，在建国初期作为立皇后的一项制度被固定下来。

为什么有人能够铸成，有人铸不成呢？我们不清楚当时的铸造过程，但有几点可以肯定：第一点，失败概率相当高；第二点，所有参与人员要同心协力；第三点，铸造人心理素质必须过硬。

手铸金人立后的背后隐藏着什么玄机呢？卫王拓跋仪为什么请求立慕容氏为皇后而非刘氏呢？因为刘氏不得宠吗？不是，《魏书》中明确记载，拓跋珪对匈奴夫人相当倚重，刘氏生下儿子，主管后宫。

我们要弄清楚拓跋仪是谁？他是拓跋翰的长子，拓跋觚的哥哥，拓跋珪异父异母的弟弟。拓跋仪长得有点儿像关云长，美须髯，有算略，少能舞剑，骑射绝人。他能拉十石硬弓，与陈留王拓跋虔齐名，时称“卫王弓，桓王槊”。他从小跟着拓跋珪走南闯北，平定诸部，多有战功，封为卫王。

贺兰王后改嫁拓跋翰，拓跋珪与拓跋仪这对原本的堂兄弟成为更加亲密的兄弟。虽非一母同胞、一父所生，但他们同样出自老代王什翼犍的嫡亲一系，同是慕容皝女儿的孙子。血缘相近，名义上的一家人。拓跋仪之所以拥立慕容氏为皇后源自他的野心，想戴上那顶北魏国的皇冠。拓跋仪功勋卓著，为内外所重，势力庞大，一位北魏国贵族说过的话代表了许多人的想法：“一旦皇帝去世，除了卫公，我怕谁！”

一个人光有野心不行，要靠形势推动，与当时政治、经济、文化、军事环境密切相关。曹操就是很好的例子，起初想做郡守，到想封侯、做周公，最后一不小心成为太祖武皇帝。拓跋珪之前代国的王位传承，像悉鹿、禄官，猗卢、弗、贺傉、纥那、翳槐、什翼犍等，依旧维持着草原民族兄死弟及的传统。按照这一传统，拓跋珪如果死了，拓跋仪继承皇位名正言顺。

拓跋珪要断绝拓跋仪的念头，传位给儿子。长子拓跋嗣出生时，拓跋珪和拓跋仪兄弟曾经有过一段对话，暴露出两人之间互相提防猜忌之心。拓跋嗣出生，拓跋珪兴奋异常，连夜召拓跋仪入宫。拓跋仪步入寝宫，拓跋珪劈头第一句话：“朕深更半夜叫你来，你不感到奇怪，不感到害怕吗？”拓跋仪回答：“臣推心置腹侍奉陛下，陛下明察秋毫，臣心自安。忽奉夜诏，奇怪是有的，恐惧没有。”

拓跋珪问得莫名其妙，皇上召见臣下，哥哥叫弟弟，即便夜半三更，有什么可怕的呀？拓跋仪的回答圆滑得体，二人心如明镜。拓跋珪喜滋滋地告诉他：“皇子诞生了！”拓跋仪起身再拜祝贺，随后手舞足蹈，跳起拓跋鲜卑人传统的喜庆舞蹈。

现在，我们明白拓跋珪为什么要问那句莫名其妙的话了，就是威逼拓跋仪承认皇子地位，承认嫡长子继承制。拓跋仪伏拜屈服，拓跋珪非常得意，二人对饮直到天光大亮。这事也说明拓跋仪长久以来一直觊觎皇位。

慕容氏手铸金人成功得益于汉人农耕文明与鲜卑游牧文明的斗争，两条路线的代表人物是拓跋珪和拓跋仪。拓跋珪汉化是为了巩固自身皇权，稳定中原局势；拓跋仪代表鲜卑贵族的利益，企图以此登上帝位。拓跋珪搞长子继承制，是坚定不移地走汉文明道路的一环。

拓跋仪礼贤下士，素有仁风，许谦、张衮都是冲着他去投靠北魏的。但拓跋仪想做皇帝的话，必须站在鲜卑贵族一边，以便通过兄死弟及的游牧传统登上帝位，他把自己绑在鲜卑贵族集团的战车上。

为打击皇子拓跋嗣和刘氏势力，拓跋仪和鲜卑贵族把慕容氏推向前台。当时，北魏国平定河北之后，伤亡大半，一时无力进攻辽东和山东地区。和慕容氏联姻正好缓和两个民族之间的仇恨，为北魏带来和平，或者说休整的机会。中原的汉族豪强原先在后燕国统治之下，乐意看到慕容氏被立为皇后。

举国拥戴，拓跋仪这一招，看似平淡无奇，实则不容抗拒。拓跋珪万般无奈，无法拒绝，只得援引草原民族的风俗，铸金像卜问天意。

我们无法猜测在铸像过程中，是否存在像足球比赛中的黑哨那种猫腻，但两派政治势力对慕容氏的支持，对独孤刘氏而言肯定存在不公平。

篝火跳跃，青烟缭绕，在女巫们摇动的铜鼓声中，两位美丽的女人走向万众瞩目、庄严阴森的祭台，用她们纤弱漂亮的手指铸造金像，同时编织心中的梦想。手铸金人的结果让她们一同走向末路。

慕容氏的身世不如人意，父皇慕容宝逃往辽东的时候，把她抛弃在孤城。国破家亡，凭借姿色得到新皇宠幸，宫廷斗争又把她推到刀尖上。

皇后的桂冠对慕容氏来说，仅仅是个虚无缥缈的迷梦罢了。她心如止水，所铸金像光彩照人，上天将慈爱给予了她。为儿子登上帝位处心积虑的刘氏心浮气躁没有那么好的运气，铸像失败了。

有心栽花花不开，无心栽柳柳成荫。万众欢呼中，慕容氏成为北魏王朝第一任正式皇后。上天的垂青挽救不了她凄凉的命运，慕容氏得到后位，得不到爱情，在拓跋珪日益狂暴的咆哮中很快死去。

拓跋仪实施篡位第二步棋，是与穆崇设谋，策划发动宫廷政变，埋伏武士伏击拓跋珪。穆崇是立穆陵部的部落首领，拓跋珪的救命恩人，先后揭发刘显和于桓兄弟的阴谋，忠于旧主，大义凛然，连他都要造拓跋珪的反，可见当时两种文明之间的冲突已经到了水火不容的地步。穆崇忠于拓跋珪，但为了拓跋贵族及游牧民族整体利益的大义，义不容辞地站到了拓跋珪的对立面。

刺杀行动进入倒计时，埋伏的武士各就各位。拓跋珪突然召见穆崇的儿子穆遂留，穆遂留正手握钢刀和死士们藏在一处，闻诏大惊失色，以为刺杀行动暴露，跳墙而出，一五一十向拓跋珪坦白。

拓跋珪压根不知道刺杀计划，召见他另有委派，听他亲口诉说惊天阴谋，大吃一惊。拓跋珪是大风大浪里出来的，丝毫没动声色。穆崇于他有恩，拓跋仪是他的兄弟。两人军权在握，党羽众多，立即查办，势必掀起一场腥风血雨，刚刚打压下汉族豪强的嚣张气焰，再去收拾鲜卑贵族，他这个皇帝能不能坐得稳？拓跋珪心中忧虑不已，可他对这次未遂政变却只字不提。

鲜卑贵族不择手段的反抗，激起拓跋珪血腥斗志。他自小经历无数狡诈、虚伪、肮脏的政治斗争，无数的刀林箭雨，不会束手待毙，他要反击！

朝廷中上演一出戏，博士公孙表呈上《韩非子》一书。

《韩非子》与西方马基雅维里的《君主论》一样，教育君主以法术驾驭臣民。

拓跋珪亲手接过《韩非子》，向群臣宣示，要效仿秦始皇“以法治国”。从此，拓跋珪放弃儒家与玄学，专以刑杀，成为凶残、狠毒的皇帝。

大将李栗成为他刀下的第一个牺牲品。李栗祖父三代效力拓跋鲜卑，有才干，兼有将略，护卫拓跋珪于颠沛流离之中，是北魏开国元从二十一人之一。代国初建，拓跋珪多用亲戚本部人员，唯独李栗非拓跋亲贵而委以重任。南下中原，李栗率五万骑兵为先锋，所到之处，敌军望风而降，一直打到信都。

这样一位战功卓著的亲信将领，仅仅因为一声咳嗽，就被拓跋珪下令处死。

拓跋鲜卑不同汉人礼仪之邦，他们是蛮族，朝会之上，随意咳嗽、吐痰那是常事。“坐坐齐，手放好”，对鲜卑贵族来说，从来没那个规矩。哪里是李栗的过失，分明是杀鸡儆猴。诛杀李栗，满朝震动。谦卑礼仪自李栗开始，北魏朝堂再也没人敢清嗓子或者做其他什么小动作。

肆 柴壁之战

正当拓跋珪大力加强君权的时候，西线战事爆发。这就是拓跋珪冷处理拓跋仪谋反事件的一个重要的原因，北魏边境仍不稳固，需要鲜卑贵族们继续打仗。

后秦帝国为什么突然进攻魏国呢？后秦皇帝姚兴打败氐族前秦皇帝苻登，夺取关中之后，趁着后燕与北魏开仗以及东晋内部的纷争，出兵抢占东晋的许昌、洛阳地区，逐渐使后秦成为一个强大的国家。

起先，为与西邻强国后秦交好，拓跋珪曾经派遣北部大人贺狄干向后秦进献一千匹马，为自己求亲。未曾料到，以拓跋仪为首的鲜卑贵族逼自己立慕容氏为后。姚兴听说拓跋珪已经册立慕容氏为皇后，大怒，心想你这不是耍我吗？难道我堂堂大秦公主给你做妾不成，下令把贺狄干扣留，拒绝通婚请求，两国交恶。

北魏的将领们以朔方为基地，开始不断攻略今陕北、宁夏等地的后秦国的附属部落。

魏军兵锋扫荡整个宁夏地区，长安大震，关中诸城大白天紧闭城门。拓跋珪意识到姚兴不可能善罢甘休，命令邻秦的并州诸郡在平阳乾壁（今山西临汾南汾河东岸）积聚粮食，防备秦国进犯。

果不其然，姚兴大阅兵马，以姚平、狄伯支等将领率步骑四万为先锋伐魏，自领大军后继，御驾亲征。后秦灭掉前秦，此时国势正盛。东征魏国同时，六万后秦军队在姚硕德率领下西伐凉州。

两线作战，鲜有不败的，姚兴开局不算美妙。秦军东征前锋军团经过两个月激战，攻克乾壁。与此同时，北魏大军出动，柴壁之战正式打响。

北魏军队俘获后秦派出的侦察骑兵，姚平探不到虚实，引军退守柴壁。拓跋珪立刻率领大军包围柴壁。姚兴率四万七千秦军前往救援，准备攻占柴壁对岸的天渡，运送粮食接济姚平军队。

拓跋珪分兵架设浮桥，渡过汾河，筑垒阻击秦军。姚兴败了一仗，不敢强攻，屯兵汾西，耍起小聪明，凭借山谷建起营寨壁垒，将成捆的柏树从汾河上游漂下，企图冲垮浮桥。

这计策太失败，魏军制成铁钩从河中捞起树木当作取暖煮饭的劈柴，省了再伐木头。

姚平所部粮竭箭尽，乘夜率兵从西南突围。姚兴陈兵汾西，举火鼓噪为应，不敢向魏军进击。姚平孤军突围被击败，只得率部众跳进汾水逃命。拓跋珪命水性好的士兵钩捕秦军将士，俘虏狄伯支等四十余名将领，士卒三万余人。

眼睁睁看着战友们像一条条大鱼被敌军捕捞，后秦将士全军恸哭，声震山谷。姚兴急了眼，不停派使者求和，拓跋珪冷冷拒绝。魏军大获全胜，向蒲坂挺进，直接威胁关中。

正当秦军万分窘迫之时，从塞上传来好消息，柔然人准备入侵魏国，拓跋珪匆匆回军，柴壁之战以后秦国完败告终。

柔然人得知拓跋珪回军的消息马上逃走。魏国四境安宁下来，可朝廷内部再次掀起一场场血雨腥风。

两种文明之间的冲突愈演愈烈，拓跋珪举步艰难，对拓跋贵族的妥协难以获得认可之后，拓跋珪果断地站在先进社会一边。既然来到中原，绝不再去茹毛饮血，去沙漠喝西北风。下定决心催促鲜卑社会加速封建化，在急剧变化中，拓跋珪与拓跋贵族的关系更加紧张。

按照鲜卑贵族的想法，我们是征服者，汉人都该是奴隶。拓跋珪深谋远虑，想依靠汉人豪强的力量维护拓跋鲜卑人的统治。

拓跋珪现在认识到，最可能威胁到皇位的，不是汉人，而是鲜卑贵族。拓跋珪设立了中国历史上第一个特务组织“侯官”，和明朝“锦衣卫”相仿，主要任务是刺探臣下的活动。

拓跋珪通过特务机构着手剪除对帝位有威胁的拓跋亲贵和部落首领，大杀功臣，让人领略到他的铁石心肠。

大凡成功的领导人都有两副面孔，对待同志像春天般温暖，对待敌人像严冬一样残酷无情。政治斗争中没有永远的朋友，也没有永远的敌人。环境的改变，使以前的朋友变成敌人。

“鸟尽弓藏，兔死狗烹。”侯官昼伏夜出，刺探着每一个人的隐私。拓跋珪要下手了，潜在的威胁要一个个除掉。

削掉曾在柏肆之役图谋自立的毗陵王拓跋顺的职务；以醉酒乱性对太原公主失礼为由，将战功赫赫的常山王拓跋遵赐死；以奢豪喜名的罪名处死平原太守、素和部首领和跋，并诛其全家；中垒将军邓渊从弟尚书邓晖与和跋关系很好，拓跋珪又将邓渊赐死。

侯官报告说，庾部首领、名冠诸将的司空庾岳和中山太守、莫那娄部首领莫题“服饰鲜丽，行止风采，模仿人君”。拓跋珪毫不手软，将庾岳杀死。然后，派人手持当年与拓跋窟咄争位时，莫题献给窟咄的那支箭，问话说：“三岁牛犊，能胜重载否？”莫题父子相对哭泣，深藏心中多少年的噩梦终于来到，一家被嘲弄后灭族。

羁押在秦国的贺狄干作为战俘交换回到平城，侯官发现他经常说羌人的语言，穿着羌人流行的衣服。拓跋珪认为贺狄干看不起本国文化，下令处死。

贺狄干的死纯粹是加强意识形态的需要，其他人的死则是对新兴北魏王朝造成威胁。部落首领纷纷被杀，拓跋珪与部落贵族的斗争进入白热化。恐惧、不安和过度紧张使拓跋珪烦闷多疑，精神失常。

拓跋珪恋上寒食散。寒食散是药石，性燥，必须心境平和方能食用。寒食散促使魏晋士人形成一种平和、豁达的性格，不轻易动怒。生性野蛮、剽急的北方胡族学不来。他们服用，非但起不到神志清明有益的功效，反而导致副作用变本加厉。拓跋珪“药数动发”，性情更加狂躁，喜怒无常。有时几天不吃饭，有时通宵不入眠，追想平生成败得失，自言自语，喋喋不休。

北魏境内不断出现自然灾害。受东汉谶纬之学影响，拓跋珪深信天人感应之说，把灾变归咎于臣下，认为他们没有尽到人臣职责，觉得朝官和内侍都怀有恶意，整天疑神疑鬼。每当文武百官上前启奏国事，他往往会记起你过去犯过的错，突然杀掉你。如果有人面色稍变，或呼吸不匀，或步履不稳，或话语出现错差，就会怀疑你是不是心中有鬼居心不良所以才表现在外表上，有时会亲手把人刺死。皇宫天安殿前，每天都摆放着被处决的死尸。

北魏开国重臣穆崇在忧虑中死去，势单力孤的拓跋仪见拓跋珪像疯狗一样丧失理智，害怕他记起前次政变，单骑逃亡外地被抓获，赐死。朝廷中人人朝不保夕，官员们苟且偷安，魏都平城盗贼公行，人迹稀少。根本没有人处理政务，没人汇报工作，都离他远远的，拓跋珪成了名副其实的孤家寡人。

伍 子贵母死

拓跋珪外表狂躁，头脑思路却格外清晰，在君位传承问题上，继承、发扬了一种惨无人道却行之有效的制度，“立子杀妻，子贵母死”。

此项制度为汉武帝用来防止母后干预朝政及外戚家族作乱所发明。汉武帝立刘弗陵为太子，担心“主少母壮”，重蹈吕后覆辙，便以“屡违圣意”为由，把太子的母亲钩弋夫人囚禁于云阳宫。钩弋夫人忧困而死，汉武帝深感内疚，在甘泉宫前建“通灵台”以表怀念。

“子贵母死”在汉朝仅仅施行一代，在北魏，却作为一条铁的律令，被七代君王严格冷酷地执行，自道武帝拓跋珪末年（409）到献文帝拓跋弘皇兴三年（469）六十年间，共有五位皇后惨死于这条野蛮的诏令下。那么，究竟什么原因促使拓跋珪定下这条冷酷无情的政策？难道他真的精神分裂了？难道北魏数任帝王都是疯子吗？

母以子贵。中国封建社会宫廷中，诸皇妃以生儿子为荣，母亲为儿子能继承皇位，对老皇帝争宠献媚，费尽心机。一旦儿子被立为太子登上帝位，母亲便被尊为太后，享齐人之福，荣耀无边。这种情况，在北魏宫廷不存在。拓跋珪立下的规矩是，立太子先杀其母。试想还有哪个母亲愿意自己的儿子被立为太子呢？以至于《魏书》中如是记载：“椒掖之中，以国旧制，相与祈祝，皆愿生诸王、公主，不愿生太子。”

拓跋珪立长子拓跋嗣为太子的同时，将太子生母，与他患难与共的妻子独孤刘氏赐死，并对太子解释说，这是效仿汉武帝防止母后专权，为国家做的长久之计。真的仅仅是效法古人吗？拓跋珪没有其他想法吗？

当然有。北魏王朝这项制度并非拓跋珪首创，他无非以法律形式确定下来而已，早在拓跋部从林地走向草原，杀妻就已成为一条不成文的规矩。从大鲜卑山下来时的拓跋部弱小，历代可汗通过与草原其他部落通婚发展壮大。为了不被强大的联姻部落吞并，总是先联姻，随后发生战争，可汗们的妻子成为牺牲品。

拓跋珪注重本族历史。在与汉人进行融合，向农耕文明转型过程中，他仍然非常注意吸取历史经验。拓跋部是蛮族，没有文字，他们的历史经验就是故事和由故事演变出来的世代传唱的歌谣。

北魏开国，拓跋珪把拓跋部中流传的歌谣集中起来编成“代歌”，也就是“燕魏之际鲜卑歌”，后来进入北魏乐府，称为“真人代歌”，掖庭中晨昏歌之。歌词内容“上叙祖宗开基所由，下及君臣废兴之迹”，凡一百五十章。这是一部绝好的拓跋人史诗，可惜它以汉字写鲜卑本音，鲜卑人懂，别人却不懂，以至于未能流传下来。

谚语“诘汾皇帝无妇家，力微皇帝无舅家”便揭露了这段史实。诘汾可汗的妻子天女不是回天庭，而是被杀；力微可汗不是没有舅家，而是全族被灭。到了猗卢和他的妻子祁氏时代，祁氏凭借强大的后族，先后立两个儿子为部落联盟首领，干预联盟权力，凌驾联盟之上成为女主。

拓跋珪本人凭借母亲部族贺兰部复国成功，他创业的敌人，诸如独孤刘氏诸部、贺兰贺氏诸部、慕容燕国，无一例外都是与拓跋部联姻的部族。这便是拓跋珪确立“子贵母死”制度的根本原因，不同于汉武帝的假想，外家部族对北魏王朝的威胁实实在在。另外，拓跋珪基于这样一种想法：你是皇帝，皇帝无私事，无父母，有的只是天下，有的只是百姓。这项野蛮制度使北魏帝国前期君位传承井然有序。当这项制度被废除时，北魏亡国了。

野蛮的手段催生文明的效果，这就是集权与民主的差别。权力的集中可以办成许多民主国家无法想象的事情。一个女人与国家太平相比，孰轻孰重？但对一个女人来说，该是何等地残忍？任谁也无法接受，谁能任由自己的亲生母亲死掉呢？

太子拓跋嗣听到这条惊人的诏令时，泪流满面，哀泣不自胜，回到住处，整天整夜哭号悲泣。拓跋珪大为恼火，身为一国储君，不能为天下解忧，为百姓立太平，为一个女人哭哭啼啼，如何做帝国领袖！下旨召拓跋嗣入宫。

太子东宫的亲信对拓跋嗣说："太子，你不能去！皇上很气愤，你如果进去，恐怕出不来了。"拓跋嗣纯孝，对母亲孝，对父亲也孝，父皇召见，怎么能不去！侍从们连忙劝："孝子事父，小杖则受，大杖避之。父亲处罚儿子，骂几句，打两巴掌，你得受着；往死里折腾，你得跑，万一把你打死了，你就陷皇上于不义，不如暂时回避一下，等皇上怒气平定之后再进宫。"

拓跋嗣一听，有道理，离开平城，逃往外地，随行的只有两名侍卫，王洛儿和车路头。王洛儿是平城人，东宫属官。拓跋嗣在一次冬季游猎时，纵马踏冰渡河，连人带马一起掉冰窟窿里，王洛儿把拓跋嗣救出来，自己差点儿冻死，他和车路头都是拓跋嗣的死党。

拓跋嗣前脚出平城，后脚宫廷发生一起杀父惨剧，造反的是拓跋珪的二儿子，清河王拓跋绍。

拓跋绍的母亲是贺太后的妹妹，论起辈分来，是拓跋珪的姨母，人长得貌美如花。贺兰部避难时，拓跋珪一眼相中姨母，想纳为己有。草原民族不注重伦理，贺太后没有拿伦理道德来反对，而是说了一句经典名言："过美不善。"况且她已经有丈夫，不可强夺。

太美的东西，一定有不好的地方。一说这话，可能全天下漂亮女人会齐声反对，歧视美女嘛，幸亏这话是贺太后说的，她也是靓女。贺太后并非单指女人，而是指所有的事物。她的想法和王猛心心相通，王猛说过善始者不必善终，十全十美原本就是没有的事，太完美的东西必定有它不如意的地方，早晚会暴露出来。

拓跋珪当年意气正锐，锋芒在外，怎么会放过合心意的漂亮女人呢？派人把她丈夫杀死，纳为夫人，生下拓跋绍。

这个儿子，拓跋珪好的地方一点儿没有，坏的基因全部继承。为人凶狠无赖，游手好闲，喜欢在大街小巷里游逛，抢劫行人，剥光别人衣服逗笑取乐。拓跋珪非常不满，曾经把他倒悬在井中惩罚，奄奄一息的时候才拉上来，身为长兄拓跋嗣多次教训责备。拓跋绍本性难移，恶习不改。

公元 409 年十一月十三日，冬日凄迷。

因为一点儿小事，拓跋珪大骂贺夫人，将她囚禁，准备处死，天黑推迟未决。贺夫人害怕，同床这么多年，会不知道丈夫什么脾气？满朝权贵说杀就杀，同甘共苦的刘夫人说赐死就赐死，弄死自己哪里会顾念夫妻情意，赶紧秘密通知儿子拓跋绍来救人。

怎么救？年仅十六岁的拓跋绍一不做，二不休，当天深夜，与帐下武士以及宫中侍卫几个人联络谋划，由宦官引路跳越宫墙闯入拓跋珪的卧室。

拓跋珪终于吞下了自己种出的恶果，左右侍从因拓跋珪近年的凶狠残暴，个个恐惧异常，可能都盼他死，没人打援手，只是高喊"有贼！"拓跋珪睡梦之中惊醒坐起，随手一摸，弓箭腰刀都不在，被拓跋绍等人乱刀砍死。可怜开创北朝一百多年基业的大魏开国皇帝终年只有三十九岁。

砍死父皇，拓跋绍紧闭宫门。第二天中午，皇宫的门没开。总关着门也不是办法，拓跋绍谎称奉诏，把文武百官集合在端门之前，面向北方站立，从门缝中对大臣们说："我有叔父，也有哥哥，你们打算听谁的？"说得大家愕然失色，一时间全愣住，这都哪儿跟哪儿？

问了半天，没有一人回答。一阵难堪的沉默过后，老臣长孙嵩说话了："拥护大王。"众人这才知道拓跋珪已死。不知道死的原因，也没人敢出声。一会儿，拓跋珪的弟弟拓跋烈放声大哭，转身离去。

平城闹翻了天，朝野汹汹，人怀异志。肥如侯贺护到安阳城北，点起警报烽火，贺兰部的人纷纷赶来，其他部落都各自把旧有族人集合在一起。拓跋绍听说人心不定，拿出大量的绸缎布匹，尽情分发，希望以此收买人心。

拓跋珪不得人心，没有人为他报仇。文武官员和各部落首领也不支持拓跋绍，他们似乎在等待，等谁呢？太子拓跋嗣。

还有一个人也在找拓跋嗣——谋杀犯拓跋绍。他更急，只有除掉太子哥哥，他才能理所当然地做皇帝。

他第一个得到了消息：拓跋嗣回来了，住在王洛儿家里。

叛党即刻去抓，还是扑空，只抓到王洛儿的邻居李道。有一点可以肯定，拓跋嗣回京了，因为李道在为拓跋嗣送饭。

侍卫中有个叫叔孙俊的人自告奋勇去捉拿太子，说他知道太子藏身之处。拓跋绍喜出望外，派两个亲信和叔孙俊一同前往。

他们确实见到了太子，太子拓跋嗣藏在京城外的一座深山中。两个亲信大喜，正要捉拿太子，却发现叔孙俊和侍卫们的钢刀已架在他们的脖子上。

拓跋嗣与平城内的官员们取得联系，老将军安同率文武官员出城迎接，皇宫侍卫们抓住拓跋绍，押送过来。

拓跋嗣杀掉拓跋绍母子，诛杀拓跋绍手下武士以及做内应的宦官等宫中人员，也就十几个人。其中最先刺杀拓跋珪的人，被大臣们剁成肉酱吃了。一场杀父闹剧落下帷幕。

拓跋嗣回宫登基，史称明元帝。追谥拓跋珪为宣武皇帝（后世太武帝拓跋焘改谥为道武皇帝），葬于盛乐金陵，庙号太祖。

拓跋珪伴着茫茫草原，守护着拓跋鲜卑人龙兴之地。他可以骄傲地告诉拓跋鲜卑人的祖先，我不仅复兴了我们的国家，而且开创了一个帝国，一个拥有草原和农耕文明的帝国。令他想不到的是，他是中国历史北朝第一任君主。

拓跋珪不算一个好父亲，也不是一名好丈夫，却是一位好君主。

回顾拓跋珪的一生，十六岁起兵复国，逐鹿四方，戎马一生。高柳城击败拓跋窟咄，弥泽湖大破刘显，千里破柔然，渡河灭匈奴，北攻高车，饮马北海，南下中原，大败强燕。为游牧文明向农耕文明转型呕心沥血，虑尽心机，奠定一百四十八年北魏基业，为草原民族入主中原树立了榜样。无论是忽必烈，还是多尔衮，从他们的身上都可以看到拓跋珪的影子。他是拓跋鲜卑的英雄，也是华夏民族的英雄。

正当拓跋珪在民族矛盾困扰下焦头烂额，最终惨死之时，大江之南，年仅三十五岁、正值春秋鼎盛、取得淝水战争辉煌胜利的东晋孝武帝却因一句戏言莫名其妙地死去。一颗长长的彗星、一位年近三十的宫廷贵人、一个婢女、一床厚厚的锦被构成一幅不可思议的诡异画卷，加速了东晋王朝的灭亡，也诞生了一位气吞万里如虎的大英雄。

第九章
“昆仑”的儿子

南朝的开创者宋武帝刘裕出生于公元363年，在东晋孝武帝时代度过青年时光。淝水大战那年，刘裕二十岁。史书没有记载他是否参加了那场伟大的战争，但东晋军队的辉煌胜利足以让青年刘裕感到无比自豪。比刘裕年长一岁的东晋孝武帝司马曜是晋王朝颇有作为的皇帝。很多人不知道，司马曜其实是中国历史上一位具有东南亚血统的皇帝。

司马曜的一生充满传奇，堂堂九五之尊最后竟被手无寸铁的柔弱女子谋杀。这个女人编造了皇帝“因魇暴崩”的谎言，企图蒙混过关。令人奇怪的是，满朝文武大臣竟然没有人对皇帝莫名其妙暴崩一事提出哪怕一丁点儿异议，而使杀人凶手逍遥法外，成就两晋南北朝一段离奇传说。这件天字第一号大案背后到底隐藏了什么样的秘密？

壹 晋祚尽昌明

江南流传一句神秘的谶语：“晋祚尽昌明。”意思是说，晋朝的国运亡于昌明，昌明指什么呢？《晋书》记载了一则故事解释这句神秘的谶语。东晋简文帝司马昱在藩邸时，王妃李氏产下一子，梦见神人对她说，生下男孩取名“昌明”。

小孩出生时正值凌晨，东方始明。简文帝给儿子取名叫作司马曜，字昌明。史书记载简文帝从前看过“晋祚尽昌明”的谶语，等到后来醒悟过来，曾经为之流涕。

那么这则故事是真还是假呢？应该是假的，为后人杜撰。如果简文帝时就已经流传这句谶语的话，简文帝怎么可能仅仅为之流涕而不采取其他措施呢？完全可以改名字，而且“昌明”只是一个字，字一般是古代男子二十岁（成人）举行加冠礼时取的，司马曜十一岁时，简文帝就死了。

由此可见，这句谶语产生于孝武帝时期，为什么会出现并在社会上广泛流传呢？到底司马昌明做过什么，从而导致晋朝亡国？据我们所知，司马昌明生前取得淝水战争的胜利，死后得到“孝武”二字的谥号，“武”字足见朝廷上下对他的认可。我们应该看到，东晋在孝武帝之后，经过两代确实亡国了，谶语有它的准确性。这是一个谜团。

司马曜是司马昱的第三个儿子。在他之前，司马昱曾有过五个儿子，三个早夭只剩二子。长子司马道生性情疏躁，无德无才，和母亲王简姬一起被废黜致死。老二司马郁倒是敏慧孝顺，深得司马昱喜爱，可惜十七岁上得病死去。此后，姬妾们十年不曾生育。

儿子们先后死去，司马昱已近不惑之年，竟然膝下无子。司马昱五十一岁时才由桓温扶上皇位，虽然当时并非皇帝，却也十分苦恼。他让善于卜卦的术士扈谦给算算还能不能有儿子。扈谦卜了一卦，吉！对他说：“王宫中有一女，能给王爷生下两个男孩，其一必能兴旺晋室。”

司马昱听后很高兴，此时宠妃徐贵人刚生下一个女儿，司马昱认为扈谦所指的就是徐贵人，于是常去徐贵人房里睡。结果过了一年，一点儿动静也没有。司马昱着急了，扈谦算得不准吧？又把道士许迈找来算，许迈说：“我不过是好山水的人，游山玩水可以，没什么道术，这种事我怎么能知道，您德厚仁深，不会无后。还是听扈谦的话，多交接总会有结果。”交接就是做爱，多交接就是多找些女人做，别光指望徐贵人。

这话说了和没说一样，司马昱也没辙，还得继续做爱。他和王宫里姬妾做了个遍，数年下来，还是没有子嗣。岁数越来越大，司马昱真慌了，满世界找算命的人，终于找到“善相者”。相面先生往王宫里一站，从妃妾中挨个找能生男孩的女人，看了一个又一个，不断摇头。

司马昱实在没招了，下令把王宫里所有的宫女，端茶倒水的、打扫卫生的、厨房做饭的，统统找出来，再看。轮到一个人，一个做纺织的丫鬟，长得很寒碜，又粗又高，皮肤黝黑。女人没名字，也不知道哪儿的人，宫中人叫她“昆仑”。

“昆仑”一词，在中国古代除指昆仑山外还指黑色的东西，意思就是黑色皮肤的人。据《旧唐书·南蛮传》中记载：“在林邑以南，皆卷发黑身，通号‘昆仑’。”林邑在今越南中部一带，而这些黑人大多来自东南亚。

相面先生一见昆仑女大惊道：“就是她了！”

人类为什么要有婚姻，为了身体的快感？还是相依相助，更好地生活？原始社会没有婚姻，但要做爱，一切都是为了繁衍后代，女人的美与丑、富与贫都要搁到第二位。封建时代重男轻女，那是由生产力水平低下决定的，人老了没有养活自己的能力，不靠儿孙靠谁去？

司马昱盼子心切，当天晚上便同房。相面先生算得真够准确，昆仑女一连生下两个儿子，老大司马曜，老二司马道子，她自己也有了好听的名字“李陵容”。不过，即使司马昱登上帝位，李陵容也没有名号，直到司马曜即位，才被尊为淑妃，慢慢进为贵人、夫人、皇太妃，最后做了皇太后。

一个丫鬟成为中国的皇太后，不能不说这是一个“丑小鸭变白天鹅”的传奇故事。

司马曜继承皇位之路充满艰辛。简文帝是汉献帝之类的人物，他的身边有个“曹操”，即手握军权的大司马桓温。简文帝做皇帝不到一年就病倒了，临死不敢决定身后事，一日一夜四召桓温，近在姑孰的桓温却没有来。桓温是性情中人，不会像曹丕那样去逼迫皇帝，他希望简文帝认清形势，主动禅让帝位。

东晋王朝的天下不是皇帝一人的，是高门士族共同的江山。江左王、谢两大门阀士族默默达成一致，力保司马曜继位。王彪之、王坦之和谢安顶着压力，火速册封司马曜为太子，十一岁的司马曜登上帝位。

司马曜屁股没等坐上龙椅，道教领袖、彭城人卢悚率三百敢死之士攻入皇宫，矫称奉太后密诏，拥戴被桓温废掉的海西公司马奕复位，自云龙门杀进宫廷，抢夺武库中的兵器造反。禁军听说旧皇帝回来了，一时间不知该听谁的。好在忠于皇帝的一批军官进入宫中诛杀了卢悚和他的党羽，孝武帝渡过第一道难关。

叛乱刚过，大司马桓温率军开到建康，大陈兵卫，向晋廷示威。朝野风传桓温将篡位，多亏谢安和王坦之多方周旋，桓温未能如愿，孝武帝躲过第二厄。

苻坚百万大军临江，乌云压顶，仿佛江南小朝廷行将崩溃。在谢安、谢玄镇定自若的指挥下，年轻的皇帝取得淝水战争空前的胜利，渡过第三难。

淝水之战后的东晋，谢安、桓冲、谢玄、桓石虔、朱序、刘牢之等时贤名将群星闪烁，朝野上下皆寄希望于这位中兴之主能借淝水大捷，北伐收复中原。“西逾剑岫而跨灵山，北振长河而临清洛。挂旆天山，封泥函谷。”

踌躇满志的司马曜没有北伐中原的意图，而是准备完成东晋历代君主所没有完成的事业——加强皇权。

东晋是中国历史上非常奇特的时代，北方胡族入侵，迫使中原的汉族豪强率领宗族和普通老百姓渡过长江，躲避战乱，这就是西晋末年著名的“衣冠南渡”。在渡江豪强与江东士族共同帮助下，晋朝复国，豪强势力进一步壮大，形成门阀士族。如同我们现代经常把历史悠久的足球俱乐部称为豪门，再如武侠小说中描绘的世家。

东晋开国皇帝司马睿登基称帝的那一天，竟然拉着名士王导的手要共登皇座，由此开启东晋百年门阀与皇权共治国家的格局，时称“王与马，共天下”。高门士族轮流掌权，皇帝成为他们的傀儡。

孝武帝司马曜立志要改变君权旁落的局面，任用同母弟弟琅琊王司马道子参政，收回高门士族把持的朝廷大权。上天再次眷顾司马曜，淝水之战后，桓冲、谢安、谢玄、桓石虔等重臣先后死去，盛极一时的桓、谢两家后继乏人，陆续交出荆州、江淮地区的军政大权。司马道子总揽军权，东晋朝的大权真正回到司马皇族手中。一改东晋建国以来，琅琊王氏、颍川庾氏、谯国桓氏、陈郡谢氏等高门士族轮流把持朝廷的局面，皇权得到加强。

由于孝武帝大力伸张皇权，门阀士族对孝武帝充满敌意，于是“晋祚尽昌明”的谶语不胫而走。孝武帝依靠皇族及外戚的力量巩固皇权，高门士族同样借助皇族和外戚的力量进行反击，东晋王朝的内乱不可避免地发生了。而内乱的焦点竟然集中在一个尼姑身上。

贰 比丘尼支妙音

尼姑怎么可能影响国家大事？因为皇帝信佛。

人都有弱点，司马曜暴露出两大弱点：溺于酒色，崇尚佛学。酒和女人，很少有男人不喜欢，本不是什么大毛病，如果加上“溺”字便不同了，那酒和女人就会成为穿肠毒药和刮骨钢刀。

社会环境影响人物性格。东晋盛行清谈玄理的风气，司马曜在崇尚玄学的氛围中长大，有独特的哲学思维。简文帝下葬时，司马曜一滴眼泪不掉，左右侍从劝道：“按常礼，您该哭啊！”十一岁的司马曜回答得耐人寻味：“悲伤自然会哭，需要规定吗？”虚伪的东西不值得提倡，司马曜有魏晋士人的率真。

严冬，司马曜白天只穿几件单衣，不着夹衣，夜里却要盖上好几床被子。谢安劝谏说：“保养身体应循常规，陛下白天过冷，夜里太热，恐怕不是养生的办法。”司马曜简练回答道：“昼动夜静。”谢安退出后，叹道：“圣上精理不减先帝。”司马曜喜欢哲学，对传入中土的佛学产生浓厚兴趣。

司马曜喜欢佛学与石虎、苻坚不同，后者纯粹为了愚民、治国。司马曜喜欢的是佛学义理，因此与许多佛学大师交上朋友，譬如支妙音。

《比丘尼传》中载：“妙音，未详何许人也，幼而志道居处京华，博学内外善为文章。”比丘尼俗称尼姑。支妙音自小落发，频繁出入宫廷和司马道子的王府，谈论玄理，赋诗作文，才智、名声越来越大。

司马道子在京城为支妙音建造简静寺，支妙音以此为基地，大聚尼僧，佛教和世俗有才艺的人纷纷投入此寺，徒众多至百余人。上至帝王将相，下至富贾豪商慷慨解囊，支妙音成为富倾都邑、贵贱都来巴结的名人。简静寺外车水马龙热闹非常。

支妙音宠于帝相，“权倾朝野，威行内外”，怕不仅仅凭借“雅有才致”，艳动京华殊未可知。

皇权和相权容易产生矛盾，所以明代的朱元璋把丞相彻底废除。支妙音游走于帝相之间，难免蹚入这湾浑水。

孝武朝皇权得到加强，随之产生绝对权力的腐化堕落。东晋王朝失去了前几代俭朴、谨慎的作风。时势造英雄，时势同样也能产生奸邪之徒，混乱的朝局中，一个小人王国宝走到前台，上演了一段历史闹剧。

王国宝出自东晋一等一的高门“鱸王”世家太原王氏，是谢安的女婿。他从小没品德，属花花公子之流，不知道谢安怎么能看上这样的女婿。当然，高门士族之间的联姻不是以个人意志为转移的，悲剧的不只有谢安女儿，侄女谢道韫嫁给王凝之最后也是一个恶果。

谢安发现王国宝特别不成器时，有意抑制，不提拔，不给其有实权的官。王国宝不满意，“自以中兴膏腴之族，唯作吏部，不为余曹郎，甚怨望，固辞不拜”。王国宝的意思是说，“我，老革命的儿子，做官就进组织部，别的部委我不去”。

王国宝得不到谢安赏识，便去投靠琅琊王司马道子，在排挤、诋毁谢安的一系列事件中劳苦功高。王国宝的堂妹是琅琊王妃，司马道子对其青睐有加，视为心腹。

司马道子总揽朝廷大权后，势倾内外，权力达到极点，无论远近的官员都投靠到琅琊王府。孝武帝很快察觉到司马道子权力的膨胀，心里虽然不高兴，表面上对这位一母胞弟还是特别尊崇，指望他为稳定朝局分忧解难。

孝武帝的容忍使司马道子集团得寸进尺，王国宝怂恿司马道子扩张相权，背地里鼓动朝中大臣联名上表请求擢升司马道子为丞相，假黄钺，加殊礼。自汉武帝开始，基本不设丞相，董卓、曹操之流做丞相，都是大权独揽。黄钺是皇帝诛杀时专用的铜斧。殊礼指特别尊崇的礼节。这些无疑会分掉一部分皇帝的权力。

奏章呈上，孝武帝勃然大怒，要严惩策划此事的官员。王国宝拍马屁拍过了头，连舅舅中书侍郎范宁都讨厌他，看不惯他那副阿谀谄媚的模样，劝孝武帝将王国宝革职。

王国宝见形势不妙，立刻让袁悦之去求比丘尼支妙音，让她在太子司马德宗的母亲陈淑媛面前为自己说好话。

袁悦之是有名的辩士、纵横家，有口才，长于游说之术。平生身无一物，只带一本《战国策》，对人说：“少年时读《论语》《老子》，又看《庄子》《周易》，都讲些无关痛痒的小事，没用！天下好书只有《战国策》。”

袁悦之巧舌如簧，受到影响的支妙音写信给陈淑媛说：“国宝忠谨，宜见亲信。”孝武帝得知后，大发雷霆，后妃干政不说，任免朝廷官员是何等样的大事，走门子走到尼姑庵、走到后宫，传出去像什么样子，百姓会怎样评价？这件事不能声张，借口别的事杀了袁悦之。孝武帝诛杀袁悦之是在警告司马道子集团不要扩大相权。

孝武帝很为难，不用自己唯一的亲弟弟，中央权力交给别人更不放心。用吧，弟弟得寸进尺。想来想去，孝武帝想从地方权力入手，遴选几位当时有名望的人充任地方官，暗地节制司马道子。

谈到地方权力，我们不能不谈都督制。都督制起源于三国的曹魏，两晋南北朝一并延续下来，大体相当于现在的军区制。由于东晋战争不断，军队权力日益强大，军区司令员“都督诸州军事”兼任地方官职，总揽地方军政财务大权。

东晋的都督区主要有以扬州、荆州、豫州、徐州、江州、广州、会稽六郡、益州、襄阳为中心的九处都督区。其中实力最强大的是荆州，因为荆州的财富和人口远远强于其他地区。荆州是桓氏家族的势力，谁能够做荆州都督呢？

叁 阿大王恭

也该桓家衰落。公元389年，都督荆益宁三州诸军事、荆州刺史桓石虔死了，桓家后继乏人。主管吏部的司马道子任命王府长史王忱接任，管辖荆州、益州和宁州。

王忱字远达，小字阿大，王国宝的弟弟，但和王国宝有云泥之别。“后起之秀”的典故便是指他。

王忱小时候，常到舅舅范宁府上玩，有一次在范府遇到东吴名士张玄。当时王忱还小，张玄已经成名。东晋崇尚清谈，范宁让王忱和张玄交谈。张玄早听说王忱志趣不凡，也很想谈谈。张玄年龄比王忱大，自然希望王忱先打招呼，端端正正坐着等候。不料，王忱也默默坐着，一言不发，张玄失望而去。

事后，范宁责备王忱说："张玄，吴中之秀，你怎么不和他说话？"王忱笑道："张玄如果真心相识，完全可以来找我谈嘛。"范宁赞道："风流隽望，真后来之秀。"王忱接口应道："没有您这样的舅舅，哪来我这样的外甥？"后来，张玄果然去找王忱谈。

我们现在读来，舅舅和外甥互相吹捧挺肉麻，其实另有原因。在东晋，门第等级森严，王忱小小年纪能够在东吴大名士面前保全中原大姓的面子，是以范宁赞赏有加。

门第、名气、才干都具备，王忱出任地方大员，谁也说不出什么，人们唯一担忧的是王忱的性格。王忱自恃才气，性情高傲，放酒诞节。他不是一般的嗜酒，是很厉害的嗜酒。

魏晋以来，不拘礼法，任性放纵成为一种社会风气。怎样才能使任诞狂放、蔑视礼教的行为浑然天成，让统治者、道学家们挑不出毛病来呢？那就是纵酒！酒后乱性，我喝多了，记不得做过什么，说过什么，你们怎么怪我啊！像竹林七贤的阮籍醉后睡在邻家美妇身侧，还有脱衣裸形于屋中的刘伶，"日夕酣歌为事"的孝武帝与司马道子，"痛饮酒"的王恭，"三日仆射"周伯仁等的"方外之人"实在太多。

王忱也是醉鬼一个。他说过：" 三日不饮酒，觉形神不复相亲。"什么意思呢？说我三天不喝酒，就觉得身体和精神不再亲近，肉体找不到灵魂。酒喝大了，要么连月不醒，要么赤身裸体到处走。

有一个典故，太过搞笑，如果放到今天的网络上，点击率准上亿。作为一个朝廷大员，军区司令员兼三个省的省委书记，王忱在岳父家办丧事的时候，竟然喝醉了。岳父全家正悲伤恸哭，王忱领一大帮子宾客，披散头发，赤裸身体，互相搭着膀子，围绕棺材转三圈，扬长而去，算是吊丧了。

荆州控制在司马道子手里，孝武帝想到江淮地区。王忱任职荆州第二年，孝武帝任命王恭都督青兖幽并冀五州诸军事、青兖二州刺史，镇守京口（今镇江，管辖江苏一带）。

王恭字孝伯，小字阿宁，孝武帝皇后王法慧的兄长，当朝国舅，亦出自高门士族太原王氏。王恭之王氏非鱸王世家，是另外一支太原王氏，两族是远亲。王家世代与皇帝联姻，出过两任皇后。

王恭“少有美誉，清操过人”，是东晋时代的名士，读书不多，曾有过一句名言，以画龙点睛之妙解释了何谓名士风流：“名士不必奇才，但使常得无事，痛饮酒，熟读《离骚》，便可称名士。”王恭讲得坦率，名士不需要什么才华，只要不工作、会读诗、常喝酒，当然必须经常喝醉。

王恭天生美男子，有人称赞他容貌时说：“濯濯如春月柳。”东晋名臣、与刘裕一道起兵反对桓玄的孟昶，没有发达的时候，在京口家中透过篱笆间隙曾经窥见王恭在漫天轻舞的雪花中乘高舆、披鹤氅裘的风姿，叹息道：“此真神仙中人！”

孝武帝既打压士族，又要依靠士族，王恭因其外戚身份得以青云直上。初入仕途时被聘为著作郎，王恭自负才地高华，对人说：“仕宦不为宰相，才志何足以骋！”东晋南朝人喜欢吹牛，这是一种风气。高门士族的人经常吹牛，怕人们看不起他们。

小官、工作累的官，世家大族不屑做。王恭推说有病，朝廷只得改任吏部郎，就是王国宝想干的工作。后来做到丹阳尹。丹阳尹的官职很重要，丹阳郡辖京都建康，大体相当于现在的北京市委书记。王恭忠于孝武帝，处在与司马道子对立的阵营，这从他与王忱的交往中可以一目了然。

王恭与王忱自小交好，是一对光屁股玩大的朋友。有一次，王恭从会稽老家回到建康后，王忱去探望，看到他坐在一张六尺长的竹席上。会稽盛产竹席，王忱以为他从东边过来，一定有多余的席子，便要了一张。王恭二话没说，等王忱走后，派人把那张竹席送过去，自己坐在草垫上。后来，王忱听说这事，非常惊讶。王恭回答说：“我平生无长物。”我没有多余的东西。可见两人的交情。

王恭去会稽扫墓，王忱特地赶来拜墓，王恭又去回看他，两人秉烛夜谈，难分难舍。父亲王蕴对他说：“恐怕阿大不是你的朋友。”王蕴的预见成为现实，孝武帝与司马道子君相之争，演化为两大高门士族太原王氏之间的斗争。

袁悦之事件发生后，王恭力主杀死袁悦之，与司马道子集团交恶，也与王忱朋友反目。

《世说新语》中记载的一则故事反映出二人已水火不容。两人曾经一起在左仆射何澄家做客，王恭当时是丹阳尹，王忱受任荆州还没赴职。喝着喝着起了矛盾，王忱劝酒，王恭不肯喝，王忱就强逼他喝，局面失控，两人都火了，各自绕起裙带就要动手。

王恭府里有近千人，全叫到何澄府，王忱的家想必离得远，跟班虽少，也都叫到跟前，双方就要大打出手。何澄赶紧站到两人中间苦劝，好歹散了。《世说新语》的作者刘义庆评了一句话："所谓势利之交，古人羞之。"

其实，两人不是真心反目成仇，实在各为其主。关系破裂之后，王恭还时常想起王忱，一日清晨看到晨光中闪动的露水打湿初吐嫩芽的新桐时，触景生情道："王大（王忱）故自濯濯。"濯濯形容光泽闪耀的样子。

担当江淮重任的王恭能够抑制司马道子集团的势力吗？孝武帝在任用王恭的问题上曾经征求过智囊王雅的意见："我准备重用王恭和殷仲堪，你看怎么样？"王雅明确回答道："王恭风神简贵，志气方严；仲堪谨慎检点，文章道义著称于世。然二人皆严峻狭隘，自以为是，而且缺乏干才谋略。若委以方面之任，天下太平无事可以忠于职守，一旦有事，一定会成为祸乱的根源！"

王雅的话不幸言中，孝武帝死后，王恭有心杀贼无力回天，成为东晋末年军事战乱的罪魁祸首，那么殷仲堪呢？

肆 独眼殷仲堪

殷仲堪一只眼瞎了，他之所以还能够出任荆州刺史，是因为正值壮年的王忱去世了，醉酒而死。朝野上下为荆州都督一职展开角逐。司马道子推出中书令王国宝，尚书左仆射王珣参与进来。

王珣是王导的孙子，年轻时与谢玄一道成为桓温幕僚。桓温曾经预测谢玄四十岁出将，王珣成为国家重臣不须等到白头，"谢玄年四十，必拥旄杖节。王珣当作黑头公。"王珣和弟弟王珉同为谢家女婿，谢安执政，抑制王、桓两家势力，两族猜嫌致隙。谢安先后让谢家女儿与两兄弟离婚，二族由此成仇。王珣拒绝朝廷给予的官职，直到谢氏失势，才重入朝廷，官拜左仆射（相当于副总理），分管吏部。

副总理不如地方大员有威权。荆州都督是东晋王朝最重要的角色。西镇人选之争进行得异常激烈，王珣自恃高门望族、资质才干足以胜任，非常渴望得到荆州的任职。当事情已经决定，诏令没有发出之时，王珣偷偷询问黄门侍郎殷仲堪："荆州为什么还没有安排人选？"

他为什么要问殷仲堪呢？因为此人是黄门侍郎，属门下省，门下省掌管宫廷机要。黄门侍郎官职不高，相当于皇帝的秘书，但能够接触到朝廷机密。

殷仲堪告诉王珣："已经有了人选。"王珣试探着列举大臣们的名字，一个个问遍了，殷仲堪都说不是。王珣很高兴，估量肯定是自己，压住心头的喜悦，又问："不是我吧？"殷仲堪又摇头："好像也不是。"

当夜，中诏出，任命殷仲堪都督荆益宁三州军事、振威将军、荆州刺史，镇江陵。王珣万万不曾料到殷仲堪能够获得荆州的委任，失望地对亲信说："哪里有黄门侍郎能担负起这样的重任！对殷仲堪的提拔是国家灭亡的预兆。"不仅他，同样大失所望的还有王国宝。

王忱死后，由于司马道子力挺，朝野上下不少人认为王国宝应该出任荆州刺史。王国宝的主簿有一天夜里封好一份报告送上来，上面写道："荆州事已定！"王国宝非常高兴，当夜打开侧门叫主簿进来谈论当前形势，虽然没有言及出任荆州刺史的事，可是神情安适舒畅。

到天亮，派人去验证打探，完全没有这回事。王国宝立即把主簿叫来数落一通："你怎么能耽误人家的事情呢！"其实王国宝误会主簿所写的内容，人家说荆州事已定，并没说一定是你呀，你高兴得哪门子劲。王国宝责备他误事也有原因，你早说清楚，我是不是该托关系就托关系，该想办法就想办法，等到任命一公布，一点儿回旋余地也没有了。

荆州都督的任命为什么这么重要？殷仲堪又是何许人也呢？荆州是君相之争中孝武帝的第二颗棋子。荆州和扬州地区是东晋朝廷的两处重镇，王恭执掌江淮军权后，孝武帝迫切希望借王忱的死再由自己人掌控荆州军权。王恭虽是外戚却也属于高门士族，孝武帝不想再任命高门士族出镇荆州，是以王珣无望，选中出自下等士族的殷仲堪。

殷仲堪的祖父殷融，曾任吏部尚书，父亲殷师，担任过骠骑谘议参军和晋陵太守。应该说论门第，只能算下等士族。殷仲堪从小擅长文章，长大后颇能清谈，曾经说过："三日不读《道德经》，便觉得舌间发涩。"由于谈理精微，赢得众多士族的赞誉，跻身名流之列。谢玄特意请他做府中长史，尊重有加。

殷仲堪是个大孝子，父亲常年有病卧床不起。他衣不解带地伺候，潜心研究医术为父治病，流泪给父亲煎药时熏瞎了一只眼。父亲死后，守孝期间过度哀伤形容憔悴。推崇孝道的孝武帝将他召入宫廷，拜为太子中庶子（太子侍从官）。

殷师得过心悸的病，听到床下蚂蚁走动的声音，就说是牛打架。有人把这件事当作笑话讲给孝武帝听，孝武帝不知道那人是殷仲堪的父亲，问殷仲堪："那一个姓殷的得的病是这样吗？"殷仲堪泪流满面，站起来引用《诗经》中的话回答说："臣进退维谷。"（我不知如何回答才好）弄得孝武帝很惭愧。从这里我们可以看出，孝武帝与殷仲堪亲近密切，无话不谈。

孝武帝任命殷仲堪都督荆州显而易见是冲司马道子去的，用的是中诏，中诏即皇帝的诏令。官员升迁、调动、罢黜一般由吏部任命，孝武帝害怕把持尚书台的司马道子委任他人，造成官员认可的既成事实，抢先一步，连夜出中诏任命殷仲堪，足见形势的紧迫。

孝武帝控制住江淮和荆州的军事力量，完成地方权力更替后，准备对司马道子下手。司马道子没有意识到形势的危险，仍旧我行我素、专权奢纵、不可一世，宠爱优伶出身的赵牙、钱唐捕贼吏茹千秋，用赵牙为魏郡太守，茹千秋为骠骑谘议参军。两人出身低贱，靠贿赂、谄媚起家，引起了文武官员们的不满。

赵牙为司马道子建造府第，堆积假山，挖掘水池，人工和资金耗费十分巨大。孝武帝曾经到过司马道子的府邸，略有不满地说："府内有山，当然很好，但修饰得太过分了。"司马道子无言以对。孝武帝走了之后，司马道子对赵牙说："如果皇上知道这山居然用人力堆积而成，你将死无葬身之地！"赵牙满不在乎地回答："有您在，我赵牙怎么能够死呢？"茹千秋更是卖官鬻爵，招权纳贿，搜刮的钱财加在一起竟至上亿。

借着大臣上疏弹劾，孝武帝准备下旨废黜司马道子，风向急转直下，连王国宝也见风使舵，投靠到皇帝那边。司马道子被王国宝背信弃义的行为激怒，在宫廷中看到王国宝时大加斥责，把宝剑扔到地上，以示绝交。

眼见司马道子失权，那位昆仑奴太后赶忙出来劝解。中书侍郎徐邈的一番话改变了孝武帝的态度，他说："汉文帝刘恒是一位英明的君主，曾经后悔处死淮南王刘长的事。世祖司马炎聪明豁达，也不能不对齐王司马攸深负愧疚。兄弟之间的关系，实在应该更加慎重。会稽王司马道子虽然有嗜酒好色的坏毛病，但也应当加以宽容担待，使大家的议论逐渐消失。外为国家之计，内慰太后之心。"徐邈说了这么多，关键只有一句话，"外为国家之计"，意思说，还得留着他为您防着那些个权臣啊！孝武帝采纳劝告，恢复了对司马道子的信任。

危机消除，东晋王朝进入难得的一段和平时期。孝武帝牢牢把持住了国家权力。未来没有人可以预测，谁也不曾料到，东晋历史上最有作为的皇帝竟死于半老徐娘之手。

伍 长夜飞千觞

孝武帝成功解除高门士族和相权给帝室带来的威胁，东晋政局表面上趋于平静。人的弱点与生俱来，纵是生性坚强的人在逆境中可以奋发图强，也会被庸淡堕落的生活腐蚀，更别说软弱的人们像落叶一样无法主宰自己的命运。贪婪、欲望、自私、忌妒、疯狂、恐惧…… 又有谁能够抗拒得了？何况是至高无上、无所不能为的皇帝呢？孝武帝的身上深深烙着魏晋时代的印迹，日夜饮酒，终日迷迷，"肆一醉于崇朝，飞千觞于长夜"，过着醉生梦死的生活。

北方慕容鲜卑的甲兵侵入大草原，参合陂之战爆发，一颗诡异的长星（彗星的一种）拖着长长的尾巴，燃烧的烈焰划破寂静夜空，将兵戈之气带到江南。古人认为自须女星滑到哭星的扫帚星主兵灾，预示帝王之死。灾星突现，正在华林园饮酒的孝武帝心里非常厌恶，举起手中的酒杯向星云劝酒道："长星！劝你一杯酒，从古至今，什么时候有过万岁天子呀！"

孝武帝从中感悟出人生真谛，人终有一死，谁也免不了，无论你是至高无上的天子还是低贱卑微的乞丐，人生百年，应及时享乐。孝武帝豁达，比起渴望长生不老、广求不死之术的秦皇、汉武等妄想成仙的皇帝强得多。但是，作为拥有万千子民的帝王只知道娱乐身心、做一个享乐主义者是错误的，辜负江山社稷，更辜负臣民百姓。

妖星示警阻止不了愈加放纵的孝武帝，他越来越嗜酒，几乎天天沉醉流连于内殿，头脑清醒的时间很少，外人很少见到他。

北方战争发生转折，当北魏铁骑隆隆踏进中原时，孝武帝正搂着宠妃张贵人饮酒调情、欣赏歌舞。身心颓废的他根本无暇、无欲望从北方战乱中分一杯羹，他的眼里只有酒和年近三十、美貌无比、宠冠后宫的张贵人。孝武帝蒙眬着一双醉眼看着张贵人的脸庞，故意调笑道："如果按照年龄来说，你也应该废黜了，又有哪个男人不喜欢更年轻的女人呢！"

女人的青春流逝得很快，岁月会不经意间悄悄从眉眸滑向指尖。三十岁的女人仍旧拥有美丽，那是一种瞬间就会消失的无奈和惆怅的美丽。对三十岁的女人来说，美丽弥足珍贵，你绝不能触动它，否则恐惧、忌妒会让女人变得疯狂。对容颜消逝的恐惧，对年轻女人的忌妒，对移情别恋的愤怒，使张贵人成为中国历史上最为疯狂的一个女人。她告诉所有花心的男人要对三十岁的女人保持尊重，不要和她们开玩笑，更不要试图离开这个年龄段的女人。

到了晚上，孝武帝依旧喝得酩酊大醉，在清暑殿就寝。一腔怒火的张贵人拿酒赏赐所有的宦官，把他们灌醉打发走。然后，她让贴身服侍的婢女用被子蒙住孝武帝的头，活活把他憋死，又用重金贿赂左右的侍从，声称皇帝"因魇暴崩"（睡梦中惊悸窒息突然死去）。中兴东晋的孝武帝被谋杀时只有三十五岁。

纵使张贵人做得天衣无缝，编的这个理由还是难以经得起推敲，奇怪的是没有一个人对孝武帝暴崩提出异议，孝武帝之死也未成为一大疑案。《晋书》明确记载孝武帝系张贵人所弑杀。那么当时为什么没人过问？竟使杀人凶手逍遥法外，成就魏晋南北朝的一段离奇传说？

那就要问继承皇位的孝武帝太子司马德宗了，可惜他不会告诉你任何答案，因为他是个白痴。和他的祖宗白痴皇帝司马衷不同，司马德宗是一个彻头彻尾的白痴。史书称司马德宗"幼而不慧"，何止是不慧，有嘴不会说话，冷热饥饱不能分辨，喝水、吃饭、睡觉、起床不能自理，这应该是孝武帝酒后同房的罪过。他还有一个同母的兄弟司马德文，据说性情谦恭谨慎，孝武帝死得突然，否则不会在立嗣问题上如此草率。司马德宗六岁被立为皇太子，十五岁登上帝位，以他的白痴程度，追查孝武帝的死因，太难为他了。

司马德宗愚昧白痴，主政的会稽王司马道子呢？史书说他昏庸荒淫，以至于不追究查问。他巴不得孝武帝死去，魏晋人士率直人多，伪君子少，人死了光顾高兴，怎么肯去查？士族豪门更不用说，他们被孝武帝压抑得太厉害，只会暗中竞相欢欣鼓舞。

中书令王国宝深夜叩打禁宫的大门，他可不是进去查案子的，而是替孝武帝撰写遗诏，讨好新主子会稽王司马道子。王恭的弟弟侍中王爽守卫宫门，严词拒绝道："大行晏驾，皇太子未至，敢入者斩！"夜色宫廷中发生的一幕奏响中央与地方决斗的序曲。

司马道子进位太傅，得到梦寐已久的"黄钺"，决定朝廷内外一切事务。王国宝转而谄媚司马道子，参管朝权。王恭大为不满，回到京都参加孝武帝的葬礼时大骂王国宝，罢朝后对弟弟们说："房屋的梁椽虽然是新的，我却有国家将亡的叹息！"

王恭走后，王国宝劝司马道子裁减王恭和殷仲堪的兵权。朝廷内外流言四起，人心动荡不安。王恭、殷仲堪针锋相对，各自训练部队，上表请求北伐。司马道子当然知道他们内心深处的真实想法，以盛夏出兵妨碍农业生产为由，不准北伐。

君相之争演变为中央与地方之争。双方互不退让，内战的阴云笼罩江南，东晋迎来更为动荡的时刻。此时历史的聚光灯照在了一个名士身上，他从幕后走向前台，一手操纵军阀混战，浑水摸鱼，悄然实现着不可告人的野心。他就是桓玄！

第十章
门阀名士

江南水乡，雨雪霏霏。名士们轻裘缓带，潇洒自如，空灵毓秀，放荡不羁。个性解放、崇尚自然，这些现代才有的词汇，东晋名士们已将它们诠释得淋漓尽致。

桓楚皇帝桓玄和他身边的朋友们让我们懂得什么叫作百世门阀、风流名士。桓玄是个大名士，是真名士自风流。虽然他篡夺东晋皇位，仅仅做了一年零六个月皇帝，却带给我们无尽的遐想与惆怅。

壹 儿为五湖长

桓玄，字敬道，小字灵宝，出自谯国桓氏，是东晋望族。据说他出生之时，光照室内，占卜人很惊奇，故取名灵宝。桓玄父亲是桓温，就是那个率直说出“男子不能流芳百世，亦当遗臭万年”的奸雄桓温，也是那个手攀枝条、泫然流泪道出“木犹如此，人何以堪”的情圣桓温。

桓玄出生时体重比平常的新生儿重。桓温异常喜欢这个胖小子，临终没把爵位传给长子，而以桓玄为嗣，袭爵南郡公。桓温一度想做皇帝，只是时机未能成熟，郁郁而终。他没有想到，美梦最终在自己最小的儿子身上实现了。

关于桓玄袭爵南郡公另有一种说法。手握东晋军政大权的桓温临死时，时局相当混乱，怕世子桓熙才弱，不能独当一面，让兄弟桓冲统领兵众。桓熙与弟弟桓济、叔叔桓秘合谋杀害桓冲，被桓冲获得消息，先下手把桓熙兄弟迁徙到长沙，并称桓温留下遗嘱，以小儿子桓玄为继承人。

当时桓玄刚刚五岁。两年后，桓玄守孝期满，桓冲离任扬州刺史和前来送行的文武官员道别，桓冲指着他们，抚摸着桓玄头说：“这些人都是你家的老下属。”桓玄应声恸哭，涕泪覆面，酸感傍人，众人对这个七岁的孩童惊奇不已。桓冲抚养、疼爱桓玄胜过亲生儿女，每每看着自己的座位说：“灵宝成人，我当把此座还给他。”

桓玄个性张扬，敢作敢为，还是小孩时便和堂兄弟们各自养鹅来斗。桓玄的鹅常常斗输，非常恼恨，于是夜间到鹅栏里把堂兄弟们的鹅全抓出来杀掉。天亮以后，家人们大为惊骇，以为妖物作怪，告诉桓冲。桓冲莞尔一笑：“哪来的怪物，定是桓玄开玩笑罢了！”追问起来，果然如此。

桓玄长大之后，生得形貌瑰奇，风神疏朗，博综艺术，善属文章。他仗恃才能和显赫的家族地位，总把自己看作英雄豪杰。桓温在时，大权在握，曾经废立过皇帝，朝廷原本对桓氏家族怀有戒心，更加不肯重用。桓玄直到二十岁，还没有官做。在东晋，出生于高门士族，又袭着公爵，未被朝廷征召是件很奇怪的事。事出有因，不仅桓家，当时东晋所有的高门士族都遭到压制，因为孝武帝在加强皇权。

荆州刺史王忱走马上任，面临的是经营近半个世纪、盘根错节的桓氏家族势力。他认为桓石虔、桓石民一辈的人才多已凋零，谯国桓氏没有领军人物，然而时过不久，他就领略到了桓玄的锐气。

一个醉鬼镇得住自诩英雄豪杰的桓玄吗？一物降一物，王忱到荆州之后，威风肃然，上下安和。

桓玄袭封南郡公，就住江陵。桓家门生故吏遍布荆楚，势力很大。桓玄去见王忱，不等通报的人回来，就径自坐着车子闯进都督府。刚下车，一抬头，只见王忱站在厅堂门口，拿着鞭子敲打挂在门上的盾牌，“啪啪啪啪”。桓玄一看，这是待客之道吗？大怒，走了！你爱走就走，王忱不留。

又一次，王忱见客，大摆仪卫，将士们盔明甲亮，精神抖擞。桓玄一见这架势，说我要打猎，借几百人用用。桓玄好猎出名，每次田狩，车骑甚盛，五六十里中，旌旗遮天蔽地。不过，这次他可不是想打猎，而是试试王忱的胆量。王忱说好办，点去！要多少兵自个儿点！桓玄自此对王忱又是忌惮又是佩服。

桓玄受王忱裁抑，在荆州兴不起风浪来，便想换换地方。二十三岁那年，朝廷征诏下来，拜太子洗马。

太子洗马什么官啊？不是蓝领，是白领。洗马的典故出自《国语》：“勾践为夫差先马，先或作‘洗’也”，后世延续下来皆称洗马。“洗马”即在马前驰驱之意，就是说我是你的前驱。太子洗马就是太子的前驱，太子的侍从官。《汉书·百官公卿表》中说，太子太傅、少傅的属官有洗马之官。由此可见，太子洗马官不大。桓玄是公爵，公侯伯子男列第一的，做太子少傅都有资格，却给一个太子少傅做属官，足见东晋朝廷对桓家的压制。

奇怪的是桓玄同意了。在东晋时代，隐士非常受人尊敬，成为提高名声的一种手段，比如谢安直到四十岁才出仕。桓玄急着出来为什么呀？一是在荆州待着没劲；二是想到别处转转，增长一下见识。桓玄有野心，不甘心庸庸碌碌地过衣来伸手、饭来张口小公爵的神仙日子，他要像父亲桓温一样叱咤风云，直让天地为之变色。

临行之前，船泊荻渚（江中生满荻草的一小块陆地），王忱亲自去为他送行。《世说新语》载：“王忱服散后已小醉，往看桓玄。”这里必须解释一下何为“服散”，对于了解两晋南北朝风俗有益。

散即五石散，它是用石钟乳、紫石英、白石英、石硫黄、赤石脂五味石药合成的一种中药散剂。此方子最早见于东汉张仲景的《伤寒杂病论》，用于治疗伤寒，即古人所讲的风邪入侵。

到了晋朝，正始名士何晏因身体虚弱，常服五石散。由于药性猛烈，何晏改进前人的方子，一服之下，竟神明清朗，体力转强，于是就大力推广。京师争相效仿，成为一种时尚。

流行得这么快，不光是治伤寒。神明清朗即有毒品的功效，体力转强那是春药，就是伟哥。魏晋时期思想的解放，为社会带来性解放，士族们放纵官能，纵情欢愉，包括女性对性欲的追求也主动大胆，服石之风由此大为盛行。有晋一朝，名士多服用此散。

不过药石大多有毒，服用此药以后必须以吃冷食来散热，因此又名寒食散。要寒衣、寒饮、寒食、寒卧，却要饮温酒，凭酒劲以发汗，来散发药性，避免中毒，服散后还要快步走，即所谓行散。

桓玄船中设酒款待，王忱不能饮冷酒，一次次催促说："取温酒来！"桓玄突然流涕哽咽，哭了。王忱一看，你怎么回事，心中不悦，站起身来要走。桓玄以手巾掩泪，说道：" 犯我家讳，和你有什么关系！"

晋人的习俗，当着晚辈的面，称呼人家尊长的名讳是极不礼貌的行为，"温酒"犯了桓温的名讳，是以桓玄要哭，不过并未因此生气。王忱叹息道："灵宝的确旷达。"

来到京都，桓玄去拜见琅琊王，正赶上司马道子喝得酩酊大醉，座上有许多宾客。司马道子半睁一双醉眼稀里糊涂地问身旁的宾客："桓温晚年想做贼，怎么说？"桓玄闻听，大吃一惊，伏在地上，汗流浃背，不敢起来。

谢重当时是琅琊王府的长史，闻言举起笏板答道："以前宣武公（指桓温）废黜昏君，辅佐圣明登基。他的功劳超过伊尹和霍光，至于大家的议论，请您公平裁决。"司马道子喃喃道："我知，我知。"随即举起酒杯说："桓洗马，我敬你一杯酒。"桓玄谢罪退出，心不自安，对司马道子恨得咬牙切齿。

这里涉及东晋朝廷对大司马桓温的评价。桓温定蜀伐秦，克复旧都，废主立威，杀人逞欲，不臣之心朝野尽知。为什么司马皇室加强皇权之后没有治桓氏家族的罪呢？这仍然是东晋门阀士族与皇族共天下的结果。

首先桓温篡位没有形成事实，反迹未公开，与王敦不同；其次桓温废海西公立简文帝，司马曜这一支皇族才得以登上帝位。如果质疑桓温，司马曜的正统地位也将受到否定。

东晋高门士族集团希望由他们秉政，反对桓温等于反对士族权臣当政，所以谢重才有上述言语。谢重是谢安的侄孙，他的言行代表谢家。东晋另一大望族琅琊王氏在这个问题上也明确支持桓温，王珣曾赞扬桓温"废昏立明，有忠贞之节"。孝武帝不得不把翻桓温案的人发往外任。

司马道子只是借酒发泄一下对桓温欺凌帝室的不满，经谢重一提醒，马上转变态度，因为这一问题朝廷已经做出定论。虽然如此，伸张王权的帝室与桓氏家族之间仍旧充满矛盾和相互的戒心。

太子洗马未做多久，桓玄出任义兴太守。义兴郡辖今江苏宜兴、溧阳一带，东临浩渺浑圆的太湖，境内湖泊众多，群湖相映，如同蓝色的仙境。美丽的景色难以抚慰桓玄那颗渴望建立功业的雄心，他在义兴的心情只能用五个字来形容："郁郁不得志。"

桓玄登上山岭遥望云水茫茫、金波闪烁的震泽（太湖古称），发出一声感叹："父为九州伯，儿为五湖长！"父亲是九州的盟主，儿子却只是五湖的一个小头领。桓玄难捺心中的愤愤不平，挂冠弃印而走，回荆州了，向着自己人生目标坚定地前进。

贰 目送飞鸿难

桓玄挂冠而去。临行，桓玄给朝廷呈上一道奏章，愤懑之情溢于言辞："我父亲辅佐皇家、平定祸乱的功劳，朝廷遗忘了，我并不再作计较。但是，先帝登上宝座，陛下接着得以继承大统，这些事，请陛下问一问那些议论我桓家的人，是靠谁得来的呀？"

上天给了桓玄一个机会。当他回到荆州的时候，发现他最为忌惮、正值壮年的王忱去世，朝野上下正在为荆州刺史一职展开角逐。司马道子推出中书令王国宝，尚书左仆射王珣也参与进来。哪一个人任职荆州对桓玄有利呢？在桓玄眼里，这两个人都不是合适人选。谁最合适？殷仲堪。

殷仲堪处于下等士族，得不到朝廷官员们的认可。王珣的话代表高门士族的态度，殷仲堪有什么资格！王忱在荆州时压制桓玄，桓玄自然不希望再出一个强力的人物。殷仲堪人微才弱、根基不厚正是桓玄所希望的。殷仲堪升任荆州刺史，桓玄出力不少。

《比丘尼传》中记载，桓玄派人去求妙音为殷仲堪图谋荆州之职。当孝武帝就此事征求妙音意见时，妙音答道："外内谈者，并云无过殷仲堪，以其意虑深远，荆楚所须。"说朝野内外公认殷仲堪显然是假话，意虑深远也是夸张之词，妙音如此回答必然受人指使或收受贿赂。当然这只是表面现象，桓玄动用桓氏家族的力量在朝廷中暗暗支持起到了重要作用。

桓玄的心机没有白费，殷仲堪上任后，由于资望犹浅，只得使用小恩小惠收拢人心，对大政方针没有魄力，当政也过于依靠桓氏家族的力量。桓玄崛起，荆州之人畏惧桓玄过于殷仲堪。

眼见中央与地方关系紧张，江南局势一天天变坏，桓玄的心情却一天好似一天，他与殷仲堪交上了朋友。

殷仲堪的确是个好官，生性朴素，为官清廉，上任时正赶上水涝歉收，他每餐只摆五个碗盘，再没有别的佳肴，饭粒掉在餐桌上，总要捡起来吃掉。他常常对子弟们说："不要因为我出任一州长官，就认为我会把平素的意愿操守丢弃。如今，我处在这个位置上很不容易。清贫是读书人的本分，怎么能够登上高枝就抛弃根本呢！你们要记住这个道理。"

桓玄去拜访，殷仲堪正在侍妾的房里睡午觉，手下人谢绝通报。桓玄后来谈起这事，殷仲堪连忙解释："我从来不睡午觉，如果有这样的事，岂不是把重贤之心变成重色了吗？"

桓玄和殷仲堪两人同有一个好朋友，就是有"才绝、画绝、痴绝"三绝之称的东晋时代著名的大画家顾恺之。顾恺之字长康，小字虎头，晋陵无锡（今江苏无锡）人，博学多能，工诗善书精丹青，绘画尝从师卫协，擅作佛像、人物、山水、走兽、禽鸟。画人物主张传神，尤善点睛，自谓"四体妍蚩，本无关于妙处，传神写照，正在阿堵之中"，阿堵即这个东西的意思，在这里作眼睛讲。所以他常说画"手挥五弦"易，画"目送飞鸿"难。

顾恺之的绘画在当时享有极高的声誉，谢安曾惊叹他的绘画是"苍生以来未之有也"。他的名气到底有多大，有个故事可以说明。

顾恺之曾为京都瓦棺寺认捐一百万钱，可他手头没有这么多钱，于是，他用一个月的时间在庙里画了一幅维摩诘菩萨，画完之后，就差画眼睛了。点眸子时，他提出要求：第一天来看的人要施舍十万，第二天来看的人施舍五万，第三天的随意。据说开门的一刻，维摩诘像竟"光照一寺"，施者填咽，俄尔得钱百万。

顾恺之的画如春蚕吐丝，秋云浮空，流水行地，自然流畅。顾恺之无真迹传世，流传至今的《女史箴图》《洛神赋图》《列女仁智图》等均为隋唐宋摹本。《女史箴图》现藏英国伦敦不列颠博物馆，大概是八国联军入侵北京时抢去的吧！

顾恺之不仅画技惊人，且文采出众，好谐谑，人多爱狎，曾为桓温参军，甚见亲昵。桓温死后，顾恺之去拜墓，作了一首诗："山崩溟海竭，鱼鸟将何依！”有人问他：“你以前那样受桓公倚重，哭他的样子可以给我们描述吗？”顾恺之回答说：“鼻如广漠长风，眼如悬河决溜。声如震雷破山，泪如倾河注海。”

后来顾恺之做了殷仲堪的参军，想给他画像。殷仲堪有一只眼瞎了，怕画出来丢人，便拒绝道：“我的相貌丑，不麻烦你了。”顾恺之说：“明府只是因为眼睛罢了，可明点瞳子，飞白拂其上，使如轻云之蔽日。”可以看出，顾恺之非常聪明。而他对一些世俗事物的看法却率真、单纯、乐观、充满真性情，所以桓温说他身上“痴黠各半”。

他和桓玄是好朋友，桓玄喜欢戏弄他。一天，桓玄随手摘下一片柳叶递给他说：“这是蝉用来隐藏自己的叶子，如果人取来用，别人就看不到自己。”顾恺之大喜，引叶自蔽，桓玄故意当着他的面小便。顾恺之果然相信他看不到自己，把柳叶当作宝贝珍藏起来。顾恺之封了一幅画寄给桓玄观赏，在盒子前面糊上口并题了字。桓玄知道这幅画是顾恺之特别珍惜的心爱之作，便从盒子后面弄开，把画偷出来，封好后又还给他，说自己正忙，还没来得及看。顾恺之见封题和原先一样，画却没有了，半点儿没有责备桓玄的意思，对人说：“妙画通灵，变化而去，就像人登仙一样。”

一日，桓玄、顾恺之、殷仲堪三个人凑在一起清谈，共做“了语”。了语是用终了、结束的事实来形象说明“了”的境界。通过这则故事，我们可以对魏晋玄学清谈内容、形式等有个大致的了解。顾恺之先说：“火烧平原无遗燎。”桓玄接口道：“白布缠棺竖旒旐。”殷仲堪说：“投鱼深渊放飞鸟。”三人没有分出胜负来，又开始做“危语”。危语是以具体的危险情境对“危”的意义加以形象的说明。这回桓玄先说：“矛头淅米剑头炊。”殷仲堪说：“百岁老翁攀枯枝。”顾恺之更进一步，“井上辘轳卧婴儿。”当时殷仲堪有一个参军在座，接口道：“盲人骑瞎马，夜半临深池。”殷仲堪神色一动，说：“咄咄逼人！”

“火烧平原”是原野之“了”，“白布缠棺”是人生之“了”，“投鱼”“放鸟”意谓一去不可回，也是一种“了”，三人平分秋色。至于“危语”，桓、殷、顾三人列举的事情都非常生动，但参军之语最为绝妙：盲人骑马，是一“危”，骑瞎马，是二“危”，临深池是三“危”，夜半临深池是四“危”。以十字之语，而将“危”的情境描绘得淋漓尽致，加上殷仲堪瞎了一目，故而感到“咄咄逼人”。

殷仲堪的门第不及桓玄，而桓玄千方百计与他套近乎当然另有所图。他看中殷仲堪的荆州兵权，唯恐天下不乱。针对朝廷对藩镇的敌视，桓玄劝殷仲堪说：“王国宝与诸镇向来都是死对头，只怕消灭你们的时间来得不快。王恭乃当今国舅，王国宝未必敢加害他，但你是先帝提拔起来的，超越常规独领一方。人们都认为你虽然头脑清楚，有才干，却不是封疆大吏的人才。他们如果征召你回朝做中书令，任命别人为荆州刺史，将如何应付？”殷仲堪颇有同感：“我已经忧虑很久了，计将安出？”

桓玄马上献上对策：“王恭为人正直，疾恶如仇，我们暗中联合起来，效仿战国赵鞅兴晋阳之甲除君侧之恶，东西齐举，我桓玄虽不肖，愿率荆、楚豪杰，荷戈先驱，此齐桓公、晋文公之勋业啊！”

殷仲堪被说动了。人一旦动了私心就不能顾全大局，全方位看问题。殷仲堪为了保住自己的地方权力，联络王恭，共同起兵对抗朝廷。

叁 断头朱雀航

王恭是个爆竹，一点就着。王恭上表朝廷，历数王国宝之罪，以清君侧为名，任命刘牢之为主将，率东晋最精锐的北府兵自京口进逼建康。京都震动，内外戒严，王国宝惶惧不安，不知如何是好。

王国宝成了兵变的目标，他知道自己是替人背黑锅。这口黑锅背得不值，因为幕后人成了缩头乌龟。

缩头乌龟自然是相王司马道子，他非但不派兵，反而整天像没事一样吃酒。司马道子表面糊涂，心里不傻，如果他出头平叛，叛兵的目标就会对准他，这不是没事找事吗？

朝廷军队不动，王国宝只得打发手下几百号人去防卫。几百人对抗几万精兵，纯属鸡蛋碰石头。这帮家兵家将借口夜间风雨太大，各自散去回家了。

东晋权力本来共享，不只是皇家的，应该教训一下大权独揽的相王。王恭此次军事行动获得高门士族支持，琅琊王氏的掌门人王珣就是这样想的。

王国宝只有一条路，杀死王珣，除掉内奸，挟持天子和相王调兵讨伐二藩，鱼死网破，背水一战。王国宝不敢，他怕死。怕死只有妥协，他希望王珣作为双方的调停人。

王国宝和王珣在孝武帝时为争宠曾发生过节。

王国宝谄媚得幸之后，与王雅一起被孝武帝亲近。一天夜里，三人在一起喝酒，孝武帝下诏把王珣找来。王珣马上就要到了，已经听到侍臣传话的声音。王国宝自知才能在王珣之下，唯恐其夺宠，对孝武帝说："王珣当今名流，陛下不宜以酒色见面，另外找个时间再见吧！"孝武帝一想，提醒得对，这不是自找没面子吗？就没有见王珣。孝武帝整天喝酒，什么时候清醒过？王珣再也没有机会和孝武帝亲近。

王珣不是傻瓜，宫里也有几个知心的人，很快就知道了怎么回事。现在机会来了，王珣骗王国宝说："王、殷二人与您素无深怨，他们所要争的不过是一些权势利益罢了。"王国宝说："莫非要把我当成曹爽吗？"王珣的言外之意是让他交出权力免祸。熟悉三国的人都知道，曹爽就是因为交出兵权后被司马懿杀死。

王珣见他起了疑心，连忙说："你这是什么话呀！您哪里有曹爽那么重的罪过，王恭又哪里是宣帝司马懿那样的人呢？"王国宝心动，于是上了一道奏章请求解除一切官职，前往宫门等待朝廷定罪。奏章刚送上去，他就后悔了，谎称皇帝已经下诏恢复官职。

王国宝犹豫不决，丧失机会。整日喝得昏天黑地的相王司马道子出人意料地来到王国宝面前，他的身后是参军谯王司马尚之率领的一排排绛衣甲兵。司马道子口齿不清喃喃叹息着："事到如今，只有借你的人头用一下了。"

王国宝害怕，司马道子也害怕。弃车保帅，息事宁人，本是没有本事的主子惯用的伎俩。所有的罪过一人担，王国宝交由廷尉问罪。紧接着，白痴皇帝晋安帝下诏，赐死王国宝。

司马道子派使者前去面见王恭，对自己的过失表示深深歉意。失去起兵理由，王恭只得带兵返归京口。

事情发展得如此顺利，出乎所有人意料。直到北府军回兵，殷仲堪的荆州军还没有出动，得知王国宝死亡的消息后，才顺流东下。朝廷与王恭双方媾和，殷仲堪就势退兵。殷仲堪骑墙观望的态度为日后与王恭互不信任埋下隐患。

这场地方与朝廷的军事对抗，以司马道子的妥协告终。皇族中许多人对司马道子的懦弱深表不满，一个年轻人以实际行动表达了这种不满。他只有十六岁，叫司马元显，是司马道子的世子，聪明能干。他劝父亲不能一直对藩镇退让，要暗中进行钳制。

司马道子没有这份能力，眼见儿子雄心勃勃，便把军权交给他。年轻人有锐气，初生牛犊不畏虎，像慕容垂、拓跋珪，年纪轻轻就已是千军万马的统帅。年轻人若想独掌大权、成就一番事业，就要在历练中成长，经受血与火的考验。司马元显在东晋朝局最为艰难的时刻挺身而出，勇气可嘉，可他并不知道自己行走在荆棘密布的雷区。

司马元显与父亲商议，重用皇族中优秀人才司马尚之和司马休之。司马尚之出主意说：“如今藩镇强盛，宰相权轻，应该在地方要职上安排心腹之人，以便设置屏障和卫护势力。”

以“藩镇制藩镇”是司马尚之的妙计。

于是，司马道子起用王国宝的哥哥王愉为江州刺史。江州辖区很大，不仅仅指现在的江西九江，还包括当时的豫章、鄱阳、庐陵、浔阳等十一郡。为壮大江州对抗荆州和江淮，朝廷又将豫州所辖的四个郡划给王愉管辖。

借着藩镇的胜利，桓玄上表朝廷，希望得到广州的任职。司马道子正欲拆散他与殷仲堪的联盟，便顺水推舟任命桓玄为广州刺史。桓玄接受任命却没有去上任，因为形势又起变化了。

豫州刺史庾楷因为司马道子割除了他所统辖的四个郡交给江州，心生不满，去游说王恭说：“谯王司马尚之兄弟独揽朝廷的大权超过王国宝。他们策划削弱藩镇，回想以前发生过的事，为祸不浅。不如趁谋议未成，先行动手。”

王国宝的哥哥出镇地方，意味着什么，王恭当然明白，必须抢先下手。王恭的信使到达荆州，殷仲堪、桓玄三人结成同盟，共推王恭为盟主，约定日期一起发兵京师剿除奸佞。

战争的阴云笼罩着长江两岸，交通阻塞，水陆关卡林立。殷仲堪用斜纹的绢绸给王恭回了一封书信，藏在箭杆之中，然后装上箭头，涂上油漆，取道豫州，托庾楷转交王恭。

王恭打开信，发现字迹模糊，细看之下，绢绸角上抽丝。他不能确切辨出这是不是殷仲堪的亲笔手书，怀疑此信是庾楷伪造。想到去年讨伐王国宝时，殷仲堪曾经违反期约，按兵不发，认为这次一定会和去年一样，因此便自作主张，不再和殷仲堪联系，大聚兵马向建康进发。

殷仲堪听闻王恭举兵，马上集结军队，兵分三队，以杨佺期兄弟率舟师五千为前锋，桓玄为第二队，自己率兵两万接应，三路兵马相继顺流东下。

面对三藩强兵，司马元显向司马道子请命出战："前次不讨王恭，故有今日之难。今天如果还像上一次那样满足他们的要求，您的杀身之祸可要到了。"司马道子巴不得有人主持局面，全权委任司马元显，自己依旧花天酒地。

志气果锐的司马元显意气风发，自谓天下安危尽在己手。他确实聪颖机警，出手不凡，上任伊始，便使出一条反间计，将王恭的人头挂上朱雀桥。

左右这场战争最关键的人物不是司马元显，不是王恭，不是殷仲堪，也不是桓玄，而是刘牢之。刘牢之是东晋著名的将领，生得紫赤色的脸膛，大眼睛，络腮胡，沉毅多计谋。作为谢玄的参军，统领北府兵，淝水之战中夜袭洛涧，斩前秦虎将梁成，立下大功，一直把守东晋的北大门。

王恭为对抗朝廷，不惜将防御北境的军队抽调回来，任命刘牢之为将，发兵逼死王国宝。这一次，他仍然依靠刘牢之的北府军。王恭依靠军人，却看不起军人，因为江左重文轻武，名士轻视武将。大名士王恭对刘牢之骨子里看不起，而刘牢之自负才干，对王恭也心生怨望，深怀耻恨。

将帅不和是作战大忌。王恭二次起兵，征求意见时，刘牢之表态反对："将军，国之元舅；会稽王，天子叔父。会稽王当国秉政，曾经为将军杀了最宠爱的王国宝、王绪，表明他很畏惧将军。会稽王最近所做的人事任命，虽然不能说是公允，也不是什么大过失。把庾楷所辖的四个郡割让给王愉统领，对于将军有什么损害？清君侧，也不能随随便便一次又一次不断发动吧？"

刘牢之说得非常刻薄，言下之意，你是什么东西？朝廷的人事任命是你该过问的吗？地方军队攻打朝廷哪能一而再，再而三呢？部下对上司说这话，应该引起警惕，王恭却没有回过味来。刘牢之有底气，因为司马元显的使者、北府旧将高素策反他来了，带来司马元显的重诺：“只要造王恭的反，他的官职你来干！”

这个承诺只有年轻无畏的司马元显敢发，在门阀士族秉政的东晋，下等士族、庶族不可能成为方面大员，更别说刘牢之祖祖辈辈不过是一将。谢安曾说过：“刘牢之，不可独任。”绝不能让庶族专兵。司马元显看到的是眼前利益，只要干掉王恭，什么都成，至于以后如何发展，管不了那么多。

谁也抗拒不了这么重的诱惑，何况王、刘二人本就不睦，刘牢之当下答应。王恭似乎感受到气氛异常，为拉拢住刘牢之，当众置酒，拜刘牢之为兄，许下诺言：“事成之后，我的职位你来做。”然而为时已晚，刘牢之已铁心投靠朝廷。

当时形势对三藩有利，荆州水师突至溢口（今九江），官军毫无准备，匆匆逃走。荆州军攻入江州，与司马尚之的官军在白石激战，桓玄大破官军，进至横江（今安徽和县），京都震动。

千钧一发之际，进兵到竹里的刘牢之突然宣布归顺朝廷，回兵攻打王恭。王恭战败，单骑逃走，由水路逃往长塘湖，准备投奔桓玄，可惜为人告发，被擒获，送京师建康，斩于倪塘。

王恭临刑，仍旧一派名士风度，手理须鬓，神色自若，对监刑官说：“我暗于信人，所以到了今天这种地步，我的本心岂不忠于社稷！但愿百世之下知有王恭。”

王恭之败并非如他所言败于轻信刘牢之，而是败于轻率性格。他被第一次胜利冲昏头脑，试想，桓温多大的英雄豪杰，北伐屡立战功，声威卓著，拥有一支忠诚大军，尚不敢向朝廷发难。王恭凭什么？军队听你的？还是老百姓听你的？不过，王恭的确是魏晋风流名士的杰出代表，“慷慨赴死易，从容就义难”，死算得了什么呀！他死后，头颅被挂在朱雀桥上示众，司马道子仔细端详着他的头说：“你何故要急着杀我呢？”

肆 二州二府一国

王恭被杀，官军在刘牢之率领下马不停蹄进军新亭。荆州军畏惧北府军声威，回师蔡洲（长江中的沙洲）。

司马道子做工作瓦解荆州军，下诏任命桓玄为江州刺史、杨佺期为雍州刺史、桓修为荆州刺史，贬黜殷仲堪为广州刺史。诏书一下，荆州军内部果然大乱，桓玄、杨佺期喜出望外，殷仲堪勃然大怒。三人互相怀疑，各怀鬼胎，仓皇退兵。

荆州兵退到浔阳，三人回过味来，互相交换子弟为人质，重新确立结盟形式。王恭死了，众人共推桓玄为盟主。朝廷见反间计不成，只得重新委任殷仲堪。不过，三人同盟矛盾重重，破裂仅仅是时间问题。

桓玄占据江州，凭借名声和家族地位登上盟主宝座之后，愈自骄矜倨傲，不把殷仲堪放在眼里，杨佺期更不用说，寒士一个。其实人家杨佺期世代高门，他是东汉太尉杨震之后。从杨震开始到杨准，“七世有名德”。

杨佺期沉勇果劲，兄弟三人强犷粗暴，以武功出名，杨家兄弟自以为门户高贵，江表莫比，有人把杨家比作琅琊王氏，杨佺期都恨得要命。可惜杨家过江太晚，又在北方胡族朝廷中做过官。再者，杨家婚姻不是高门士族之间联姻，所谓“婚宦失类”，江南名士品评起来，杨家不上数。

杨佺期欲立大功，振兴杨家，北伐中屡败敌军，荣立大功。纵是如此，桓玄照旧看不起他。杨佺期劝殷仲堪杀死桓玄，说桓玄终为后患。殷仲堪一心维系三方联盟，怕有一方出闪失，自己控制不住荆州局势，不许杨佺期动手。

公元 399 年，荆州大水，平地三丈，殷仲堪把府库中的储备粮食全部拿出来赈济饥民，江陵财力空虚。桓玄终于撕下假面具，尽起江州军队西上，夺取荆州屯粮之地巴陵（今湖南岳阳），打败殷仲堪的援兵，兵锋指向江陵。

殷仲堪连忙派人去襄阳求救兵，杨佺期说 ：“江陵无粮，怎么抵抗敌人？可率军北来，共守襄阳。”殷仲堪指望保全军队和地盘，不肯弃荆州，骗杨佺期说：“最近我们征集到一些粮食，储备很足。”杨佺期相信了，率步骑八千来救江陵。

杨佺期的雍州兵是百里挑一的精锐勇士，武器装备一流，精神抖擞，精甲耀日。到了江陵城却吃不上肉菜，只能喝些米粥。杨佺期大怒道：“这回完了！”立刻向桓玄发起进攻，等吃不上饭，仗就不能打了。桓玄避其锐气，先行退却。第二日，桓玄利用杨佺期急于求战之心，用伏兵打败雍州兵，攻入江陵。杨佺期和殷仲堪先后出逃，均被追兵杀死。

殷仲堪的死讯传到江陵，桓玄与众人正在讲解《论语》，讲到下面一句：“富与贵，是人之所欲也，不以其道得之，不处也。”桓玄闻报，心情、脸色都很不好。桓玄用欺诈和背叛的手段谋占荆州，不够正大光明，为君子所不齿，连他自己都感到脸面无光。但是，心中的一丝不快马上被巨大的成就感一扫而光。东晋朝廷下诏承认桓玄的军事胜利，以桓玄都督荆、司、雍、秦、梁、益、宁七州诸军事，后将军，荆、江二州刺史。

桓玄兼并西夏，独霸荆州，领荆、江二州，二府，一国。正巧赶上一年中的第一场雪，五处官府都来祝贺，五封贺信一同送到。桓玄神采飞扬，在官厅上于信后起草作答，下笔如有神助，粲然成章，文采斑斓，互不混杂。

由桓玄阴谋发动的高门士族与皇权、地方官府与朝廷的战争，以桓玄与司马元显共治收场。统治阶级内部的争权夺利，削弱了自身力量，被高门士族压抑的庶族地主乘机发动了一轮规模浩大的夺权运动，孙恩、卢循、刘裕接踵而起。江东烽烟遍地，孙恩大起义揭开了这场残酷无比的战争的序幕。

螳螂捕蝉，黄雀在后，而不知树下尚有一张弹弓。

在镇压起义军的过程中，一位震古烁今的名将应运而生。他曾只身挥舞一柄长刀驱赶数千敌人。作为大汉民族的英雄，接连砍下慕容鲜卑和羌王的首级，踩着无数的头颅登上刘宋王朝的皇帝宝座，开创了一百六十九年南朝基业。桓玄机关算尽、孙恩浴血奋战换来的一切全都为他做了嫁衣裳。

第十一章 皇帝杀手

刘裕，一个令胡族闻风丧胆的名字。在东晋十六国乱世纷争的时代，刘裕用武力征服四个王国，残忍地砍下三个皇帝、一个国王的人头，缢死、刺杀东晋两个皇帝，成为名副其实的皇帝杀手，首开诛杀禅位皇帝的先例。

铁血终结者出身贫寒，本是个无赖赌徒。这个默默无闻的平民孤身加入北府军，作为一名小小的北府军司马参与镇压声势浩大的孙恩起义，反复千里，浮海追击，终将义军击溃。后以一名赋闲在家的军官身份振臂一呼，凭借一百多人建义京口，推翻桓楚政权。两次北伐中原，取西川，围广固，定岭南，入关中，诛灭慕容鲜卑和羌族姚氏两大皇族，拯救了已经灭亡的东晋王朝。

壹 寻常巷陌

千古江山，英雄无觅，孙仲谋处。舞榭歌台，风流总被，雨打风吹去。斜阳草树，寻常巷陌，人道寄奴曾住。想当年，金戈铁马，气吞万里如虎。

南宋著名豪放派词人辛弃疾登上悬水峻壁、江山相雄、风景壮美的京口北固山，眺望浩浩荡荡的长江，吟下了这首千古传诵大气苍凉的不朽诗篇，将溢美之词毫不吝惜地赋予以武力北伐中原、取得克复两京辉煌胜利的刘宋开国皇帝宋武帝刘裕，称赞他的英雄业绩足以与千古江山交相辉映。

昔年“金戈铁马，气吞万里如虎”的大英雄出生在京口斜阳草树掩映下的寻常巷陌中。

京口即今江苏镇江，位于晋都建康以东，长江之南，此地连冈三面，一水横陈。群山环抱中的一间不起眼的茅屋便是南朝缔造者刘裕的出生之地。

寄奴是刘裕的小名。刘裕，字德舆，祖上是彭城人，汉楚元王刘交之后。八王之乱时，刘氏过江迁居晋陵郡京口，祖父刘靖曾任东安太守，父亲刘翘，本郡功曹，母亲赵宗安乃平原太守之女。

公元363年（东晋哀帝兴宁元年）三月，赵宗安生下唯一的儿子刘裕。孩子出世本是件开心的喜事，而我们的大英雄、南朝的缔造者却差一点儿死于襁褓之中。

南北朝时期医学不发达，没有剖腹产，女人们享受着初为人母的喜悦同时，却每每面临着死亡的威胁。

刘裕年仅二十一岁的母亲赵宗安因难产撒手人寰，父亲刘翘悲痛万分，迁怒于刘裕，视为不祥，准备把他抛弃。如果真是如此，南朝的历史一定会重写。

没有神龙护体，没有六丁六甲保护，但有一个善良的女人。

同族兄弟刘万的妻子可怜刘裕一出生没了亲娘，将他抱入家中，断了亲生儿子刘怀敬的母乳来喂养，并给刘裕起了个小名，叫寄奴。

南北朝人家起名字喜欢用“奴”字，如同新中国成立之后出生的人起名好用“建国”一样，又因客居寄养，所以叫“寄奴”。只是他的养母怎么也想不到，寄奴这个毫不起眼的名字竟然被千载流传。

两年后，刘翘聘娶洮阳县令的女儿萧文寿为继室，连生两个儿子，刘道怜、刘道规。

萧文寿是庶族小姐，知书达理，说服丈夫，将刘裕接到身边，对这个身世凄凉的孩子怜悯疼惜，宠爱有加。然而天有不测风云，人有旦夕祸福，正当盛年的刘翘却因病去世。萧文寿母弱子幼，家道中落，陷入贫困无依的境地，但她天生傲骨，拒不改嫁，为维持生计，白天务农，夜晚织履。

作为两个弟弟兄长的刘裕，早早挑起一家生活的重担。从小以“耕种”“砍柴”“捕鱼”“贩履”来养家糊口，艰难度日。潦倒困顿的日子，丝毫磨灭不了刘裕天生的豪气。刘裕成年后生得风骨奇特，有大志，好出大言，喜欢吹牛。还爱好樗蒲，也就是赌博，街坊邻居都不喜欢他。

一个说大话的赌徒，怎么会赢得人们的好感呢？

刘家自诩汉室宗亲。但东汉亡国近二百年，又有谁会去管这么一个皇亲国戚？按照九品中正制的划分，到了刘裕这一辈，下等士族都划不上，顶多算破落庶族。

东晋实行九品中正制，是个等级森严的社会。那时做官不经过考试，属于世袭制，“龙生龙，凤生凤，老鼠生来会打洞”。这就是东晋社会的现状。

一个破落庶族只能去官府做低等官差，相当于公务员的科员、办事员什么的，顶多干个副科级。

刘裕不读书，好赌钱，又常赖账，郡县府衙怎么敢用他这种人物，只得去投军。当兵是个苦差事，有头有脸的人都不肯去当兵，因为东晋社会看不起武人。不仅士兵，军官也低人一等。

刘裕家住京口，京口就有一支强兵。淝水之战中大败前秦帝国百万大军的北府兵就是京口兵。

刘裕投军不必当兵，士兵有兵户，他是去做军官，当然，只能做一名下级军官，并且一直做得默默无闻。刘裕虽是庶族，但算京口老乡，有些面子，熬来熬去，也熬到了北府将军孙无终的府司马。按照现在来讲，大体相当于师部参谋的角色，其年已经三十六岁。

古人生命周期比现代人短，要给大人接班，必须成熟早。不管汉族还是少数民族，十六七岁的年纪好些人已经独当一面，三十六岁离退休就不远了。孝武帝以后，东晋对北方各国处于战略防御，大的战争没有。如果不是孙恩大起义，刘裕恐怕就得从北府军中退居二线，然后，被迫转业回乡。

机遇总会有的，时代需要刘裕。震动天下的孙恩大起义爆发了。

贰 五斗米道，长生水仙

信仰是人类必需的，它是人生的目标。可作为信仰的宗教往往被别有用心的人利用，来实现他们的野心。东晋末年，狂热的宗教热情可以横扫一切，一个五斗米道的大天师点燃江南起义的烽烟，他就是孙恩。

孙恩字灵秀，琅琊人，五斗米道的教主、大天师。听着很像武侠小说，可本故事不是虚构，而是实实在在、真实发生的历史。

五斗米道也叫天师道，是道教前身。日后什么武当派、华山派、全真教等道教派别都是孙子辈的。五斗米道开山掌门人叫张道陵，总坛设在四川鹤鸣山，创建于东汉。张道陵对人讲，我是太上老君亲封的天师，想拜在我的门下，必须拿出五斗米。所以他的教派叫五斗米道。

张道陵是道教第一任掌门人，传到第三代，他的孙子掌教，将五斗米道发扬光大，成为江湖第一大门派。他就是三国时代赫赫有名的一方诸侯汉中张鲁。

张鲁不满足于做江湖领袖，依靠教中的高手们打下一片天地，割据汉中，以教治国。张鲁自号天师，用“鬼道”教民。初来学道的人都叫鬼卒，不设香主、坛主，叫祭酒、大祭酒。祭酒以老子《道德经》教民诵习，以符水禁咒为人治病，并设“净室”，有病的人叩头思过。鬼吏主管为病人请祷鬼神，教民诚信不欺诈。又置“义舍”，内置米肉供给行路者。犯法者先赦免三次，然后行刑。有小过者罚修路百步以抵其罪。

五斗米道经张鲁的改造，发展壮大起来。三十年间，当地各族民众“皆信向之”，汉中几乎成为一个政教合一的国家。曹操破汉中，张鲁投降，汉中政权覆灭，但巴蜀地区的五斗米道未被消灭，随张鲁及其部曲的北迁，五斗米道传播到中国北方。

历经曹魏和西晋，至东晋时，五斗米道取得很大的发展。江东的五斗米道除了信奉以前的教义之外，还相信役使鬼神，神兵相助，相信天官、地官、水官，尤其信仰水仙。教徒坚信长生不死之术，自号“长生人”。人们认为，只要信奉天师道即可成仙，投水者称水仙，被杀死的称“尸解”“蝉蜕”。总之，一句话——死不了。

不仅平民百姓信仰五斗米道，皇室和豪门士族中也有信徒，出现许多著名的天师道世家，如琅琊王氏、孙氏，陈郡谢氏、殷氏，高平郗氏，会稽孔氏，义兴周氏，丹阳许氏、葛氏、陶氏，东海鲍氏等。

在以上众多的士族信徒中，钱塘人杜子恭为重要首领。他被人们敬若神明，门下有很多弟子，许多著名者皆出身江南世家大族。

《晋书》记载一则故事，表明了杜子恭神异之处。有一次，他向人借瓜刀，想切西瓜吃。刀主是船中的旅客，急着赶路，问什么时候还？他说一会儿就还给你。开船不等人，能等你吃完西瓜？船行至嘉兴，一条大鱼跃入船中，船主破开鱼腹得到借出去的那把瓜刀。此事在我们现代人看来，绝无可能，纵是魔术也无法完美表演，但《晋书》中类似的神奇事件还有许多。杜子恭已是半个神仙，他有个徒弟叫孙泰，孙泰的侄子就是孙恩。

孙恩大有来历，他出自孙秀之族，五斗米道世家。孙秀是八王之乱中赵王司马伦的谋主，曾经利用五斗米道的势力协助赵王登上帝位，事败，被齐王司马冏杀死。

中原战乱，孙氏家族过江移居三吴，他们并非司马越一系，也非第一批过江的中原人氏，在江东不为士人所重，求官自然无路。孙恩的叔叔孙泰利用自身家族的优势拜杜子恭为师，大力宣传五斗米道。

创立和宣传宗教的目的不外乎有三：度人、参政、敛财。以解除世人苦难为目的，无疑是高尚的，会得到极大的发展。如果教义有哲理深度便会经久不衰，比如基督教、佛教、道教。如果仅仅为了敛财，那么就极端可耻，因为你利用了人的脆弱，欺骗人的良心，譬如世界各国的各种邪教。

当然另有一种除外，它与国家紧密结合，一出世就是国家扩张、掠夺财富的工具。孙泰所做的就是要使五斗米道成为干预国家政治的宗教并以此进入国家权力中心。

孙泰真有两下子。老百姓为了祈福，倾家荡产，送儿送女，在所不惜。五斗米道在他的传播下取得飞速发展，成为社会一支举足轻重的力量，引起高门士族的猜忌。王珣进言司马道子，将孙泰流放到广州。当时的广州不是现在繁荣富庶的广州，而是一片荒蛮之地。金子不管在哪里都发光，孙泰在广州仍旧辛勤传道，五个字："南越亦归之。"

孝武帝加强皇权需要人手，认为孙泰是个人才，将其从广州召回，封为辅国将军。王恭叛乱，孙泰坚定地站在朝廷一边，纠集数千人马，攻打王恭。他的行动获得司马元显的好感，两人经常凑在一起研究长生不老之术。以此为契机，孙泰更加肆无忌惮地发展五斗米道的势力，江东几乎成了孙泰的天下。

五斗米道孙泰一系的蓬勃发展引起高门士族极大恐慌，孙泰和司马元显关系铁，在讨伐王恭战争中支持朝廷有功，谁都不肯出来放第一炮。有一个家族受不了，跳了出来，陈郡谢氏。谢氏家族是在三吴地区发展，确切地说是在会稽（今浙江绍兴一带），它的庄园、财源都在那儿。说是门阀显贵，没有财富支持，用不了几代就会衰败。

谢氏家族的代表人物谢玄在淝水之战后卸掉兵权，拼命在会稽封山占水，广造田园，以求永世之资。谢玄之孙、著名诗人谢灵运的《山居赋》曾勾画出谢氏庄园的庞大："北山二园，南山三苑……田连冈而盈畴，岭枕水而通阡，阡陌纵横，塍埒交经。"

孙泰势力在会稽的发展吓坏谢氏家族，会稽内史谢輶上表称孙泰谋反。谢輶是谢安重用的人。在谢氏家族和孙泰之间，朝廷很快做出选择，司马元显当即诱杀孙泰。

孙恩逃往舟山群岛。为什么跑到岛上，神仙不都住在海上吗？孙泰死了，道徒们没有人认为孙泰死了，都以为他蝉蜕登仙，继续给予其侄孙恩支持，运粮送水。孙恩在海岛中纠集一百多名亡命徒众，时刻准备复仇。

如果东晋朝局平安无事，孙恩很难掀起风浪。然而上天给了孙恩一个机会，这个机会就是东晋各个阶层矛盾的总爆发。年轻鲁莽的司马元显一脚踩上一颗足以让大晋王朝从此灰飞烟灭的地雷。

鉴于王敦、桓温、王恭的教训，面对桓玄、殷仲堪、杨佺期占据荆、江、雍、秦、梁、益、宁诸州地区，专擅赋税，不事朝廷的局面，司马元显希望彻底改变自东晋以来高门士族掌握军队而朝廷无兵可用的局面，着手组建一支完全由自己控制的新军。

组建军队，需要人，需要钱。新军的人员和装备从哪里出呢？以上七州不可能，江淮地区需要战备，况且已有北府军，也无可能，只能是三吴地区。

东晋自建国以来，面对北方威胁，屡次出兵北伐，常由荆州担纲。桓温死后，谢安当政，北伐重任落在江淮地区。支持江淮战场的物资供应全部来自三吴。谢安动用三吴财富打赢淝水战争，谢玄又用三吴财富从事北伐，司马元显想用三吴财富对抗王恭和殷仲堪。

三吴地区成为东晋政权赋税徭役的重负区。在朝廷和门阀士族的双重贪婪索取下，居住在三吴地区的国家编户农民生活悲惨，徭役赋税有增无减，一年“殆无三日休停”。因此五斗米道在三吴地区飞速发展也在情理之中。

魏晋以来实行世兵制，兵、民分籍，凡入兵籍的士兵及其家属为兵户。兵户世代为兵。兵户男子年满十六岁，国家可随时征调为兵。士兵行军作战居无常处，衣食不周，生死难卜，人们视为畏途。兵户还要承担国家各种徭役，士兵逃亡，又罪及家属，兵户处境十分艰难。总之一句话，好汉不当兵。

南北方常年战争，兵户越打越少。东晋是庄园经济，豪强地主拥有大批附属农民，国家控制的编户农民很少。再说，自由民根本不愿意当兵，这就是东晋正规军组织不力的原因。

司马元显发现一批人适合当兵，什么人呢？“免奴为客者。”本来是豪强们的奴隶，后被放免为客。客比奴隶强，奴隶卖艺又卖身，客只卖艺不卖身。强归强，不经朝廷或主人允许，客也没有离开主人的自由。

司马元显以朝廷的名义下诏，赦免这部分客离开主人，有个附加条件，必须当兵。强制征发浙东诸郡“免奴为客”中的壮丁到京都建康当兵，号曰“乐属”。王莽改制的时候不是把奴婢称为“私属”吗？司马元显把这部分客叫作“乐属”，就像现在某些捐款一样，自愿的意思吧。

此诏一下，“东土嚣然，人不堪命，天下苦之矣”。夸张了吧？一点儿不夸张，民怨沸腾！浙东的高门士族、庶族地主一齐反对。第一，为什么浙东地区搞，其他地区不搞呢？地方歧视嘛，是不是因为我们好欺负？第二，客原本是地主们的私产，壮丁整劳力，你朝廷一纸诏书说弄走就弄走了？第三，“免奴为客”的农民不愿意，本已经从奴隶上升到半自耕农，却被征发为地位更为低下的士兵，自然不情愿，还美其名曰“乐属”，搞得好像很乐意似的。

浙东地区民心骚动。孙恩一看，机会来了。公元 399 年十月，孙恩从舟山群岛率百余人登上大陆。这让人想起从厄尔巴岛回到法国的拿破仑，孙恩一路势如破竹，人们纷纷响应，几乎兵不血刃就攻破上虞城，进占会稽郡。

会稽内史王凝之是书圣王羲之的儿子，琅琊王氏世奉天师道。

孙天师遇到王天师！

叁 天壤之中，乃有王郎

王凝之得知孙恩起义的消息后，采取不抵抗政策，不出兵，不设防。

官员们请求派兵出城讨伐孙恩，发现王长官待在道堂磕头念咒，口中念念有词："我已请来得道大仙，借来鬼兵把守各个险要关卡，每个地方都有鬼兵数万，贼不足忧。"

五斗米道役使鬼神、神兵相助的法门想必王凝之练得很熟。可他忽略了一点绝不该忽略的事情，孙氏是五斗米道世家，孙恩也是天师，你的鬼兵胆敢阻挡孙天师吗？

等到孙恩的兵马突破鬼兵把守的各个关隘，王凝之才发兵抵抗，为时已晚。孙恩大军攻克山阴城，王凝之和几个儿子均被杀死。可惜王羲之一代名士，唐诗宋词晋字汉文章，是"泼墨汉家子"的代表人物，《兰亭集序》被唐太宗品评为天下第一行书，怎么就有这么一个儿子呢？

王凝之的妻子，那位曾经作出"未若柳絮因风起"诗句的才女谢道韫品藻丈夫的时候说："没想到天地之间，竟有王郎这种人！"

谢道韫初嫁王家，非常轻视王凝之，回到谢家后，闷闷不乐。叔叔谢安开导她说："王郎，逸少之子，相貌、人品也不坏，你为什么竟不满意到这种地步？"谢道韫说："一门叔父，则有阿大、中郎；群从兄弟，则有封、胡、遏、末，不意天壤之中，乃有王郎！"谢道韫列举的这些位人物都是谢家的优秀人才，意思说我就没见过王凝之这号人。

看起来，人不能太专注，你过于专注某一项事物，尤其是科学啦、哲学啦、宗教啦，这不，老婆都不待见。最好你能陪着她风花雪月，尤其做她喜好的事，但好像这样的老公也不多吧？

之所以要提谢道韫，不是因为她大薄夫婿的举动，而是她做了一件巾帼女子才能做出来的事。当她听说孙恩杀死自己的丈夫和儿子们，一点儿没有惊慌，从容不迫，命令婢女们抬着肩舆，握佩刀出门，手杀数人，寡不敌众，被活捉。乱军要杀她的小外孙刘涛，谢道韫正容道：“事在王门，何关他族！如果要杀，先把我杀了吧！”孙恩为之改容，没有杀刘涛。

孙恩这个人，史评“毒虐”，残忍酷虐。农民起义军的首领，像陈胜、刘邦、张角、朱元璋、李自成、洪秀全等，没有不残暴的——不是狠角色谁敢造反呀？孙恩也是一样，把义军称为“长生人”，都死不了。百姓中如果有不跟随他的，连婴孩一起杀掉。为顺应义军报仇雪恨的要求，甚至把一些县令的尸体剁成肉酱，召集他们妻子儿女吃下去，如果拒绝吃，便也被肢解分尸。

起义军抢掠财物，烧毁房屋和官府的仓库，砍伐树木填堵水井。向会稽进军时，军中因有妇婴，行动不便。孙恩下令将婴儿投水溺淹，然后祷告道：“贺你先登仙堂，我随后就来。”

誓言不好乱发，没过多久，孙恩果然也成“水仙”了。孙恩不是社会最底层的农民，他出身士族，文章写得好，后世还有本《孙恩集》。起义失败后，孙恩逃入海岛时曾带走王羲之、王献之父子许多帖子，说明他喜好书法。他不会害自己尊敬的人，谢道韫才名满天下，他自然不会加害，小孩也没杀。但是，孙恩对于王、谢等高门士族的男人们心肠就不会那么好了。

孙恩起义得到三吴地区庶族地主的大力支持，受到当地客佃和奴隶的热烈拥护，浙东农民纷纷响应，遍举义旗。会稽谢鍼、吴郡陆瑰、吴兴丘尪、义兴许允之、临海周胄、永嘉张永及东阳、新安等八郡同时起兵，杀长吏响应孙恩，短短十五天，起义军达到数十万人。义军诛杀三吴地区的豪强官员，谢家子弟首当其冲。

面对起义军的强大攻势，各地官军望风奔溃，于是，浙东八郡皆归孙恩所有。孙恩没有建立政权，他所代表的是浙东庶族地主的利益，不可能与东晋朝廷彻底决裂。一时的胜利让他飘飘然，认为大功告成，自称征东将军，上表晋安帝，将起兵的罪责全部推到司马道子、司马元显身上，历数其父子之罪，请诛二人以谢天下，得意扬扬地说：“天下无复事矣，当与诸君朝服而至建康。”

起义爆发后，京都畿内诸县盗贼蜂起，响应起义军的大有人在。可孙恩缺乏长远的战略目标，未能及时扩大战果，乘胜直取建康，给东晋王朝留下喘息之机。仅仅过了一个月，在司马元显的指挥下，谢安之子谢琰和刘牢之各率一支大军分别从建康和京口南下，先后攻克义兴、吴兴和吴郡。刘牢之的北府军迅速向钱塘江一线推进。

孙恩起初寄希望于钱塘江天险，企图仿效越王勾践，保有会稽，割据江东，对属下大言说道：“我割浙江，不失作勾践也。”所料不及的是北府军很快渡过钱塘江，向会稽猛扑过来。孙恩不肯和精锐的北府军决战，马上决定放弃浙东，率二十万义军及家属东撤海岛，临行，效仿赤壁战败的曹操说了一句狠话：“孤不羞走！”我逃跑不丢人，这句话的潜台词是“我还会回来！”曹操仰仗的是北方坚实的后盾，北中国的财力、物力和人力。孙恩仰仗的是什么呢？他会组建一支当时世界上最强大的海军。

起义军有家口，孙恩跑得慢，下令将抢来的大批金银珠宝、美女尽皆丢弃，道路上“粲丽盈目”。北府军一看开心了，竞相争夺，没人再想追击，孙恩因此安全地登船逃回海岛。军队能够名正言顺抢劫财物很不容易，机会难得。北府军原本就是流民部队。刘牢之竟然纵军烧杀抢掠，致使许多郡县连个人影都找不到。

孙恩撤回舟山群岛，悄悄训练出一支强大的海军。东晋王朝担心他再次登陆，任命谢琰为会稽太守，率一支军队戍守浙东沿海地区。谢琰参与过淝水大战，是一员经历过大战的将领。但是，朝廷任用谢琰还是用错了人。孙恩主动退出浙东地区，给谢琰留下假象，以为孙恩不过如此，并未因之加强武备。

将领们都劝他：“强贼近在海浦，伺机而动，应该给他们提供一条悔过自新的道路。”谢琰与孙恩仇深似海，谢家人被杀了不少，庄园被捣毁，怎么肯善罢甘休，在辖区内大肆报复义军，并狂妄地对众人说：“苻坚百万之众，尚送死淮南。孙恩小贼，败死入海，何能复出！如果真的敢出来，是老天爷准备杀他了。”

孙恩说话算话，次年五月，率军从浃口（今浙江镇海东南）一举登陆成功，直指余姚，再次攻破上虞，进至距山阴县以北仅三十五里的邢浦。谢琰派参军刘宣之拒战，义军失利。数日后，义军再攻邢浦，打败上党太守张虔硕，乘胜向山阴进军。

谢琰正在吃饭，得知晋军失利的消息后，大怒，饭也不吃了，发誓说："先收拾他，再吃饭！"

孙恩抓住谢琰骄傲自恃、急于求胜的心理，诱他深入到狭隘的塘路，使官军不得不鱼贯而进，难以发挥步骑优势。义军则可充分发挥擅长水战的特点，在兵舰上发箭猛射，切断官军进退之路，继而加以围歼。晋军大败，谢琰和他的两个儿子均死于阵中。

会稽之战，震动东晋朝廷。司马元显任命刘牢之为都督会稽五郡军事，调动各路兵马围攻起义军。

北府兵出动。刘牢之点将点到刘裕，由孙无终府司马上调都督府司马，参军事，就是说，刘裕上调军区任参谋。

肆 奋长刀逐万人

北府军推进速度很快，从京口出兵，一直打到吴郡（今苏州市）。孙恩的吴郡守兵沿大路下寨，刘牢之派刘裕率几十名兵士侦察义军的虚实。不料，正遇上义军出动，好几千人，换上一般的侦察员，得赶紧溜掉。

刘裕却不，他迎头而上，下令攻击。虽说孙恩军队没有经过训练，是乌合之众，可人家有几千人，对付你们几十个人还不手到擒来？刘裕等人且战且退，一会儿，几十人都被砍死了，刘裕身后是条河，不小心跌到水里。起义军追到河岸，水中的刘裕突然舞动长刀迎面砍杀了数名追兵，一跃而上，大吼着冲向敌军，数千义军惊退。

刘牢之的儿子刘敬宣在军中等刘裕不见回来，便率骑兵去接应，正好看见刘裕一个人手持长刀驱赶砍杀几千敌兵的壮观场面，将士们大为惊叹。三国孙坚，世之虎将，最多一个人吓跑几十个海盗。长坂坡七进七出之赵子龙，那是评书。刘裕之事却被载入正史，刘裕一人独战数千人，正可谓一身都是胆啊！

如果你以此认为刘裕是一名张飞式鲁莽神勇的武将的话，那么可是大错特错。刘裕城府之深、谋虑之远，虽曹操不及，也称得上南北朝第一奸雄。曹操还没有篡位呢，朝野内外沸沸扬扬，曹操只得当众辟谣。刘裕直到坐上宋王宝座，普天之下竟然只有北魏大臣崔浩和夏国谋士王买德洞悉其用心，最亲密的朋友刘穆之临死方知，宠臣傅亮也是在旁敲侧击之下才悟，你能说刘裕只是一名勇士吗？

刘裕一战成名，正式成为一支部队的指挥官，北府军乘势进攻孙恩。

孙恩见北府军攻来，故技重施，再度退入大海。东晋朝廷任命刘牢之督会稽五郡军事，屯兵上虞，袁山松筑沪渎垒（今上海市）防备孙恩。刘牢之派刘裕戍守句章（今浙江宁波市南）构筑第一道防线，浙东又重新被晋军所控制。

孙恩不可能待在海岛里不出来，公元401年二月，起义军三度登陆，出浃口，攻句章。句章城小，容纳战士不过数百人。刘裕披坚执锐，带领守军拼死抵抗，每战摧锋陷阵，身先士卒，把起义军牢牢钉在句章防线之外。刘牢之乘机向孙恩发起攻击，义军再次撤回海岛。

打不过，不打你还不成吗？孙恩久攻句章不下，避开刘裕率水军北上海盐。刘裕得到报告之后，不肯放弃这千载难逢的好机会。他知道，自己一生的功业全在孙恩身上，马上率兵以急行军速度火速赶往海盐，并在当地旧城之上加固城墙。

孙恩海军进至杭州湾，根本不知道刘裕已到，轻率攻城失败，义军大将姚盛被杀。孙恩大怒，仰仗人多势众，日日攻城不休。城中兵少，眼见城破，刘裕想出一条空城计。夜间偃旗息鼓，把精锐部队埋伏起来，次日凌晨打开城门，让几个老弱残兵登上城墙。

义军一看，远远地向他们打听刘裕到哪里去了？老头小孩们说："昨天夜里已经逃跑了。"南北朝时期没有京剧，否则义军肯定知道这是"空城计"。义军上当，争相入城。刘裕突然发动猛攻，大破敌军。

孙恩知道有刘裕在，不可能把这座要塞攻克，于是改向沪渎进军。刘裕马上放弃海盐，弃城追击孙恩。

咬定青山不放松。刘裕锲而不舍，性格够坚韧，一定要在孙恩身上扬名立万。但有一个人坏了他的大事，当地的豪强、海盐令鲍陋的儿子鲍嗣之。

小鲍立功心切，要求率领一千吴兵打先锋。刘裕不同意："贼兵精锐，吴人不习战，若前锋失利，必败我军，你们可以在后面制造声势。"鲍嗣之一听不乐意了，我们就适合在你屁股后头摇旗呐喊，噢，你们京口人善战，我们吴人不会打仗，想当年我们夫差称霸中原的时候，有京口这地方吗，你刘裕怕我立功是不是？不行，非在前面。

刘裕没办法，知道小鲍同志指定不行，提前埋伏下多处旗鼓伏兵，每一处数人。前锋一交上火，刘裕在后面下令各处举旗鸣鼓。

孙恩以为四面八方都有伏兵，慌忙退兵。鲍嗣之一看，孙恩也就这两下子，不怎么样，领兵追击，刘裕只得跟上来。孙恩回军死战，起义军人多势众，鲍嗣之战死，官军惨败，且战且退，死伤殆尽。

眼看全军覆没，一个都跑不了。刘裕急中生智，心生一计，等军队退到刚开始交锋的战场时，下令军士们脱下死人的衣服拿走，以示闲暇。让敌人瞧瞧，我们官军还有工夫满路捡装备呢。

孙恩果然满腹狐疑，是不是有伏兵啊？这么从容，不敢逼近。刘裕突然大喊一声，指挥军队往回杀，起义军恐惧异常，掉头撤退，就这样，刘裕安全带着部队返回。安全是安全了，刘裕所部死伤众多，损失惨重，一时无力再与义军对抗。

刘裕沿海击败孙恩收获不浅，不仅声威大增，而且获得浙东诸郡当地士族和庶族贵族的赞誉与支持。有人会问，不是说孙恩的主力是浙东的庶族贵族吗？那只是一部分，还有一部分庶族贵族支持朝廷。北府军的军饷因为各地战乱，不是很足，各级将领们借着平息孙恩之乱，大肆劫掠当地财富。军队如果不讲军纪，和强盗没什么区别。只有刘裕的军民关系处理得非常好，严禁军队劫掠。军民鱼水情和仗打得好也有关系，你获胜，地方豪强和平民指望你，捐钱捐物就多。

刘裕是个有心机的人，他没有嫡亲势力，没有土地，没有财富，也养不起士兵。朝廷用你，你是一个将军，不用你，你狗屁不是。所以，刘裕设法和地方势力搞好关系。比如，刘裕和会稽庶族地主山阴令孔靖交情不浅。史载"高祖（刘裕）东讨孙恩，屡至会稽，季恭（孔靖的字）曲意礼接，赡给甚厚"。

包括对海盐令鲍陋，明知他的儿子担不起前锋重任，会连累自己吃败仗，还是做出让步，一切都是为了得到地方豪强的支持。后来桓玄称帝，刘裕准备起兵时，好友何无忌曾劝他在会稽起兵，原因就是刘裕在会稽有群众基础。

后话不提。孙恩摆脱刘裕羁绊后，北上攻破沪渎垒，斩杀守将袁山松，歼灭晋军四千余人，取得自山阴之战以来又一重大胜利。乘此余威，孙恩尽起主力大军，率军十余万，楼船千余艘，从沪渎逆江而上，直逼建康。

朝廷震骇，内外戒严。将领们率兵守卫石头城、秦淮河入江口以及长江南岸和白石等要塞，急令刘牢之自山阴火速回兵堵截孙恩。刘牢之所部远在山阴，大军行动迟缓。刘牢之下令刘裕集合左近精锐部队赶往京都。刘裕挑选一千多精兵，从海盐日夜兼程，一路急行军与孙恩的部队几乎同时赶到丹徒。

刘裕兵少，涉远疲劳，原丹徒守军也没有斗志。孙恩大军登岸，鼓噪而前，占领城西的蒜山。面对十万敌军，刘裕不顾长途跋涉，乘孙恩立足未稳发起突袭。孙恩根本没有料到晋军敢于决战，毫无准备。刘裕大破之，义军投崖赴水者不计其数。孙恩狼狈逃回船上，还是惯用的招数，撇开刘裕不顾，继续率船队向京师进军。

打掉你的都城，摧毁你的大本营，看你还有什么招！孙恩擅长水战，途中接连打败东晋水军，向建康挺进。相王司马道子惶惶不安，拿出他在淝水大战中的绝招，不分日夜待在蒋侯庙祷告神灵保佑。

不要笑话相王，人家这是借东风。

是日，东风乍起，风急浪高。东南风带来大雨，江天万里苍茫。

孙恩很后悔小学时没好好学习自然课，怎么不知道这几天有九级东南风呢？原打算乘东晋兵力分散、各地官军未能及时增援京师时，攻其不备，以海军迅速占领建康。不料因逆水逆风而行，高大楼船舰队前进迟缓，从丹徒至白石短短十几里地花费了好几天的时间。

这时，各地勤王的晋军陆续抵达建康。刘牢之的北府兵驻扎在江中的新洲。出奇制胜的战略目标已难实现，孙恩率船队浮海北上攻陷广陵（今江苏扬州市），消灭官军三千人，然后再向北来到郁洲。

海上有仙山，山在缥缈间。郁洲在今江苏连云港东云台山一带，古时是海中大岛屿。孙恩天师本是五斗米道正宗水仙，这下正好回到神仙老家。

纵是大罗神仙，刘寄奴也不会放过。

东晋朝廷渡过一难，发现人才，加封屡战屡胜的刘裕为建武将军、下邳太守，率军赴郁洲讨伐。有了单独指挥作战的实权，刘裕的军事才干充分展示出来，数战数捷。孙恩难以在郁洲立足，再次登船沿海南下。刘裕步骑沿海跟踪南下，在沪渎、海盐地区追上孙恩，大败起义军，俘斩几万人。孙恩无力扭转败局，登船自浃口退守舟山群岛，从此一蹶不振。

东晋朝廷忙于应对孙恩起义，而桓玄却打败殷仲堪和杨佺期，独霸荆州，控制荆、江等八州之地，东晋半壁江山为桓玄所有。

伍 梁王安在哉

桓玄兵势强盛，野心膨胀，截断长江通往京都的漕送，厉兵训卒，操练兵马。当他听说孙恩大军逼近建康，马上集结军队，上表朝廷，请求发兵勤王。司马元显如何敢让他进入京城，那不是放董卓入洛阳，引狼入室吗？下诏严禁桓玄出兵，双方剑拔弩张的局面异常紧张，一场大战不可避免地爆发了。

东晋连年战乱，王恭、殷仲堪、桓玄、孙恩先后起兵，战火燃烧着整个江南大地，人民生活苦不堪言。别说老百姓，当官的也不能幸免，自司徒以下的官员，也实行基本生活保障制度，每天只能领七升粮食。

国事如此艰难，把握朝权的司马元显却沉浸在平定王恭和孙恩的胜利喜悦中。他与父亲司马道子同录尚书事，名义上共掌大权，时人称司马道子为东录，司马元显为西录。

司马元显对高门士族的排斥心态，使府中聚集许多庶族人物，阿谀奸佞的小人们将司马元显吹捧为一时英杰、风流名士。司马元显日益骄侈，不顾百姓死活，不停搜刮民财、聚敛钱物，富有程度竟然超过帝室。

朝廷离心离德，百姓怨声载道。大名士桓玄致信司马道子，摆出一副忧国忧民的模样，痛斥时弊，义愤填膺，将锋芒直接指向当政的司马元显。

信中讥讽司马元显冒领大功，孙恩撤军纯是天气帮忙，属自愿退兵。执政大臣冤杀王恭，重用奸邪，这才导致天下窘迫。桓玄厚着脸皮，毫不谦虚地指出自己深孚众望，声名远播，是国家的心腹栋梁。除了我桓玄没有人能够治理天下。

桓玄的信如同讨伐司马元显的檄文，让司马元显大为紧张，恐惧不已。面对桓玄流露出进入朝廷主政的野心，谋士张法顺劝他先声夺人，出兵讨伐桓玄。

司马元显表示同意，派他去联络刘牢之。刘牢之觉得征讨桓玄有些困难。张法顺从京口回来，急忙对司马元显说："我观刘牢之言谈举止，必有二心，不如召入朝廷杀掉，不然，坏我们大事。"司马元显正指望北府军帮忙，怎么肯杀刘牢之，下令大治水军，征兵装舰。

喜欢迁罪于人成不了大事。司马元显不杀刘牢之，结果被刘牢之出卖，身死家灭，临死的时候埋怨道："张法顺误我啊！"人家张法顺让你杀刘牢之，怎么不听？失败后怨天尤人有什么用！害得人家跟你一块儿被杀，是你误了人家，还说人家误了你，这种老板，哪一个员工肯跟呢？

司马元显自任征讨大都督，以镇北将军刘牢之为前锋，谯王司马尚之为后部，进攻荆州。出兵前，张法顺出馊主意，让司马元显下令刘牢之诛杀建康城中的桓氏兄弟，一来宣示与桓家势不两立，二来考察刘牢之的忠心，把刘牢之死死绑在自己的战车上。司马元显再三不听，反而委任桓氏家族的桓谦为荆州刺史，打算用这种方法收买荆州人心。

朝廷出兵的消息传到荆州，桓玄大吃一惊。原以为朝廷经过孙恩之乱，地方饥馑，漕运不继，自己截断长江通道，江东没有粮食，连军队也只能用麸皮和橡树果实做口粮，万不曾想到能来讨伐，慌乱中下令军队集结江陵城固守。

长史卞范之笑道："明公英威震远近，司马元显乳臭小儿，刘牢之大失民心，若我大军兵临京畿，敌人土崩之势可翘足而待，怎么能让他们进入我们境内呢？"桓玄猛地醒悟过来，没有示弱的必要啊！立刻向朝廷上表，传檄天下，揭露司马元显的罪状，举兵东下。

司马元显见檄大惧，登上战船不敢出发。两军交战首先要在气势上压倒敌人，断断不能示弱。你害怕，敌人可能比你更害怕。谁能稳住谁就能胜。司马元显的成功在于有年轻人的锐气，他的失败也缘于丧失锐气，未战已败。

桓玄出兵，心中忐忑不安，毕竟名不正言不顺，害怕这次大规模军事行动不成功。真正打起会战来，一战定输赢，连翻本的机会都没有，心里老想着回荆州守城去。水师开过浔阳，朝廷军队连个影子也没看到。桓玄得意扬扬，将士们的精气神都有了。

朝廷使者前来讲和，桓玄下令斩首，兵围历阳，与谯王司马尚之的军队展开激战。此时北府军已进至溧洲（今南京西南长江中），刘裕请命出战，刘牢之没有同意。司马尚之战败被俘，历阳失陷。

刘牢之拒绝刘裕出战，心中有自己的小九九。儿子刘敬宣劝他决战，刘牢之竟然勃然大怒："我难道不知道这个道理！消灭桓玄易如反掌。但是，扫平桓玄之后，你让我如何对付骠骑大将军司马元显？"刘牢之对儿子发怒，说明心情极其烦躁，他是东晋王朝为数不多庶族出身的武将成为方面大员的。晋书评价此人"沉毅多计"，心有所本。

东晋崇尚门阀、名士，将军必须是儒将，以至于像桓温这样的英雄人物竟以比不上刘琨为恨事。刘琨有什么才干？军事武功一塌糊涂，有负天下所重。不过志向远大，诗咏曲赋超过常人而已。刘琨是文化高门，有文化的门阀士族。桓温呢？借用谢弈、王述的话讲，一个"大兵"！出自高门的桓温尚且如此，何况刘牢之！

东晋朝野对刘牢之的排斥让他唯知握紧北府军权，不知其他。他在东征孙恩过程中纵兵抢掠，给士庶百姓留下很坏的印象。司马元显任命刘牢之为前锋，委以重任，并不是真心重视他，不过利用而已。刘牢之从京口来到建康求见，竟然吃了闭门羹，司马元显那天刚喝醉酒。

手下的副帅、自己最倚重的一支军队的主将来拜见，怎么能这样对待？大军主帅和将领在大战之前竟然没有交流。直到白痴皇帝出来为司马元显饯行，刘牢之才与他匆匆相遇。刘牢之为司马元显父子出卖王恭，但司马元显的表现令他寒心，唯恐灭掉桓玄后被彻底抛弃。

桓玄看透刘牢之的心理，派人来劝降："自古戴震主之威，挟不赏之功而能自全者，有谁呢？越之文种，秦之白起，汉之韩信，他们的下场如何？您现在无论战胜、战败，终难逃一死，何如幡然改图，可以长保富贵。况且桓玄与您本无宿怨！”

花言巧语最能迷惑人心。不顾刘裕等人的苦劝，刘牢之派儿子向荆州军投降。为安抚刘牢之的心，桓玄设宴款待刘敬宣，陈列名人字画，陪同观看欣赏。荆州佐吏莫不相视而笑，刘敬宣是老实人，竟毫无察觉。

北府军投降，桓玄水师大举东进，攻入石头城，建康最后一道防线告破。军士登上桓玄的坐舰，报告说石头城守将梁王司马珍之逃走。

大局已定，舟舰之上箫鼓并作，乐声悠扬。桓玄负手站立船头，眼望滚滚大江之上的连帆战船，得意非常，高声朗诵阮籍《咏怀》诗中的佳句：“箫管有遗音，梁王安在哉！”

第十二章
赌徒与名士

桓玄篡晋，建立桓楚政权，一改百年门阀与司马皇族共天下的格局。草泽英雄闻风而动，江东豪杰齐聚京口，密谋推翻桓楚，恢复东晋王朝。性格决定命运。一百个人可以推翻一个王朝吗？赌徒刘裕认为可以，中国历史上最大的一场豪赌开始了。

刘裕出身低微，本是京口的无赖赌徒；桓玄世代高门，是东晋门阀士族中的名士。北府兵善战，荆楚人骁勇，一方区区千人，一方拥有江南大众。战争的结果让人惊叹不已。不到三个月的时间，刘裕从京口杀到建康，从建康杀到荆州，歼灭桓楚十万大军，斩桓玄首级，拥晋帝复位，以惊人的速度创造了令人咂舌的奇迹。

壹 桓玄入建康

桓玄大军进入建康，斩司马元显、司马尚之、张法顺等人，将司马道子废黜。白痴皇帝下诏，以桓玄统领文武百官，都督中外诸军事、丞相、录尚书事，假黄钺。桓玄摇身一变，成了曹操。

桓家子弟、亲信出镇地方，桓伟为荆州刺史，桓修为徐、兖二州刺史，桓石生为江州刺史，桓谦为尚书左仆射，卞范之为丹阳尹，东晋的天下已成为桓氏家族的天下。

桓玄主政，东晋重新回到高门士族与皇权共天下的局面，得到高门士族支持。名士羊孚大赞桓玄说：“近来世事纷扰，我内心郁闷。明公启晨光于积晦，澄百流以一源。”

国家太平也使饱受战火蹂躏的百姓感到欣慰，同样支持桓玄，《晋书》称桓玄“黜奸佞，擢隽贤，京师欣然”。

普天同庆的美好局面却将桓玄的野心弄得云雾迷茫、前景不明。桓玄不满足像父亲那样做九州伯，他要完成桓温不敢完成的事业，改朝换代，登上帝王宝座。为实现这一不可告人之目的，掌握北府兵权的刘牢之成为其心头大患。桓玄任命刘牢之为会稽内史，离开北府，削去兵权。

刘牢之知道大祸临头。刘敬宣主张立即出兵袭杀桓玄。刘牢之犹豫不定，私下问刘裕说：“我们去广陵，联合高雅之，举兵匡扶社稷，你能和我一起去吗？”刘裕回答非常坦率，气愤无奈：“将军以劲卒数万，望风降服。桓玄新近得志，威震天下，朝野人情皆已归附，广陵您到得了吗？我刘裕只有脱去军装，回京口老家了。”

刘裕判断非常准确，当刘牢之聚集北府将领们商议讨伐桓玄之策时，根本没有人拥护。参军刘袭说话更加刻薄：“最不能做的事情就是造反，将军往年反王兖州（指王恭），近日反司马郎君（指元显），今复反桓公，一人三反，何以自立！”

将领们一哄而散。刘牢之见人心已散，派儿子去京口接家眷。刘敬宣有事耽搁了，超过约定的时间没回来。刘牢之以为谋反事情暴露，赶紧率部曲过江。路上思来想去，懊恼不已，找了根绳子吊死了事。可怜淝水大战杀得苻坚魂飞胆丧的一代虎将就这样窝窝囊囊地死去。

刘裕是个机深虑远的人，会本本分分去做农民吗？好朋友何无忌问他说：“我该怎么办？”刘裕斩钉截铁回答：“我看刘将军难逃一死，你可随我回京口。桓玄若守臣节，我们仍然为他做事，如其不然，你我共图之。”刘裕一眼看穿桓玄的篡逆之心，也看透桓玄必定任用自己，同时，他很清楚，只要桓玄阴谋暴露，自己就有机会。

刘裕有见识，弃官回老家。桓玄对余留的北府将领痛下杀手，高素、刘袭等北府旧将均被杀害，北府军宣告解散。

桓玄加强东南沿海地区防务，孙恩义军困守海岛，人多地少，导致瘟疫流行，加上得不到给养，病死许多人。孙恩只得率领剩余将士冒险登陆，被晋军击败，起义军死亡殆尽。

孙恩心灰意冷，万念俱灭，蹈海而死，做了水仙。其姬妾和身边上百名义军将士追随孙恩，相继投海。孙恩虽然死了，孙恩大起义没有结束，另一位义军领袖卢循接过旗帜，继续坚持战斗。

双方都换人了，桓玄和卢循以平和心态结束对抗。桓玄安抚义军，任命卢循为永嘉太守。义军需要休整，卢循顺水推舟同意。三吴地区表面上趋于平静。

持续三年的战乱，江东土地荒芜，引发大饥荒，户口减少整整一半，临海、永嘉两地几乎成为无人区。衣着绫罗绸缎、怀抱金玉翡翠的富贵人家，关起门来相互之间眼睁睁看着饿死。

钱是万能的吗？至少现在不是。没有粮食，钱再多也是垃圾。

国家到了这种田地，桓玄却做着皇帝大梦，急不可待地逼迫晋安帝禅让帝位。国家不是皇帝说了算，而是桓玄说了算。桓楚建立，中国皇帝之中多了一个大名士。

名士大多喜欢古玩字画、美竹佳果，桓玄还喜欢奇珍异宝、佳园美宅。做了皇帝，收集财富变得容易许多。桓玄巧取豪夺，变着法地收藏。人们忽然发现，大名士做皇帝甚至不如白痴，因为他喜欢的东西实在太多。

桓玄生性好炫耀才华，不谦恭，好行小惠，不守信用。例如有名官员将诏书中“春蒐”误抄为“春菟”，经办人员全被降级或免职。一件小事，大可不必如此，不过是出于炫耀自己权力和才华的目的。桓玄亲自审讯囚犯时，不管罪行轻重，多予释放。拦御驾喊冤者，通常也可以得到救济。但到了真正需要改革国家弊政时，桓玄又畏难不前，大失民心。

人们深感失望，高门士族也不满意桓氏一家独大，破坏王与马共天下的格局，但他们已经无力反抗。庶族地主和荆州军之外的各支军队中的中下级军官们却看到了出人头地的机会，他们共同把希望寄托到刘裕身上。

刘裕弃官回家务农，没过多久就被桓玄起用，官职照旧。原因很简单，狡兔未死，走狗少不得。

孙恩大天师的接班人卢循不断派兵攻略邻近的富裕地区。刘裕率军打败卢循，取得东阳、永嘉大捷，逼迫卢循实行战略转移，南下番禺（今广州市）新建根据地。

败孙恩，破卢循，胜利对刘裕来说手到擒来。刘裕声威大震，桓玄对其格外看重，也甚是忌惮。他篡位前夕，派兄弟桓谦悄悄试探刘裕态度："楚王勋德隆重，四海归心。朝廷大多数人都认为应该举行禅让大典，拥立楚王做皇帝，你认为怎么样？"

问这话的时候，刘裕已经在图谋桓玄。他率军队打败卢循之后，战友何无忌劝他在山阴起兵。刘裕问计于山阴令孔靖，孔靖说："山阴离京都道远，举事难成，况且桓玄没有篡夺帝位，我看不如等到篡位之后，在京口起兵。"刘裕同意了。

现在一听这话，真是大好机会。人一生机遇难得，上天无论对谁都公平，关键你要能抓住。以刘裕的心机怎么可能让机会白白溜掉，当即表态，怂恿桓玄称帝："楚王，宣武之子，勋德盖世。晋室微弱，民望久移，乘运禅代，有何不可！"桓谦听后大喜过望，拉住刘裕的手说："你说可以，那就是真的可以啦。"

桓玄和刘裕比起来，差在性子上。刘裕志向远大，和桓玄一样，也想做皇帝。刘裕稳，直到自己快死了，才办理称帝事宜。桓玄急，天生急性子，刚当上楚王不过一年便想称帝。桓玄知道，光有门第基础不行，毕竟那是老一辈的威信，自己要有声望。所以刚一执政就上表北伐，请率诸军扫平关、洛。不过他没那个本事，耍个滑头，让朝廷下诏不准，装成一副无可奈何的样子说："诏命难违啊！"

桓玄下令办事情，你必须快办！马上办！立刻办！每次见到别人办事不利落，他就生气说："你要是得到哀家梨，该不会蒸了吃吧？"（哀家梨指汉代秣陵人哀仲所种的梨，果大味美）当皇帝以后，当值传诏的官员为求快，没人在宫门外下马，个个跑马入宫，把马往各"部委"门口一系，禁内哗杂，哪有朝廷的样子。

桓玄性格中另一个大缺点是缺乏自信。每次出征打仗，先制造轻舸（一种轻便的小船），装满服饰珍玩、名人字画等物什。有人不解，问道："你这是干什么呀？"桓玄一本正经回答："兵凶战危，万一有个什么意外，轻便好运！"大家忍不住暗笑，打败仗，生死未卜，惦记什么字画。

贰 英雄起草莽

作为拥护桓玄称帝的奖赏，桓玄亲自接见刘裕。见面后，桓玄对司徒王谧点评说：“昨见刘裕，风骨不俗，盖人杰也。”每次游玩集会，对刘裕优礼有加，赶上曹操对待关羽了，上马金，下马银，赠赐甚厚。桓玄妻子刘氏有智鉴，善相人，对桓玄说：“我观刘裕龙行虎步，视瞻不凡，恐不为人下，应该早点儿把他除掉。”桓玄不同意：“我正想平荡中原，非刘裕莫可付以大事。关陇平定，然后另当别议。”

不能说人家桓玄算盘打得不精，自个儿打仗不行，总得有个名将辅佐吧。北伐不能总是扯口号，一次行，两次行，三次四次，老百姓不上当，瞧不起你。

桓玄对刘裕倍加拉拢，下诏褒奖，大戴高帽：“刘裕以寡制众，屡摧妖锋，泛海穷追，十歼其八。诸将力战，多被重创。自元帅以下至于将士，并宜论赏，以叙勋烈。”连士兵们都跟着沾光，刘裕威名更盛。

刘裕可不是关云长，他是曹操，你桓玄休想拉拢住。刘裕积极密谋，以旧伤复发需要疗养为借口，与何无忌同船回到京口老家，密谋兴复晋室。北府兵已被桓玄解散，刘裕等人四处联络故旧。

魏晋以来，高门士族有世及之荣，弱冠即获入仕，庶姓寒人，无寸进之路。所谓上品无寒门，下品无士族，军功再高，也不能成为方面大员，文采斐然，最多只能做郡府佐吏，想做高官，门都没有。左思《咏史》诗中以“世胄蹑高位，英俊沉下僚，冯公岂不伟，白首不见招”的诗句强烈对比出寒门与士族的矛盾、有才之士横遭压抑的情形。

东晋孝武帝为加强皇权，司马道子父子为对抗士族军阀，陆续起用一些下等士族、庶姓寒人。桓玄建立桓楚，把这些人好不容易看到的一点点希望的火焰彻底熄灭。

刘裕发动“倒桓”的武装政变，是一场下等士族和庶族地主对门阀士族的夺权运动。他振臂一呼，号召恢复东晋王朝的统治，许多对现状不满的寒士、军官不约而同聚集到他的麾下。刘裕发动的军事政变是改变中国历史进程的一件大事，它为江南水乡的南人注入新的生机和活力，为士族集团注入勇武豪迈的精神。

桓温英武多谋，为何北伐屡遭挫折？他无法激起国人的昂扬斗志，浴血奋战、卖力打仗换不来前程，换不来财富，谁还肯冲锋陷阵？王猛满腹经纶，一介平民被桓温任命为高官督护，给的官不可谓不大。可王猛在东晋朝廷中看不到出路，看不到前程，看不到用武之地。

淝水战争的胜利源于北方各民族的矛盾和苻坚的不知兵，得来侥幸。谢安激动地折断木屐，说明不自信。侥幸能有多少回呢？若非刘裕点燃中下层士庶的斗志，取得自东而西千里远征的胜利，南朝凭什么能够抵挡雄才神勇的太武帝拓跋焘和他那几十万铁甲骑兵的南下？凭什么让孝文皇帝进行汉化？汉人这个名词能否延续至今？这些都是问题。

刘裕承认起自草莽，他对被桓玄弃用的寒士青州主簿孟昶说："草泽间当有英雄起，你听说过吗？"孟昶答道："今日英雄有谁，就是你啊！"刘裕起事，最先想到的，除了孟昶，还有刘毅。刘毅字希乐，汉高祖刘邦的同乡，祖上做官，属下等士族。刘毅少有大志，不修产业，官拜青州刺史桓弘的中兵参军，素与刘裕、何无忌相熟，住在京口。刘裕让何无忌去刘毅那试探口风。

何无忌是刘牢之的外甥。物以类聚，人以群分。何无忌与刘裕、刘毅一样，有大志，忠亮任气，遇到不称其心的事，决不伪装，形于言色。曾任司马元显世子东海王司马彦章的国中尉。桓玄杀害司马彦章，何无忌进入法场痛哭。他屡次鼓动刘裕举兵造反，成为刘裕武装政变的骨干力量。

三人家在京口，互相很熟，知根知底。何无忌问刘毅："桓氏现在非常强盛，不好图谋吧？"刘毅不以为然："天下自有强弱，如果失道，强大也会变得弱小，缺的只是明主。"何无忌缓缓反问道："天下草泽之中难道没有英雄吗？"刘毅回答道："我所见的，唯有刘裕。"

心有灵犀一点通。第一拨起事的有二十七人，这二十七个人多是中下级军官。经过周密研究，刘裕决定在京口、广陵、历阳三处重镇同时发难。刘裕、何无忌杀桓修在京口起兵；刘毅去江北，与刘道规和孟昶一同杀桓弘于广陵起兵；豫州左军府参军诸葛长民杀刺史刁逵占据历阳起兵；王元德、辛扈兴和童厚之则在京都建康做内应。

计议妥当，众人分头行动。发动军事政变，所冒风险不言而喻，把自己和全家的性命都押上，没有必死的精神和道义支撑做不来。

孟昶妻子周氏家很富有。孟昶欲尽散家财以供军粮，对周氏说：“桓公看不起我，使我一生潦倒，我决当贼。你和我离婚吧，假若事成，得富贵，相迎不晚。”周氏当下拒绝：“父母在堂，你欲建大事，我一个女人怎么劝得了你。事若不成，我在家中孝敬父母、抚养儿子，绝不回娘家！”

孟昶怅然良久，不说话。周氏聪颖，当下明白了：“看你这样子，不是来和我商量的，不就是想要家中的财物吗？好办！”周氏指着怀中刚出生的女儿说：“此儿可卖，亦当不惜，何况钱财。”把家里所有的财物全部取出来交给孟昶，又到妹妹家去说：“我昨夜做了个梦，不吉利，你把家中绛布都给我，镇一镇它。”周氏要绛布做什么用？晋朝的军服是绛色，她全部秘密缝成军士袍，家人谁都不知道。

何无忌回到家中，连夜藏在屏风后头起草檄文，母亲刘氏悄悄踩着板凳罩着灯烛从屏风上头偷窥。刘氏是刘牢之的姐姐，常思为弟弟报仇。当她发现何无忌要造反，泪流满面，抚摸着何无忌的头说：“我肯定比不上东海吕母（西汉末年人，为给儿子报仇，率数万人反对王莽的新朝），你能报仇，我无恨事。”

人如果有了必死的决心，力量是巨大的，哪怕只有二十七人。

公元404年二月，刘裕以游猎为由，与何无忌集合一百多人。第二天清晨，京口城开，何无忌身穿传诏服，诈称朝廷敕使，率众涌入府衙，袭杀桓修，占领京口城。桓修、司马刁弘率大队人马前来救援，义军只有百余人，众寡相差悬殊。刘裕登上城楼连恐吓带威胁，唱了一出空城计。

做大事的基本素质之一就是静气。刘裕神色从容，对城下的大军喊话：“郭江州已奉皇帝在浔阳重建大晋国，我等受密诏诛除逆党，贼臣桓玄的人头已经枭于大航。诸君难道不是大晋的臣子吗？你们想干什么！”晋安帝退位后，居住浔阳，所以刘裕说江州刺史郭昶之复兴晋国。

刁弘被刘裕唬住，信以为真，收兵退走。与此同时，刘毅与孟昶等人在广陵攻杀桓弘，带领部众从江北赶到。众人共推刘裕为盟主起兵，刘裕猛地想起一个人来，当下问何无忌：“我们现在急需一个主簿，得有个文官料理事务，到哪里去找？”何无忌应声就答：“谁也比不了刘道民啊！”刘裕心领神会地笑了。

叁 槟榔主簿

刘道民是刘穆之的小名。刘穆之是刘宋王朝第一臣，刘裕的“诸葛亮”。沈约的《宋书》将他载入“列传第二”，名列所有大臣的第一位。

刘穆之亦是京口楚子，少好《书》《传》，博览多通，做过琅琊内史江敳府的主簿。曾经对人说，他做过一个梦，梦见和刘裕在大海中泛舟，忽遇大风，眼看大船要倾覆，俯视船下，却见左右有两条白龙夹船而行。不久航行到一座山前，峰峦耸秀，林树繁密，心情舒畅。

当然，他说这话和刘邦斩白蛇的典故一样，谁也不能进入刘穆之的梦中去瞧瞧真实与否。但这足以说明他和刘裕很熟，互相不认识怎么梦见，你说给谁听，谁也不信。他只比刘裕大三岁，同居京口，一块长大，相识相知。

和刘裕相知的人，家庭状况肯定一般，但必定有性格。刘穆之家境贫寒，不过天生有福，娶个妻子特别好，济阳江氏江嗣的女儿。济阳江氏是高门士族，刘穆之妻子江氏出自旁支，要不怎么会嫁给刘穆之这种寒士，纵使是旁支也比刘穆之家高许多。妻子条件好，丈夫难免妻管严。江氏好就好在从不自恃门第，温柔贤惠。

刘穆之有个缺点，喜欢吃喝，嗜酒食，脸皮还特别厚，常到岳父家混吃喝，是个亲戚不喜见的人物，经常蒙受羞辱。刘穆之不以为耻，江氏聪明有识见，不让丈夫去，刘穆之不听。

有一次，江家有聚会，说好不让他去，人家有头有脸的人物吃饭乐和，你一穷亲戚多寒碜。刘穆之偏去，酒足饭饱，还要个槟榔拿家去吃。江氏兄弟讥笑道:“槟榔是消食的，你经常挨饿，要它干什么？”这件事，刘穆之终生不忘。江氏怕丈夫和娘家闹得太僵，常常把头发剪了换钱买酒食，假装说是哥哥送来的。从此江氏不在刘穆之面前梳洗头发。

后来，刘穆之发迹了，让人把江家兄弟叫来吃饭。妻子江氏流着泪为兄弟求情，刘穆之很奇怪:“我们之间没什么怨恨，你忧虑什么？”饭吃饱了，酒喝大了，刘穆之让厨子用金盘子端上一斛槟榔，一斛十斗，三四十斤，吃吧你！

刘穆之心胸豁达，能屈能伸，性格豪迈奢放，好宾客，不喜欢单独进餐，吃饭一定要宽大的饭桌，早餐也要准备十个人左右的饭食。他曾经对刘裕说："穆之家本贫贱，维持生计都很艰难。自从跟了您以来，虽然心中常常想着节俭，但从早到晚所需要的花销，仍然稍微显得过于丰厚。除此之外，没有一点儿地方对不住您。"

刘穆之成为刘宋一代功臣不是因为能吃，而是因为才干卓著。刘裕入主建康之后，事无大小，全由他处理。刘穆之内总朝政，外供军旅，决断如流，事无拥滞。各方宾客官员从四面八方集中到府里，各种请求诉讼千头万绪，内内外外，咨询禀报，一时间材料堆积如山。

刘穆之眼睛看着文件，手写答复信件，耳朵听属下的汇报，嘴里当场答复，同时进行四项工作，互相之间决不混淆错乱，一切应酬自如，处理得当，从早到晚，毫无倦意。偶有闲暇时间，便亲自抄书，参阅古籍，校订错误。人们总说，一心不能二用，刘穆之一心四用，可算奇才。

刘裕京口起兵时，刘穆之正待在家里读书呢。那天早晨刚起床，听到京口城里人声鼎沸，喊声震天，跑到街头去张望，正好与刘裕的信使不期而遇。

信使说："刘将军召您去一同建义！"刘穆之看着使者半天没说话。建义说得过于委婉，说白了是造反。什么结果？砍头！刘穆之是书生，不同于刘裕那帮子天不怕地不怕的混混、赌徒。他是知识分子，考虑问题周全，不到万不得已，是不会轻易走上这么一条道路的。

门阀制度的压制让老实人爆发血性。两晋南北朝时期不同于现代社会，现代可以做生意，我办企业，开公司，做成亿万富翁一样出人头地。那个时代市场经济不发达，除了做官得不到社会认可。

刘穆之有才学，有志向，不甘心啊。豁出去了，下定决心，回到家里，把布裳剪了，改成裤褶。当时士兵穿裤褶，士庶老百姓外面套宽衫大袖，里面穿衣裙。

刘穆之去见刘裕。你别看刘裕是"赌徒加勇士"，乍一看，好像大老粗，他说话向来不明说，包括上一次明明想用刘穆之，偏要问何无忌，当何无忌指出来，他便回答一句："我也认识他。"这次也是一样，人家刘穆之穿军装来了，不必拐弯抹角了吧？他不，问道："我始举大义，方造艰难，急需一个主管军吏，你认为谁可以胜任？”刘穆之毅然道：“贵府初建，军吏必须大才，仓促之际，恐怕没人能超过我吧？”刘裕笑了：“你肯屈尊，我大事必成！”

肆 纵火覆舟山

京口城聚集两千多义军，刘裕率一千七百人向建康进军，同时传檄京师，声讨桓玄。檄文铿锵有力，慷慨激昂，京口、广陵、历阳、石头城、浔阳、益州同时起兵，似乎天下响应，大局已定。

其实浔阳和益州毫不知情，石头城的王元德、辛扈兴、童厚之三人同时被害，历阳的诸葛长民被抓，只有广陵的刘毅来到京口会师。义军孤军奋战，形势岌岌可危，能成功吗？

只要有刘裕一个人在就能成功，别说刘裕手里还有一千多名义士，一个人的时候不照旧驱赶数千敌军吗？有人说，刘裕能够成功，因为他是个赌徒，敢玩大赌。赌徒和赌徒也不同，厉害的要看准时机，押得准。刘邦是一个赌徒，若没有秦末天下皆反的大势，给他一万个胆，敢反吗？刘裕比他更狠，桓楚没乱到秦末那种地步，但根基太浅。

檄文传至建康，桓玄大惊失色，忧惧无计，官员们劝慰道：“刘裕等人兵力甚弱，怎么可能成功呢？陛下何必太过忧虑！”桓玄又急又忧：“你们知道什么呀，刘裕足为一世之雄；刘毅家无斗粮之储，樗蒲一掷百万；何无忌酷似其舅刘牢之。他们三人共举大事，何谓无成！”

桓谦请命与刘裕决战，桓玄说：“不行，既然他们敢造反，形势所迫，都成了亡命之徒，气势正盛。荆州水军不是对手，一旦失利，大势去矣。你率大军屯驻覆舟山以逸待劳，他们空行二百里，锐气丧失的时候乍见大军，必定惊惧骇愕，我按兵不动，不与交锋，他们自然散走，这才是上计。”桓谦坚决不同意，堂堂桓楚大军会被一支乌合之众吓倒吗？出击！桓玄只得加封桓谦为征讨大都督，命吴甫之、皇甫敷两员大将率两万人马向京口杀去。

刘裕的一千多义士与吴甫之的大军在江乘遭遇。吴甫之是桓玄骁将，手下兵马都是楚军精锐。两军阵前，刘裕手执长刀，大呼而冲，所向披靡，力斩吴甫之，楚军大败。刘裕率军追赶到罗落桥，再遇皇甫敷。刘裕和檀凭之各率一部死战，檀凭之战死，其众溃退。刘裕不顾，进战弥厉，奋勇无比，再斩皇甫敷。一千破敌两万，杀得楚军四面逃散。

二将相继战死，桓谦只得采取守势，亲自屯兵覆舟山东北的东陵，卞范之驻军覆舟山以西，合计兵力两万人，据险坚守。

刘裕令部队饱食之后，效仿西楚霸王项羽破釜沉舟。西楚霸王带三天粮食，刘裕做得更绝，把剩余粮食全部丢掉，轻装进至覆舟山以东，派老弱军士登山，遍插旗帜作为疑兵。义军分成数队，刘裕和刘毅等将领各自率队集中兵力突击桓谦所部。刘裕身先士卒，将士无不死战，以一当百，呼声惊天动地。桓谦的士兵多为京口人，平素畏伏刘裕，莫有斗志。时值东北风急，刘裕借风纵火，“烟焰张天，鼓噪之音震动京邑”，桓谦大败。

侦骑报往皇宫，说刘裕的军队遍布山野，不知多少。桓玄无意再战，弃建康出逃。这就是桓玄不如刘裕的地方，胜负未分，轻易败退。太尉参军胡藩在南掖门拉住桓玄勒马的缰绳，大叫道：“今羽林射手犹有八百，皆是荆州义士，足可一战，一旦舍此而去，再想回来，回得来吗？”桓玄不语，以马鞭指天，意思说天意如此！率子侄们乘船沿江西下逃跑。

义军进入建康，短短一个多月的时间，刘裕由普通军官成为国家权臣。治国和打仗不一样，刘裕明白其中道理，找到了代理人王谧。

王谧出自琅琊王氏，是王导的孙子，历任东晋高官，桓玄篡位时，亲手奉上晋朝的玺册，被任命为桓楚的中书令、司徒。王谧和刘裕是老朋友了。当初刘裕布衣贫贱时，曾与豪强刁逵樗蒲，结果赌输三万钱。刘裕还不起赌债，被刁逵绑缚在马桩上受尽羞辱。正巧王谧到刁逵家拜访，见到刘裕后，非常惊奇，代还赌债，让刁逵放人，还对刘裕说：“卿当为一代英雄。”

人必须做好事，哪怕只做一件。义军将士对王谧这个晋朝大叛徒相当愤慨，刘毅朝堂之上大声斥责：“玺绶何在！”王谧惊慌失措。

刘裕不生气，反而处处维护，让他继续总揽朝廷大权。刘裕仅仅为了报恩吗？乍一看，好像是，其实远不是那么一回事。王谧是牌位，替他掌管朝廷。刘裕名微位薄，刚入京师，势力没有巩固，一步登天，容易引起高门士族的反感，权力交给别人不放心，现成一个听话的人怎么能不用？

等到羽翼丰满，再另讲另说。

对瞧不起刘裕本人或不与义军合作的高门士族，刘裕不留情面。太原王氏的王绥、京口之蠹刁逵均遭灭门。刁氏素殷富，有田万顷，奴婢数千人，奴客纵横，固吝山泽，家中财富堆积如山。刘裕散其资蓄，干了一场杀富济贫的买卖，让老百姓尽情拿，凭自己的力气能拿多少拿多少，好几天都没搬完。

世上怕死的人多，官员们也见风使舵。朝廷封赏义军将士，拜刘裕为徐州刺史，刘毅为青州刺史，何无忌为琅琊内史，孟昶为丹阳尹，刘道规为义昌太守。

宜将剩勇追穷寇，刘裕没有给桓玄留下喘息之机。刘毅诸将继续沿江追击。

桓玄仓皇出逃，一天没吃东西，左右侍卫找来点儿粗米饭，咽不下去。袁术临死前要喝蜜水，贵族少爷们倒驴不倒架子。

小儿子桓昇扑在怀里抚摸着他的胸脯安慰，桓玄悲不自胜。好在思维没有乱，自己手里还有法宝。桓玄逼迫在浔阳城过退休皇帝生活的白痴司马德宗西上荆州，留下龙骧将军何澹之等将领防守湓口防线，抵挡追兵。

刘毅率领何无忌、刘道规诸军穷追不舍，兵至桑落洲。楚军主将何澹之随即率水师迎战，将主力分配在左右翼，意图围敌而歼之。

双方战舰排开，何无忌遥望何澹之平常所乘的座舰，但见其上遍插旗帜，羽仪甚盛，便对众将说："贼帅必不在中军，想诈我，我们将计就计，攻他中军。"众将不解道："既然何澹之不在主舰，我们攻打中军有什么用？"何无忌解释道："我军兵少，敌军兵多，众寡不敌，战无全胜。何澹之既然不在主舰上，中军战士必弱，我用精兵攻打，肯定能打下来。得到主舰，则敌军气馁，我军气盛，定破贼兵！"

晋军战船猛攻楚军中军，拿下主舰，四下高喊："何澹之被俘了！"楚军大乱，一败涂地。晋军攻克湓口，进占浔阳。

桓玄得知浔阳失守的消息，集合荆州兵马两万余人，以苻宏（前秦天王苻坚太子，亡国后投奔桓玄）为前锋，大发楼船，挟帝东下，意图夺回江州。刘毅、何无忌、刘道规、孟怀玉率军自浔阳西上，与桓玄相遇于峥嵘洲。

古时大江宽阔，沙洲众多。现在并不多见，大江中心的峥嵘洲如今与江岸结合而成边滩。

两支船队遭遇时，晋军不满一万人，各路楚军有数万之众，楼船高大，舟舰众多。诸将唯恐不胜，主张退回浔阳坚守。

刘道规对诸将怒吼道:“敌众我寡，强弱分明，今若畏懦不进，必被敌人抓住机会，就算回到浔阳，能守得住吗！桓玄外名雄豪，内实怯懦，加之贼军累败，军心不稳。决机两阵，将雄者胜，岂在人数多少！”

狭路相逢勇者胜。胜便胜在气势，胜在信心。刘道规率本部船队冲锋，刘毅诸将各自率队迎上去。桓玄不改老习惯，弄条轻舸漾舟大船之侧，以备逃走。楚军见主将如此胆怯，莫有斗心。刘毅乘风纵火，士兵们争先杀敌，楚军大溃。

桓玄焚烧辎重，挟持晋安帝乘小船连夜遁走，回到江陵，仍然感觉不安全，准备逃往汉中。城中人心沮丧，士兵哗变。桓玄与亲信心腹一百多人乘马出城西逃，刚到城门，部下士卒自相残杀。桓玄差点儿被砍死，侥幸逃得性命，到了江边，上了船，身边只剩几名随从。

随从中有屯骑校尉毛修之，他可不是真心保护桓玄，而是个卧底，是益州刺史毛璩派到桓玄身边的“特工”。

毛修之诱骗桓玄入蜀，去汉中干吗？蜀道难，难于上青天啊。去益州，不失做刘备。

桓玄听信了，改向蜀地进发，船行枚回洲，正遇益州的伏兵。蜀舰箭如雨下，侍卫丁仙期、万盖等人用身体挡蔽桓玄，全被射成刺猬。蜀将冯迁跳上船，抽刀上前，欲杀桓玄。桓玄急忙拔下头上的玉导给他看，喝道:“你是何人，敢杀天子！”冯迁没被吓住，厉声喝道:“我杀天子之贼！”说话间，手起刀落，桓玄人头落地。

晋军将桓玄首级送往建康，枭于大桁。桓玄于公元402年十二月称帝，公元404年五月被杀，仅仅做了一年零六个月皇帝，身死国灭，宗族死亡殆尽，足以警诫天下有野心而无才能的人。

伍 刘裕主政

桓玄死后，刘毅诸将继续在荆州作战，陆续削平桓氏家族的残余势力，然后迫使晋安帝返回建康复位。

京口建义诸将得到朝廷的封赏，刘裕为车骑将军，领徐、青、兖三州刺史，镇守京口；何无忌镇江州；刘毅领豫州；诸葛长民督淮北；孟昶居中任吏部尚书。东晋名义上虽然仍是司马氏的天下，朝廷最高长官仍然是琅琊王氏的王谧，但是，王与马共天下的格局已不存在，而演变为刘裕与北府将领们的天下。

权力之争是官场的永恒主题。只要进入名利场，便会身不由己。父子兄弟，师生朋友，甚至昔日最亲密的战友也会成为争权夺利的对手。刘裕凭借刘穆之的一条妙计顺利从地方进入中央，真正成为晋帝国的主宰。

朝廷中的傀儡大臣王谧死了，尚书左丞皮沈来到京口拜见刘裕。皮沈首先拜会刘裕重要的谋士、车骑将军府主簿刘穆之，向他表达朝廷议定的两项人事安排，征询意见。

王谧死后，留下两个空缺，一个是扬州刺史，一个是录尚书事。扬州辖京都建康，录尚书事主管朝政，都是至关重要的位置。

朝议的结果形成两条意见，要么让中领军谢混接任，要么建议刘裕在京口遥领扬州刺史一职，朝廷政务交给孟昶处理。

廷议方案看似合情合理，谢混出自陈郡谢氏，谢安的孙子，谢琰的儿子，由他接任王谧的职务是很自然的事。如果刘裕想做扬州刺史的话也可以，兼职就行，刘裕是武将，那么朝廷政务交给孟昶。无论前一种还是后一种方案，有一点相同，即刘裕不必入京辅政。

刘穆之听完，没说话，借口上厕所走开，中途派人给刘裕送去张便条，上面写着一句话：“皮沈来了，他的话不能听。”

刘裕接见皮沈，听过那两条建议之后，让皮沈到外面候着，把刘穆之叫来问。刘穆之分析道：“晋朝失政日久，桓玄篡逆，天命已移。刘公兴复皇祚，勋高位重，以今日之形势，怎么能一味谦让，只做一个边将呢？刘毅、孟昶诸公，与您都起自布衣，共立大义以取富贵，定谋起事有先有后，所以推刘公为盟主，并非真心诚意拥护您，如今大家势均力敌，将来一定会互相吞噬。扬州，国家根本，不可交给别人，当年任命王谧是一时权变，如今若再让他人做刺史，必然受制于人，权柄一失，再不可得。那样一来，将来的危险实在无法想象。现在朝议已经如此，应该给他们回话，如果挑明了说'我不同意，就该我做'，似乎显得不太谦虚，盛气凌人，让人讨厌。那就这么说，'扬州是国家根本所在，宰相地位重要，这是兴亡所系之事，人选应该慎重仔细。既然是大事，不好隔得这么远来商量，我会尽快入朝，与大家共同商议。'只要刘公到了京都，他们一定不敢越过您另外任命他人。"

刘穆之谋深虑远，一眼看破玄机，看到刘毅的野心。刘裕拉拢琅琊王氏，刘毅便去拉拢陈郡谢氏，准备在朝廷中另立自己的派系。此次廷议目的明确，即使谢混做不了扬州刺史，也决不让刘裕入京主政。刘穆之一席话坚定了刘裕排除异己、成就伟业的雄心。刘裕入京，果然被任命为扬州刺史、录尚书事，从而真正控制东晋朝局。

出身庶族的刘裕踏着桓玄的尸体登上门阀帝国东晋的权臣宝座，开始扮演皇帝终结者的角色。

此时，刘裕正在考虑提高自己在国民心目中的威望，没有威信，政令、军令不会畅通。

刘裕的声威建立在内战基础上，而今卢循龟缩广州，向朝廷称臣，一时找不到借口收拾。刘裕把眼光瞄向境外，谯纵在他眼里只是一只小耗子，不值得兴师动众，胜之不武。北方有三大强国，北魏、后秦和南燕。南燕就是那个退守山东地区的后燕范阳王慕容德建立的燕国。北魏远在塞上，先收拾后秦还是南燕呢？

后秦皇帝姚兴趁着东晋军阀内战的时候，把东晋的河南之地收入囊中。刘裕试探性地向后秦国提出议和，要求归还南乡等几个郡。

姚兴不顾满朝文武的反对答应下来，为他的以土地换和平的政策解释说："天底下的善行都是一样的。刘裕从社会底层最卑贱的地位发展起来，奋发英姿，诛灭桓玄，兴复晋室，内修政治，外修疆域。我怎么能为珍惜几个郡，不成全他的好事呢？"

后秦割让南乡、顺阳、新野、舞阴等十二个郡给东晋。姚兴够聪明，难怪后秦国在他温和而又坚决的领导下，逐渐强大起来。不过，他的温和是养虎为患，他不曾料到刘裕的志向有多高，心气有多大，刘裕想诛灭的难道仅仅是一个桓玄吗？

刘裕掂量半天，找不到收复旧都的理由，正郁闷呢，南燕换皇帝了，老皇帝慕容德去世，金刀太子慕容超继位，不但向姚兴称臣，还把南燕国的乐队当作礼物送给后秦。乐队给了别人，自己没有了，慕容超准备重新组建一支乐队，于是派军队劫掠东晋的边民。

慕容超和刘裕在对待音乐的态度上表现出二人的迥然不同。当官员们因为朝廷音乐设施不完备，请求重建时，刘裕说:“现在没有时间做这件事，而且我也不懂它的道理。”官员们说:“如果你喜欢它，自然就懂了。”刘裕道:“正因为懂了就会喜爱，所以我才不去学习它。”五色令人目盲，五音令人耳聋。慕容超的贪欲掩盖了智慧，辉赫一时的慕容家族因此几近亡族。

公元409年二月，南燕骑兵大掠晋朝边境，俘虏东晋青年男女二千五百人送到燕国太乐学习音乐歌舞。

慕容超轻启边衅，给了刘裕大展拳脚的机会。他向天下宣告，一个属于刘裕的时代即将来临，他要用武力收复失地，一统河山。刘裕发动了第一次北伐，他为自己确立的目标就是干掉南燕国。桓温等东晋将领们屡次北伐常常无功而返，刘裕能够取得超越桓温的军事成就吗？慕容超又是何许人？为什么叫金刀太子？

第十三章 慕容鲜卑的衰落

慕容鲜卑，中国历史上大放异彩的民族，是金庸先生笔下拥有绝世武功的“南慕容”武林世家的祖先。他们所建立的最后一个燕国被刘裕灭亡，三千贵族人头落地。从此，慕容鲜卑在中原大地销声匿迹，四个燕国如同四片美艳的花瓣，绚烂过后，刹那凋零。

慕容家有太多美男子，无一不是傲骨铮铮。金刀太子慕容超神色从容地踏上断头台，为慕容鲜卑的谢幕大剧平添了无比悲壮的色彩。

壹 金刀太子

南燕是慕容鲜卑建立的国家。慕容超不是南燕国主慕容德的亲生儿子，而是侄子。慕容德有个一母同胞的哥哥——北海王慕容纳。慕容超是慕容纳的儿子。慕容超继承南燕国帝位，其中有一段离奇悲伤的故事。

前燕亡国后，慕容纳举家投奔时任张掖太守的慕容德，两家人同住张掖。苻坚南下伐晋，拜慕容德为奋威将军，征调随军。当时家里的孩子们很小，慕容德欲借前秦南征之机复国，做了一手准备。临走之时，他给母亲公孙氏老夫人留下随身佩带的一口金刀，以便日后和孩子们相认。

前秦兵败淝水，慕容德随慕容垂在河北起兵。前秦诛杀慕容德和慕容纳一家老小，只留下年老多病的公孙氏。

慕容纳妻子段氏刚好怀孕，没有行刑，投入监狱。狱里有个叫呼延平的牢头是慕容德以前的故吏，曾经犯过死罪，被慕容德救下。为了报恩，呼延平冒死救出段氏，带着公孙老夫人一起逃往羌人的聚居地。

两家人一起艰难度日。不久，段氏生下慕容超。慕容超十岁的时候，公孙老夫人就死了。临终之时，老夫人取出慕容德的那口金刀交给慕容超，对他说："如果有朝一日天下太平，你一定要东归故乡，把此刀还给你的叔叔。"言外之意，告诉慕容德我们的遭遇，这些年是怎么过来的，我死了，甭挂念了。

呼延平带着慕容超母子从凉州辗转来到长安。不多久，呼延平也死了。段氏对儿子说："我们母子能够活下来，全靠呼延平。现在他死了，留下一个女儿，孤苦伶仃。虽然我们是大燕皇族，他们是平民，你也得娶她为妻，来报答呼延家对我们的恩惠。"于是，慕容超娶呼延平的女儿做了媳妇。

慢慢地，羌人打败前秦建立后秦国。慕容超四处打听大燕复国的消息，身份随之暴露。慕容超担心被后秦扣押，心生一计，假装疯癫，到处乞食为生。后秦国人觉得他很贱，充满蔑视。

后秦皇叔姚绍感觉他很奇特，对皇帝姚兴说："慕容超身材魁梧，举措轩昂，恐怕不是真疯。陛下给他一个官做，拴在秦国，或许以后能派上用场。"

慕容家出美男。魏晋时代特别推崇举止风流的美男子，像"掷果盈车"的潘安，被人山人海的观众看杀的小璧人卫阶。这种风气影响到北方胡族，他们也竞相追捧美男子。

北方各国美男标准和汉人不同，除相貌漂亮之外，身材必须魁伟，高大英武。慕容超符合标准，生得"身长八尺，腰带九围，精彩秀发，容止可观"。

姚兴一见，挺喜欢，两人一谈泄了气。文采没有不说，气势也没有，谈吐一般，对军国事件说不出个所以然。姚兴大为鄙视，对姚绍说："谚语说的'好皮不包蠢骨头'，纯是胡说八道。"（妍皮不裹痴骨，妄语耳）慕容超故意颠三倒四，往错处答。姚兴真就上当，再不肯理他了。

关中与山东因长年战乱，消息阻断。直到有一天，慕容德故吏赵融从长安来到南燕都城广固，慕容德这才得知母亲、兄长以及儿子们的死讯，号恸吐血。年纪不饶人，近七十高龄的老人怎么经受得住如此打击，得了一场大病。慕容德没有儿子，当听说兄长有个遗腹子在后秦，马上派人去找，通过一个算命先生找到慕容超。慕容超生怕惊动后秦国，没敢把消息告诉母亲和妻子，暗地里和来人逃到南燕。

慕容德听说慕容超到来，大喜，派遣三百骑兵前去迎接。慕容超抵达广固，把珍藏二十年的那口金刀交还给慕容德。慕容德手抚金刀失声恸哭，悲不自胜，立刻册封年仅二十岁的慕容超为北海王，在皇宫内建造府第，早晨、晚上都要见一面。慕容德总算见到亲人了。

慕容超机灵聪明，“入则侍奉尽欢，出则倾身下士，内外誉望翕然归之”，整个南燕国都把他看作未来的皇帝。

老皇帝看到未来的希望，自己却不行了。山东地震，老皇归天，临终立慕容超为太子。慕容超登基之后，为换回扣押在后秦国的母亲和妻子，不惜向后秦称臣，把本国的伎乐献给姚兴，派兵去晋国边境抢人，补充歌舞乐队，给了雄心万丈的刘裕北伐的口实。

公元 409 年三月，刘裕留孟昶守建康，自率舟师自淮水入泗水讨伐南燕。刘裕为此次北伐做了充分准备，京口建义的强将悉数出战。

此次出征的孟龙符、檀韶、向弥、孙处、蒯恩、朱龄石等人都是跟随刘裕南征北战的虎将，选刘敬宣、胡藩做参军。胡藩就是在南掖门拉住桓玄马匹，劝桓玄与刘裕决战的那位。桑落洲战役，胡藩战舰烧毁，身着全副铠甲落水，好歹不死，找不到大部队，只得回家。桓玄死后，刘裕看中他的才干和忠心，带在军中。

五月，刘裕大军到达下邳，弃船登岸，留辎重，直逼琅琊（今山东临沂北）。刘裕灭南燕之战是中国军事史上一个典型战例，历史学家和军事家们曾经多次研究过这次战役。

南燕国大体控制今山东地区，都城在广固。从琅琊到广固中间隔着沂蒙山脉，共有三条路线：

一是沿沂水北上，翻越大岘山，然后经临朐至广固。这是一条捷径，水路运输比较方便，但大岘山十分险峻，山道狭窄，两车不能并行，号称“齐南天险”。

二是向东北经莒城、东武，入潍水北上，由今潍坊西趋广固。这条道路迂回较远，劳师费时，转送困难，如果敌骑从大岘山南下，有被截断粮道的危险。

三是向西北越大汶河经梁父，再转向东北，到达广固。这条路山路极多，不便行军，粮运十分困难，还要担心兖州方向的敌军。

也就是说，以步兵为主力的晋军从当时情况看，只能选择翻越大岘山进兵。因此，有人向刘裕提出问题："如果燕军堵塞大岘山死守，或者当我军穿过大岘山，深入到沂蒙山脉以北，敌人坚壁清野，我军进入重地，野无所掠，那就不单单是能不能建功的事，恐怕大军将匹马不归。"

刘裕笑了，笑得很得意：

"我考虑过了。鲜卑人生性贪婪，没有长远战略眼光，前进只盼望多多掳掠，后退又吝惜田中禾苗。他们肯定认为我们孤军深入，不能长久坚持，采取的战术不外乎进军驻守临朐，或者退守广固。我敢向你们保证，敌军既不能据守大岘险要，又舍不得糟蹋庄稼，就等着我们收拾呢！"

刘裕胸有成竹。

南燕国宫廷为此进行了一番激烈辩论，几乎所有将领一致要求固守大岘山。慕容超的亲信大臣公孙五楼献了上中下三策，他说："吴兵轻果，利在速战，不可争锋。应该据守大岘，让敌军无法进入，拖延时间，沮其锐气。然后挑选二千精锐骑兵，循海而南，绝其粮道，再令兖州守将段晖率兵沿山地东下，腹背击之，这是上策。各地官员据险固守，留足粮食物品，剩下的烧毁，再把田野庄稼割光，让敌军无法补充给养。敌军既无粮草，求战又找不到对手，一个月之内，靠也把他们靠死，这是中策。把敌兵放入大岘山，我们出城野战，为下策。"

慕容超偏偏选了下策，但非常自信："敌军远来疲敝，势不能久。我据五州之地，拥富庶之民，铁骑万群，麦禾布野，怎么能割掉庄稼迁移百姓，向人示弱呢？依我看，不如放他们进入大岘山，等敌人到达平原，我们用骑兵攻击，何愁不胜！"

众将苦劝，慕容超不听。太尉桂林王慕容镇劝道："陛下如果认为我们骑兵平地作战有优势，就应该冲出大岘山去迎战敌人，即使不能取胜，还可以退守。不应该放纵敌兵进入大岘山，放弃险要地势。"

慕容超听不进去。慕容镇私下对人说："皇上不守大岘，不愿意坚壁清野，非要坐在那儿等着敌人来打，和三国刘璋太像，今年大燕完了。我是慕容鲜卑的勇士，必死，你们等着被江南人文身吧！”

慕容超听后，大怒，把慕容镇下到大狱，撤回莒城、梁父两地的守军，加固都城防御工事，遴选将士和战马，等待与晋兵决一雌雄。

两军战略战术布置停当，只剩最后决战，到底鹿死谁手呢？

贰 兵围广固

晋军兵过大岘山，不见燕军一兵一卒。刘裕举手指天，喜形于色，左右将领们问道：“刘公连敌兵的影子都没有看到，高兴什么呀？”刘裕望着遍地庄稼，笑道：“兵已过险，士有必死之志；余粮栖亩，人无匮乏之忧。敌虏全落在我的手掌心里啦！”

南燕公孙五楼等将领率五万步骑防守临朐。慕容超得知晋军到达消息后，率步骑四万自广固增援，派公孙五楼抢占距临朐城南四十里的巨蔑水。

鲜卑骑兵与晋军先锋孟龙符展开激战。孟龙符，京口楚子，骁勇有胆气，干力绝人，少好游侠，早年便与刘裕相识。京口建义时成为刘裕的参军，历经江乘、罗落、覆舟山三战，军功卓著。

巨蔑水之战，孟龙符单骑突入燕军骑兵阵中，左冲左杀，指挥晋军大败公孙五楼。燕军退走，孟龙符穷追不舍，他的马快，后面的骑兵没有赶上，被数千鲜卑骑兵包围。孟龙符奋槊迎战，杀伤无数，终因众寡不敌，死于乱骑之下。

孟龙符虽然战死，但晋军控制住水源。刘裕以战车四千辆分左右翼，兵车相间，骑兵在后，列成方阵，缓缓向前推进，抵达临朐城南。

慕容超全军出动，派精骑前后夹击。两军力战，直杀到日落西山，胜负未决。胡藩向刘裕献计说：“燕兵倾巢出战，临朐城中必定空虚，我们可以出一支奇兵从小道偷袭临朐，此韩信破赵之计。”刘裕当即下令胡藩、檀韶和向弥三将率军绕至燕军背后攻打临朐。晋军乘虚攻城，虎将向弥擐甲先登，当天即打下城池。

临朐失守，慕容超又听到刘裕散布的谣言，说晋军水师已从海路扑向广固，大吃一惊，单骑逃走。

刘裕纵兵追击，斩燕国十余员大将，大败燕军，慕容超逃还广固。晋军乘胜追击北上，第二天进至广固，攻下外城，慕容超退守内城。刘裕筑长围，墙高三丈，挖了三道地沟，摆出架子，不打下广固城决不罢休。

燕军没有焚烧积蓄和庄稼，为晋国省了钱。刘裕下令停止江淮漕运，就地取粮。慕容超被困广固内城，先后派出张钢、韩范，向后秦求援。

几乎所有史学家和兵学家一致认为，南燕之败，败在慕容超固执己见，不听众将正确意见，不守大岘山。

毛泽东同志对此役的点评为“守大岘亦无用”。此项点评让人疑惑，如果慕容超接受公孙五楼的上策，用重兵把守大岘险要，派轻骑从其他两条路切断晋军粮道，南北夹击，刘裕怎能不败？

可是，如果我们深入研究当时东晋和南燕的具体情况，再从军事角度重新审视这场战役，就会发现毛泽东同志见解深刻，确确实实即使南燕死守大岘山也难逃一败。

慕容超采取的战术是诱敌深入，围而歼之。此项战术源自他对南燕国鲜卑骑兵战斗力的自信，既然能够毕其功于一役，又何必防守大岘或坚壁清野。无论采取哪一种战术，问题关键在于，南燕国到底有没有能力打赢战争。

我们看一下南燕国的军事力量，军事和政治、经济相辅相成。

慕容德时代，南燕号称“步兵三十七万，战车一万七千乘，铁骑五万三千”。

南燕只有山东一省之地，它凭什么有这么多军队？这源自一项“校检荫户”的国策，它是由后燕皇帝慕容宝最先发动的，慕容德继续执行国策，雷厉风行进行搜检，并派军队巡守边境线，防备百姓逃窜，一度检出荫户五万八千户。

这种与鲜卑贵族和汉人豪强争人力的政策曾使后燕国失掉中原，包括北魏道武帝拓跋珪在内的历任皇帝均不敢轻易执行。

慕容德资历老，威望高，足以镇住贵族豪强。慕容超不行，半路冒出个金刀太子，谁知你是不是真正的慕容鲜卑子孙？皇族慕容法曾质疑过，说慕容超是个骗子。以至于慕容超和鲜卑贵族的关系高度紧张，变得多疑猜忌，宠信公孙五楼与慕容皇族对抗。结果发生北地王慕容钟、兖州刺史慕容法、徐州刺史段宏、西中郎将封融等南燕重臣的军事叛乱。虽然慕容超把他们击败，但南燕元气大伤，军民离心离德。

反观东晋，刘裕击败桓玄执政，虽然南方存在隐忧，高门士族对北伐并不感冒，但以孟昶为首的新兴庶族地主坚定支持。因为国内已有人口大多控制在高门士族手中，想获得土地和从事农业生产所需要的新的劳动力必须打仗。东晋新组建的军队希望通过战争获得境外财富，上下一心，众志成城。

公孙五楼献计时所说的第一句话是，"吴兵轻果"。这是北方人对东晋军队的普遍看法。桓温北伐时，慕容宙也曾说过"吴兵轻剽"。两句话什么意思呢？是说东晋军队打仗顺利的时候，以一当十勇猛顽强，一旦陷入生死搏斗会产生恐惧。习惯打顺风球，不会打逆风球。

为什么晋军没有战斗力？因为他们是世兵，打不来前途，不想卖命。刘裕改变了这种情况，一批勇猛、有才干的下级军官和士兵飞快得到提升。从孟龙符战死可以看出，晋军充满建功的渴望，不再是以前那支轻果的军队。

慕容超轻启边衅，掳掠晋朝边民；刘裕师出有名，是反侵略战争，出师北伐，是统一战争，合乎道义。刘裕和慕容超的军事才干与军事经验比起来，一个天上，一个地下，没法比。慕容超唯一优势就是地利，战争瞬息万变，法国的马其诺防线如何？号称固若金汤，不一样毫无用武之地吗？所以说，即便慕容超死守大岘山照旧会失败。毛泽东同志不愧为中国历史上伟大的军事家。

慕容超苦苦等待秦国援兵时，姚兴的使者气势汹汹进入晋军大营，对刘裕下达最后通牒："慕容燕国与我大秦相邻友善，今来告急，不会坐视不救，我大秦铁骑十万已至洛阳，晋军如不退兵，将长驱而进！"

刘裕听完，哈哈大笑，把秦国使者叫到身边，拍着肩膀说道："你回去告诉姚兴，我本想克燕之后，息兵三年，再取关、洛，如今他想来送死，那就让他快点儿来！"

刘穆之听说秦使到达，急忙赶到大帐，但秦国使者已经走了。刘裕笑着告诉他自己是怎么怎么说的。刘穆之埋怨道："平时事情无论大小，您都找我商量一下，这件事怎么贸然答复呢？此语不足以威慑敌人，相反却能激怒他。如果广固没有攻下，羌贼又至，我们怎么对付？”

刘裕嘿嘿一笑：“此是兵机，你不懂，所以我才没有告诉你。兵贵神速，出其不意。如果姚兴真的想来救援广固的话，一定害怕我们知道，哪能事先派人通知，无非是在说大话，吓唬人。”

姚兴果然忙于应付凉州战乱，无暇顾及东方战争。外交恐吓未能奏效后，出于盟国的考虑，秦国一度派出一万人马驰援南燕，但后来由于凉州吃紧，姚兴又把军队撤回关中，一兵一卒也没派。

慕容超久困于广固，不见后秦援兵，准备以割让大岘山以南土地、献良马千匹为条件，称藩于东晋。刘裕不同意，日夜加紧攻城。

晋军围困广固半年，抓获南燕巧匠张纲，制造出飞楼、冲车等各种攻城器具，城上火石弓矢完全失效。晋军站在飞楼之上，可以清晰地看到城上一举一动。

形势对南燕越来越不利，城中百姓潮水般涌出城外投降。慕容超与宠妃魏夫人登上城墙遥望，见晋兵军容整齐，声势浩大，握手相对哭泣。有人劝他投降，慕容超冷冷道：“国家废兴是天命，我宁可奋剑决死，不会衔璧求生！”

晋军发起最后的总攻，四面一起攻城，燕人打开城门投降。晋军生擒慕容超。

金刀太子缓步走到刘裕面前，神色自若。当他看到昔年在南燕相识的参军刘敬宣时，把一生飘零、没过上几天舒服日子的老母段氏托给他照顾，随后一言不发。刘裕下令将南燕国皇帝慕容超押回建康斩首，让江南民众看看远征军的赫赫武功。

慕容超宁死不降，有慕容鲜卑族的铮铮铁骨。

刘裕愤恨广固久攻不下，打算把城中军民全部活埋，将他们的妻女赏给将士。有人反对，说您如果这样做，中原百姓谁还会盼望王师北伐呢？刘裕改容谢过，怒气不息，夷平广固城，将王公以下三千余人斩首，赏军人口多达一万户。

后世有人指责刘裕杀戮过多，不施仁义。还说刘裕是民族沙文主义者，狭隘的民族主义者很难统一四海，成就大业。刘裕也有苦衷，战争就是为了获取财富，手下的将士们还等着分享战争利益呢，他怎么可能和高门士族一样，不顾及士兵们的疾苦？

第一次北伐大获全胜，南燕亡国。慕容鲜卑遭到继苻坚在长安城大杀鲜卑人之后的又一次浩劫，鲜卑慕容部的辉煌从此如过眼云烟。

如果慕容超能够再坚持一个月，或许历史会被改写。正当刘裕大军攻入广固的时候，后院起火了。卢循的十万义军从广州兵分两路向建康杀来，北府军与孙恩义军，刘裕与卢循的恩怨最终将如何了断呢？

益智粽

卢循，字于先，小名元龙，出自高门范阳卢氏。卢氏祖先自汉以来，世代高官。卢循生得双眸冏彻，瞳子四转，聪明伶俐，擅长书法艺术，草隶弈棋无所不精。这么一个名门之后的无双才士，如何做了强盗，成为农民起义军领袖？

八王之乱中，卢循高祖卢志是成都王司马颖的死党。司马颖败死之后，虽然受命于东海王司马越，被任命为卫尉、尚书，但与司马越集团貌合神离。所以既没有遭受苦宁县平城之难，也没有渡江，洛阳陷落后，死于平阳。

卢循曾祖父卢谌曾被选为晋武帝驸马都尉，刚要成婚，公主死了。卢志家族在平阳遇害时，只有他逃了出来，投奔并州刘琨，做了刘琨的从事中郎。后随刘琨到达辽西。石虎打败段辽，得到卢谌之后，封为高官。后赵末年，跟随冉闵诛杀石氏，在襄国遇害。

卢谌思念故国，经常对儿子们说："我死以后，你们要称呼我为大晋国司空从事中郎。"外族再大的官不稀罕，我就是大晋国一个小小的中郎。

冉闵死后，中原大乱，卢氏避战乱渡江。卢循跟父亲卢嘏居住在京口，没有根基，渡江又晚，得不到官做，卢氏家族从此开始没落，不得不与一些南渡的下等士庶结成姻亲。卢循娶孙恩的妹妹为妻，姐姐嫁给徐道覆。

卢循有志向，名动江南的庐山沙门慧远禅师评价说："君虽体涉风素，而志存不轨。"

卢循入仕无门，做强盗为社会所迫。孙恩起义爆发，他成为起义军的骨干力量。孙恩冷酷残忍，卢循总能够劝阻他少杀人，由此得到将士们拥护。孙恩死后，卢循被推为领袖，继续领导起义军。

义军打不过刘裕，卢循实施战略大转移，率领船队来到番禺，赶跑广州刺史吴隐之，建立了新的根据地。

桓玄败亡，刘裕执掌大权，卢循乘机派人向朝廷称臣，企图割据岭南，获得东晋朝廷的认可。政局初定，刘裕正全力消灭桓玄残余势力，无暇南顾，顺势任命卢循为广州刺史、平越中郎将，义军另一名高级将领徐道覆为始兴相。

卢循接到任命，非常高兴，借五月初五端午佳节来临之际，遣人送给刘裕益智粽，刘裕回赠续命缕。

二人馈赠的礼品饶有趣味、寓意深远。端午节包粽子是中国古老习俗，江南更为盛行。晋代，有一种粽子的原料除糯米外，还添加中药益智仁，煮熟的粽子称“益智粽”。益智仁出自今海南、广西，故而卢循以特产馈赠。刘裕的回赠品更有意思，续命缕为京口习俗，京口人端午节以彩丝系臂，辟鬼辟兵，可以避灾延寿。

当然，这只是表面的含意，赠品之中包含更深的寓意。刘裕和卢循同为没落士族，同处为社会所压抑的阶层，二人各有大志，都在努力挣脱门阀士族的压抑，攀到社会最高层。不管走哪一条道路，两人都成功了，成为东晋朝廷的方面大员，在这一点上自然心照不宣。

然而，机缘捉弄，一山不容二虎，如果想成就大业，两位英雄必定要一决高下。二人通过馈赠礼品下战书，机锋毕露。卢循说若想赢我，你要再聪明一点，刘裕则告诉他，你一条命是不够的。

刘裕北伐南燕，兵围广固。始兴相徐道覆派人劝卢循乘虚而出，偷袭建康，以成大业，卢循不听。

徐道覆亲自来到番禺劝说卢循：“我们到岭南，难道真想一辈子待在这种地方吗？只不过我们不是刘公的对手罢了。而今刘公顿兵坚城之下，凯旋之日无期，我们用思归之死士，突袭刘毅、何无忌之徒，易如反掌。不乘此大好时机，只想保一日之平安，等到三齐平定，息甲养众，不过一二年间，朝廷必定召君回建康。若君抗旨，刘公屯兵豫章（今南昌），遣锐师过五岭，虽将军神武，恐怕难以抵挡。今日之机，万不可失。我们抢先攻克建康，把他们的根基全部摧毁，刘公即使回来，也无能为力。若将军不同意，我自率始兴兵马直指浔阳。”

卢循见徐道覆态度坚决，随即下定决心，大造兵舰，准备进兵建康。大规模建造战船怎么才能进行得更为秘密，不引起朝廷注意？徐道覆实施战前欺骗计划，派人到南康山（今梅岭）去砍伐制造船只的木材，到始兴廉价出售。木材便宜，居民们争相购买，因而造船木材虽然堆积许多却不引人怀疑。等到定下出兵日期，马上把所有的木材全部收集到一起制造船只，十天左右，战舰云集。

公元410年二月，刘裕攻克广固的同时，卢循义军从始兴（今广东韶关西南）兵分两路北上。东路由徐道覆率领，取道赣水（今赣江）而下，向浔阳进军；西路由卢循率领，由湘江北上，向巴陵（今湖南岳阳）挺进。

卢循明显吸取孙恩由海路进攻建康不下，又没有根据地依托，最终被击败的教训，并没有借助水军的优势浮海直接攻击建康。卢循的主力指向巴陵，有取荆州的意向，徐道覆明显是奔江州去的，义军此举的战略意图是占领荆、江二州，伺机东下。

两路义军推进迅速，卢循攻破桂阳、湘东，进逼长沙。徐道覆连克南康、庐陵，兵锋直指豫章。

朝廷大震，八百里加急召刘裕。刘裕留下刘穆之善后，从广固匆匆回军。江州刺史何无忌闻听义军逼近豫章，马上率兵自浔阳南下，欲与徐道覆决战。参谋人员均不同意仓促出击，长史邓潜之劝道：“国家安危，在此一举。卢循势居上流，兵舰大盛，我们不可与之争锋，应该决开南塘堤坝，使赣江水位下降，然后坚守豫章、浔阳，敌军必定不敢舍我远下去攻打京都。我军蓄力养锐，待其师老兵疲，再发动进攻，此万全之策。今决成败于一战，万一失利，悔之不及。”

参军殷阐支持邓潜之的战术方针：“卢循的士兵都是三吴旧贼，百战余勇，新召集的始兴溪子，拳捷善斗，不能轻视。将军集合大军驻守豫章，等到朝廷各路兵马到齐，再发动总攻不迟。如果单单依靠江州兵马与敌军决一死战，恐怕将来您会后悔。”

何无忌不听，尽起江州水陆兵马沿赣江南下，与义军水师在豫章遭遇。徐道覆命令数百名强弩手登上西岸的小山拦腰射击东晋船队。时西风暴急，何无忌乘坐的小舰漂向东岸。

起义军满江楼船借助风势逼向晋军船只，晋兵崩溃，何无忌厉声高叫：“取我的苏武节来！”手持符节站在船头督军奋战。敌兵越聚越多，有如乌云压顶，何无忌辞色无挠，握节而死。

晋军外围州郡防线全线崩溃，中外震骇，建康乱作一团。朝廷中竟然有人提议保护晋安帝向北撤退，去投奔刘裕。

肆 灭卢循

刘裕此时已经赶回下邳，用船只载辎重缓行，自率精锐从陆路南归。走到山阳（今江苏淮安）之时，听到何无忌战死的消息，震惊不已，唯恐京都失守，撇下大军，昼夜兼行，一行数十人赶到江边，向过路人打听建康的消息。

行人说：“贼兵还没有到，刘公若还，便无忧了。”可见东晋百姓对刘裕信心十足。刘裕闻听大喜，单船过江。渡江时，风急浪大，部下都很担心。刘裕不顾，径直踏上甲板登船说：“若天命助国，风当自息，如其不然，覆溺何害！”你还别说，船一移动风真就停了。刘裕过江，回到京口，朝廷上下这才安心。

各地援兵纷纷进入建康，青州刺史诸葛长民、兖州刺史刘藩、并州刺史刘道怜的援兵到齐，豫州刺史刘毅准备出征。

刘裕在京口给刘毅写信说：“往年击妖贼，知道他们狡猾多变，这一次，他们又侥幸获胜，不可轻视，我这里的战船马上修缮好了，我和老弟一起去。”刘裕素知刘毅心气高傲，怕他不听自己的话，又派刘毅族弟刘藩去劝，许诺平乱之后，让刘毅做荆州刺史。

刘毅见信勃然大怒，对刘藩说：“过去，我们不过因他有一点点功劳，推他临时做个盟主罢了，你真以为我不如刘裕吗！”说完，将信恶狠狠扔到地下，率舟师二万从姑孰西进。

卢循在长沙打败刘道规的兵马后，准备进攻江陵，接到徐道覆的书信，说刘毅水军已经西上，要求增援，如果打败刘毅，荆州自然可得。卢循随即放弃取荆州计划，兵发巴陵，与徐道覆合兵一处，联旗而下。义军战士十余万，战船连江，八艘四层十二丈高的大舰，舟车百里不绝，声势浩大。

义军与西上的晋军在桑落洲决战。刘毅大败，丢掉全部战船和如山的辎重，带了几百人狼狈逃走。

起义军接连打败北府名将何无忌、刘毅，气势更盛，正要东进建康，却得知刘裕回京的消息，卢循与众将相顾失色，准备退回浔阳。

义军高层产生分歧，徐道覆坚持进军。犹豫几天之后，卢循才率十万大军向建康进发。义军最初制订的战略计划在这一时间发生变化，为后来的失败埋下伏笔。义军最初战略是占领荆江，伺机东下。刘裕回到建康，东进时机失去了。

义军为什么如此忌惮刘裕呢？除了刘裕对义军保持着骄人的战绩之外，更为主要的是，刘裕获得义军将领们的尊重。他们是一路人，同为庶族，对待刘裕，他们只有敬畏之心，比如徐道覆向来称呼刘裕为刘公。

既然刘裕回京，为什么徐道覆还要坚持进兵呢？因为义军连续歼灭何无忌、刘毅的军队，建康兵力必定不足。就算刘裕本领通天，没有士兵怎么打仗，可卢循几天来的犹豫，把消灭刘裕的大好机会丧失掉。

在短短的几天时间里，刘裕有条不紊地备战，重金招募新兵，组织起防御工事，沿江置栅、筑垒，把主力集中在石头城。

起义军到达淮口。刘裕登上石头城，望见填满长江密密麻麻的战船，不胜忧虑："妖贼如果乘我们立足未稳，登岸自新亭发动总攻，其锋不可当，胜负难以预测，如果回泊西岸，我们就有足够的机会！"

徐道覆劝卢循焚舟登岸，与刘裕决一死战。卢循持重，顾惜伤亡，不肯冒险，回师蔡洲观望局势，企图凭借军力的强大等待晋军自行退却。换成别人或许早跑到江北去，可惜他面对的是南北朝时期最大的英雄刘裕。徐道覆叹息说："我终为卢公所误，事必无成，使我有幸为英雄驱驰，天下不足平定。"

卢循的犹豫为刘裕布置更为坚固的防线赢得了时间。刘裕从容修筑查浦、药园、廷尉三处营垒，驻重兵把守。刘敬宣在北郊，孟怀玉在丹阳郡西，王仲德在越城，刘默在建阳门外，建起四道防线。

卢循见晋军没有后退意图，只得下令攻击，进攻持续两个多月，刘裕坚守不战。双方互有胜负。

真正伟大的将领必须懂得随机应变，根据战场形势有新发明、新创造。刘裕利用南燕投降的鲜卑骑兵组成铁甲阵，由骁将朱龄石、索邈率领，一千具装铁甲鲜卑突骑头顶耀眼的兜鍪，穿裲裆凯，身披五色彩练，手持长矛，战马裹皮制马身甲，如同山堆岭聚的钢铁。

义军从来没有打过外战，乍见人马披甲的重骑兵，不知所措。重甲骑兵横冲直撞，攻城义军大败。眼见兵疲粮乏，卢循放弃攻取建康计划，退回浔阳，西取荆州。

刘裕使出一招釜底抽薪之计，一面派王仲德、蒯恩、孟怀玉等将领尾随追击，自己率大军继进；一面建造高大的战舰，由孙处和沈田子率领三千水军从海上偷袭卢循的老巢番禺。

徐道覆率三万义军进攻江陵，在破冢（今湖北江陵东南）遭到刘道规及其部将檀道济、到彦之荆州军的夹击，损兵一万余人，退还湓口（今江西九江境），与卢循再度合兵一处，转向东进发。战船涌满长江，舳舻无际。

义军与东晋追兵在大雷（今安徽望江）激战，刘裕纵火焚烧义军战舰，卢循败走浔阳，逃往豫章，在左里下栅，修筑防御工事。刘裕进军左里，突破义军防线，卢循单舸而逃，与徐道覆分率残兵数千向始兴和番禺撤退。

晋军南下穷追不舍。孙处、沈田子的水师从海道趁大雾攻下番禺城，完成对义军的战略包围。

晋军攻克始兴，杀死徐道覆。卢循惊悉番禺失守的消息，率义军反攻，晋将孙处据城固守。刘藩、沈田子所部晋军南下救援番禺，内外夹击，大破攻城义军，杀死一万多人。

卢循率众向西退却，沈田子、孙处率军追击，连续破卢循于苍梧、郁林、宁浦等地。卢循率残部三千余人袭取合浦，与九真（今越南清化）义军李逊、李脱所领导的俚、僚等少数民族五千余人联合进攻交州（今越南北宁仙游东）。东晋交州刺史杜慧度的父亲被义军杀死，为报父仇，其尽散家财赏军，士兵卖命，投掷雉尾炬火烧战船，再用弓弩狂射，义军彻底溃散。

卢循走到人生的尽头，万念俱灰，先用毒酒毒死妻子，把姬妾们召集到一起问道：“你们谁跟我一起死？”姬妾们大多哭泣道：“鼠雀尚且贪生，人死就更艰难。”

夫妻本是同林鸟，大难来时各自飞，世态何其炎凉。只有一个女人毫无惧色地说：“您都要死了，我怎能单独活下去！”卢循冷笑着把那些不愿死的姬妾全部杀掉，随后投水自尽。

轰轰烈烈十余年的孙恩大起义彻底失败。

第十四章 七兽闹凉州

平定卢循之乱后，刘裕开始铲除异己，一个不可告人的目的在他脑海中形成。不想做元帅的士兵不是好士兵。而桓玄的下场告诉他，不是英雄做不成开国皇帝。北伐，用武力证明自己。

壹 领袖只能有一个

刘裕凭借其卓越的军事才能，逼死孙恩，消灭桓玄，北伐南燕，大败卢循，一次又一次挽救了东晋朝廷，被任命为太尉。若想成为真正的领袖，他还面临许多的挑战，敌人已经不再是外在的敌人，而是昔日一同建义的战友。

何无忌战死，孟昶自杀，能够威胁到刘裕权力的只有刘毅和诸葛长民。刘毅在桑落洲惨败，威信扫地，刘裕借机剥夺其豫州刺史的职务，让他离开姑孰，先到江州，再到江陵任荆州刺史。

刘毅以英雄自居，刚愎自用，曾经对人发过狂言：“恨不遇刘项，与之争中原。”他自以为京口建义功劳不亚于刘裕，而刘裕居中掌权，自己仅为边将，怏怏不得志，每次浏览史籍，读到蔺相如再三礼让廉颇时，慨叹这是不可能发生的事。

把刘裕比为廉颇，自然将自己当作蔺相如。刘毅的确比刘裕有文采，刘裕不读书嘛。刘裕大败卢循，凯旋后晋安帝摆下庆功宴。刘毅为显示文采，当场赋诗：“六国多雄士，正始出风流。”

正因为刘毅文雅有才华，许多高门士族盛流人士喜欢和他交往，谢混和高平郗氏的郗僧施是刘毅的死党。郗僧施是郗鉴的曾孙，郗超的儿子。刘毅任职荆州后，郗僧施情愿放弃管辖京都建康的丹阳尹，去做南蛮校尉。刘毅高兴地说："昔刘备之有孔明，犹鱼之有水，我们也是一样。"

刘毅的骄横怨望、结党营私终于触到刘裕痛处，自己拼命拉拢高门士族支持，而冠冕望族纷纷倒向刘毅，这终于促使刘裕狠下杀手。

心机深沉的刘裕不动声色地纵容着刘毅的所作所为。刘毅原本都督荆、宁、秦、雍四州，又要求兼督交、广二州；接着又向刘裕要郗僧施和毛修之到荆州任职；把原豫州文武故吏和江州兵都带到荆州，独断专行，安插亲信。刘裕总是睁一只眼、闭一只眼，从来照准，暗地里积极准备消灭他，精心挑选两员大将为前锋，王镇恶和蒯恩。

王镇恶是王猛的孙子，五月初五生人。当地风俗五月为恶月，家人不高兴，王猛看过以后说："此非常儿，孟尝君是恶月出生，成为齐国宰相，这个小孩也能兴旺我家。"起名字叫镇恶。关中战乱，王镇恶随叔父王曜来到晋国，客居荆州。王镇恶好读兵书，喜欢议论军国大事，弯弓跨马非其所长，然而意略纵横，果决能断，是一名儒将。

北伐南燕时，有人将王镇恶推荐给刘裕。王镇恶为人强辩，有口才，随机应变能力强。一经交谈，刘裕感觉到此人的不凡，留住一宿，次日凌晨对诸将感叹道："镇恶，王猛之孙，所谓将门有将！"任命为参军，在北伐南燕和追击卢循战役中颇建军功。

刘裕图谋讨伐刘毅时，王镇恶自告奋勇："刘公若讨西楚，请赐百舸为前锋！"刘裕欣然应允，让他和蒯恩同为先锋。蒯恩同样是刘裕一手提拔起来的战将，出身贫贱，孙恩起义时，县里派给刘裕的北府军充当马夫。

蒯恩力大无穷，背负大捆的草料是平常人的一倍，每次把草料扔到地下，总叹气说："大丈夫弯弓三石，怎么能整天喂马！"碰巧有一次让刘裕听到，成全了他，发给武器打仗，蒯恩每次都冲锋在前，曾被射伤左目，成了独眼龙。每次战役打完，总是他斩获的首级最多，不仅勇猛，而且对刘裕忠心耿耿。

刘裕处心积虑想除掉刘毅，一个机会悄悄来临。刘毅得了重病，郗僧施等人怕刘毅死后荆州归别人，于是劝说刘毅请求朝廷派堂弟兖州刺史刘藩做副手。刘裕假意应允，借刘藩从广陵入朝之机，把他连同谢混等人一起抓起来，逼他们自尽。

王镇恶和蒯恩诈称刘藩西上，乘一百条船先行。刘裕率大军随后出发，对本次偷袭行动向王镇恶做出指示：“如果有机会就出击，没有机会的话，烧其船舰，屯驻江中等候大军。”

先锋部队昼夜兼行，很快到了离江陵城二十里的地方，荆州方面毫无防备。 王镇恶自豫章口舍船登岸，每条船留一两个人，准备战鼓，遍插旗帜，派兵焚烧荆州的战船，率主力沿陆路进兵，突然出现在江陵城。

王镇恶与蒯恩分路杀向府衙，此时长江之上烟焰张天，鼓声大振。刘毅仓皇指挥军队还击。王镇恶一边放火，一边扬言刘太尉已到，冲杀在前，身中五箭，长矛折断，犹自奋战不休。

王镇恶不会武功，甚至骑马都不稳，更别说弯弓射箭。可这样一位将领，每次作战总是冲锋在前，不能不说命运眷顾勇敢的人。武功高强并不代表勇敢，勇敢是无所畏惧。

经过一天激战，荆州兵陆续散去，刘毅的亲兵仍在拼命抵抗。夜半，刘毅突围出城，躲进牛牧佛寺。寺内的僧众却拒绝为这位末路将军提供藏身之处。佛寺本是赎罪的地方，俗人中的圣地，佛祖宽恕所有有罪的人。几年前，牛牧佛寺接纳过一名桓家子弟，结果住持被刘毅斩杀。造化弄人，事有因果，佛祖告诉刘毅一个道理，得饶人处且饶人。

刘毅一声叹息，向那个战友磕头求饶岂是他肯做的，死便死了，有什么了不起。刘毅轻蔑地望了一眼高大的佛像，你不留我，我便去死，说什么不许自杀，我便死在你的佛院里，瞧你如何度人。

一根绳子，一具肉体，生命是如此简单。成者王侯败者贼，我在这里了，刘裕，你来取吧。

江陵城平后二十日，大军方至。刘裕看到刘毅的头颅，就像看到桓玄的头颅，这些人不过是梯子，供他刘裕向上爬的梯子。梯子有多长，地位就有多高。

王镇恶，将才也！

捕捉战机，巧布伪装，以少破众，显示出高超的战术素养和果敢精神，也暴露出争强好胜的性格。北伐战争中王镇恶将快速突袭的战术发挥得淋漓尽致，终于一战成名，但是，性格中的弱点为他令人惋惜的命运埋下伏笔。

刘毅被杀，于京口同时建义尚在朝廷中掌握大权的只有为人骄纵贪刻的诸葛长民一人了。刘裕征讨荆州，为表示对诸葛长民的信任，让他负责朝廷事务。

刘毅死讯传来，兔死狐悲，诸葛长民感到祸事不远，对亲信说："'前年诛彭越，今年杀韩信。'我的大祸就要来了！"又忐忑不安地到刘穆之那里去试探口风："悠悠之言，皆云太尉与我不平，何以至此？"

刘穆之马上安慰道：" 相公（刘裕任太尉成为实际的宰相，故有此尊称）溯流远征，老母和幼子交付节下，如果有一点点的不信任，岂能如此安排？"诸葛长民心里这才稍稍安定一些。

弟弟诸葛黎民极力劝说他乘机起事，诸葛长民犹豫不决，举棋不定，寝食不安，时常自言自语叹息："贫贱常思富贵，富贵必履危机，就算今日重新去丹徒做布衣百姓，也难得啦！"思来想去，他写了一封密信给刘敬宣说："盘龙（刘毅的字）狠戾专恣，自取夷灭。异端将尽，世路方夷，富贵之事，相与共之。"

刘敬宣哪里有谋反的胆量，回信说："下官自义熙（刘裕掌权时东晋年号）以来，添三州、七郡，常惧福过灾生，思避盈居损，富贵之旨，非所敢当。"并把诸葛长民信件交给刘裕，刘裕看后，淡淡道："阿寿（刘敬宣小名）不负我也。"

这块最后的绊脚石，必须除掉。刘裕不随大军班师，乘轻舟借夜色神不知鬼不觉回到东府。满朝文武在江边没有接到。次日天明，诸葛长民慌忙登门拜候。刘裕召其共坐，屏退左右，推心置腹，无所不谈，平生从未说过的话，也都说了。至于说过什么我们不得而知，应该是刘裕平生际遇以及抱负吧？说得诸葛长民很是高兴，毫无戒心。事先埋伏在幔帐中的武士丁旿突然从后面现身，一刀结果了他的性命。

杀死诸葛长民，接着削平司马宗室的势力，司马休之、鲁轨、鲁宗之等亲晋的实权人物纷纷逃往后秦，刘裕把朝廷大权牢牢握在手中。晋安帝加封刘裕中外大都督，掌管全国军权，剑履上殿，入朝不趋，赞拜不名，成为真正的领袖。

刘裕有知人之明，善于将将，比曹操强。诸葛亮曾经在《后出师表》中批评曹操“任用李服而李服图之，委任夏侯而夏侯败亡”。曹操不善用人，大约是疑心太重的缘故，所以每次战争只能亲自出马，否则大多失败。

刘毅、何无忌等人和刘裕平级，不是刘裕能指挥动的。他所提拔的将领孙处、沈田子，以轻师席卷番禺，王镇恶、蒯恩以百舸平定荆州，这才仅仅是开始，又一名英才朱龄石登上伐蜀的战船。

贰 帝王是个苦差事

益州谯纵是刘裕心中的痛。他一生总打胜仗，无论亲自出马，还是遣将出击，所向披靡，唯独刘敬宣的伐蜀之战，无功而返。

益州原本是东晋领土，刘裕起兵复兴晋朝，益州刺史毛璩出兵帮忙杀死了桓玄。这件事为毛璩惹下杀身之祸，他征调三万蜀军顺流东下协助晋军征讨桓氏残余势力。四川的氐兵不愿意背井离乡出去打仗，发动兵变，选谁当首领呢？大家选中谯纵。

有人为帝王争得头破血流，也有人为帝王让得差点儿丢掉性命。或许有人会问，真有这样的傻子吗？有，他就是谯纵。在他眼里，帝王是个苦差事。

谯纵是四川土著人，军中任职参军，为人和蔼可亲。龙袍加身，谯纵害了怕，他可没有宋太祖赵匡胤的野心。陈桥兵变是赵某人一手策划，这次兵变，谯纵根本不知情。谯纵再三推辞，又是作揖，又是磕头，最后投水自尽，表示不敢接受。他越是谦虚，士兵们越喜欢，从水里捞出来，推为首领。

不承想，兵变成功，打进成都，杀死毛璩，谯纵自称成都王，脱离东晋统治，向后秦称臣。后秦皇帝姚兴任命谯纵为蜀王，蜀地大乱。

毛氏家族遭灭门。杀死桓玄的功臣、白帝城守将毛修之志在复仇，极力怂恿，刘裕派冠军将军刘敬宣率兵五千征蜀。

由长江入川进攻成都有两条水路，内水和外水。内水即涪江，外水即岷江，外水直通成都，内水通绵阳转陆路到达成都。

刘敬宣作战开始比较顺利，分派两千人虚张声势出外水佯攻，自率精锐出内水，转战而前，所向有功，一直打到遂宁郡的黄虎。他的用兵意图被蜀军识破，谯纵大将谯道福坚守黄虎六十多天，与晋军大小十余战，随后固守不出。谯纵向姚兴求救，后秦军的援兵即将到达。晋军粮尽，又兼军中疫病流行，士兵死伤大半，刘敬宣引兵退走。

伐蜀失利。刘敬宣是刘裕极力推荐的将领，因此刘裕威望受损，刘毅则趁机对亲刘裕的刘敬宣进行打击报复。

刘敬宣和刘毅早年结怨，无非因为一句话。刘毅未发迹前，曾经做过刘敬宣的参军。有人在刘敬宣跟前推荐刘毅，说他是当世的英雄豪杰。刘敬宣对刘毅评价客观公正，他说："非常之才应该有宽阔的胸怀和气量。刘毅此君的性格，外表宽厚，而心胸狭窄，自视很高，总想在别人之上，即使掌握大权，也一定会因为犯上而招到祸患。"

父亲刘牢之死后，刘敬宣逃亡江北。京口建义，刘敬宣回到江南。刘毅永远记得他的那句话，派人对刘裕说："刘敬宣没有参与京口建义，平乱立功的将士才能论功行赏，像刘敬宣那样的官员，应该让他们靠后一些。如果你不忘记过去的情谊，不妨给个闲散的官做，就可以了。做郡守太过于优厚，做方面大员简直骇人听闻。"刘敬宣愈加感到心中不安，上表请求解去职务。朝廷任命他做宣城内史。

刘裕安排刘敬宣伐蜀，想让他露露脸，没想到弄巧成拙。刘毅跳出来，横加指责，要军法从事。刘裕再三保护，好在何无忌站在刘裕一边，劝刘毅："怎么能用私人间的恩怨伤害天下的公道呢！"胜负兵家常事，一失利就砍头，谁敢带兵啊，私是私，公是公，刘毅这才罢休。

晋军粮尽退兵之时，谯纵下令将益州刺史毛璩、梁州刺史毛瑾等人的棺材扔进长江，顺流漂下，以示羞辱。卢循起兵，谯纵联络后秦军队入侵襄阳。

出来混，迟早是要还的。谯纵！刘裕记住了他的名字，不会轻易放过。刘裕平定荆州后，要和谯纵算总账。

益州是北伐战略重要的一环，一定要收复，问题是伐蜀主将的选择。刘裕和曹操事必躬亲不同，对领袖来说，用人更重要。借平定荆州之机，刘裕力排众议，任用资历尚轻的朱龄石担当益州刺史，率臧熹、蒯恩、刘钟等将领，统兵两万，自荆州入川。

朱龄石和桓家子弟是玩伴，从小喜欢武功，练家子出身，武学高手，任性胡来，不加检点。舅舅蒋氏无能软弱，草包一个，朱龄石不喜欢。当舅舅睡觉的时候，他剪了一寸见方的纸片，粘在舅舅的枕头上。他手拿刀子，离着八九尺远，“嗖嗖嗖”往纸片上掷，百发百中，吓得舅舅心惊肉跳，不敢动弹，由着外甥练飞刀。舅舅头上长了一个大瘤子，朱龄石等他睡着了，拿刀子割，结果当场割死。

刘裕倒桓，任命朱龄石为参军。江乘之战，他对刘裕说：“我家世受桓氏之恩，不会与桓家的人兵刃相见，我跟在队伍后头。”刘裕认为他够义气，不勉强。

于今，朱龄石被刘裕委以伐蜀重任，连官职高出许多的刘裕妻弟臧熹都听他指挥。伐蜀前夕，刘、朱二人商议西进策略，刘裕说：“刘敬宣往年出内水，无功而退。按说我们这一次应该从外水进军，贼一定认为我们会采用出其不意的战术，还是会从黄虎进攻。因此，他们仍然会用重兵守涪城以备内道，如果走内水，正中其计。我们以主力自外水取成都，用疑兵出内水，才是制敌的奇略。”为了确保军事机密不被泄露，临行，刘裕给他一封密函，信上写着：“至白帝乃开。”

公元前 413 年六月，朱龄石兵至白帝城，打开刘裕密令，上面写道：“众军悉从外水取成都，臧熹从中水取广汉，老弱乘高舰十余，从内水向黄虎。”朱龄石按照刘裕之令，以主力从外水攻取益州，臧熹从中水攻取广汉，老弱者乘战舰十余艘虚张声势从内水向黄虎。

果然如刘裕所料，蜀将谯道福率重兵镇守涪城，以备内水。棋差一着，败局已定。

晋军兵抵平模，离成都二百里。平模有蜀军一万多兵力，夹岷江两岸筑垒拒守。朱龄石采纳刘钟建议，抓住战机，发动袭击，先克北城，再克南城。晋军弃船登陆向成都进军，臧熹至牛脾，击斩蜀将谯抚之，蜀军自打鼻山溃退。两路晋军深入蜀地，蜀军诸营望风而逃。

谯纵走投无路，他早就想到会有这么一天。一条生命换来八年的富贵，值还是不值？他把腰带挂到树梢的那一瞬间，明白了一个道理，平平安安才是福。这个道理他早就懂，可上天总是喜欢捉弄那些明白事理的人。

朱龄石兵入成都，益州重新纳入东晋版图。以西征为契机，刘裕把东晋的势力重新扩张到西南，对后秦国的关中政权施以重压，一步步实行着统一中国的战略。伟大的万里北伐就要开始，而西北七个政权却浑然不觉，还在为古老的河西牧场打得不可开交。

叁 沮渠蒙逊与秃发乌孤

为牵制后秦兵力，益州刺史朱龄石的使节来到凉州，向北凉国主河西王沮渠蒙逊宣谕大晋朝威德，外交战拉开北伐序幕。这只狡猾的匈奴族狐狸马上悟出刘裕的意图，当即上表晋廷：“伏闻车骑将军刘裕秣马挥戈，欲清中原，可谓天赞大晋，笃生英辅。臣愿为右翼，驱除戎虏。”

晋廷指望沮渠蒙逊打击后秦不现实，因为狐狸太狡猾。或许有人会问，凉州不是后凉吕光的吗？沮渠蒙逊何许人也，如何得到这片美丽牧场？

获取战争的胜利不能只靠武力，智慧起着决定性作用。丝绸古道上发生了一个真实、野蛮、残忍、阴险的故事。为了一块肥肉七只野兽互相撕咬，最后获利的却是一只弱小的狐狸。这个故事告诉人们，智慧比武力更强大。

中原战乱，河西走廊一直保持着它的安宁和平静，前凉灭亡，前秦接管凉州，汉人、氐人、羌人、铁弗匈奴人、卢水胡匈奴人、乞伏鲜卑人、秃发鲜卑人等各族人民共同生活在这片大漠与草原、关山与长河交相辉映的土地上。

淝水之战的鼓角唤起人们争强好斗的欲望，平定西域叛乱的大英雄吕光一度征服凉州，凭借武功与威望暂时安抚下那一颗颗勇敢的心。人终归要老的，英雄也有暮年。五十八岁的吕光再也无力控制各族蠢蠢欲动的野兽。一个叫作秃发乌孤的鲜卑人流着泪发誓要恢复祖先的光荣。

秃发乌孤的祖先出自北部鲜卑，与拓跋鲜卑同宗，秃发是拓跋的异音，秃发乌孤的八世祖秃发匹孤是北魏圣武皇帝诘汾的长子。因为力微系天女所生，继承部族，秃发匹孤一气之下，率领部落从塞北来到河西，世代居此。传至秃发树机能，累败晋军，尽有凉州之地。晋武帝为之寝食不安，发兵围剿，树机能终为晋将马隆所杀，秃发鲜卑又回到河西故地，生息至今。

部落首领传至秃发乌孤，接受后凉天王吕光委任，作为后凉国冠军大将军、河西鲜卑大都统，为吕光征服不少部落，在廉川筑起城堡。

秃发乌孤登上廉川大山，放眼四望，感怀祖宗创立的伟业，流泪哭泣，许下大志：剪灭诸部，一统凉州！秃发乌孤南征北战，逼降凉州南端大大小小许多部落。当吕光派使者拜秃发乌孤为左贤王时，日益强大的秃发乌孤断然拒绝。他对使者毫不客气地说："凉州本是我们秃发人的地盘，吕光算老几！他那几个儿子、外甥残暴凶狠，让我听他们的，没门！回去告诉吕光，我秃发乌孤称王了！"

秃发乌孤自称大单于、西平王，不受后凉国节制，筑起秃发鲜卑人的都城乐都。秃发乌孤点燃了凉州战乱的烽火。

吕光大怒，发兵攻打辖区内第一个不听话的部落。双方战于街亭，凉兵大败。正当秃发乌孤奋发向上欲大干一番事业的时候，乐极生悲，因醉酒从马背上跌落下来摔断肋骨。侍卫扶起以后，秃发乌孤不忘幽默一句："几使吕光父子大喜。"

吕光父子最终还是喜笑颜开。这位雄勇大志的鲜卑豪杰因伤势过重，不久一命呜呼。弟弟秃发利鹿孤继位，三年后病死，利鹿孤的弟弟秃发傉檀登上王位，自称凉王，史称南凉。

最大的敌人隐藏在内部。秃发鲜卑人再闹始终是芥癣之疾，手足相残才是心腹之患。吕光明白，儿子们不懂，终于断送了后凉政权。西域征服者临死之时，再三告诫诸子不要争斗，要团结和睦，共渡难关，否则大祸临头。

吕光尸骨未寒，长子吕纂逼死嫡子吕绍，自立为王，过了不久，被吕光侄子吕隆兄弟所杀，吕隆即后凉天王位。吕氏家族自相残杀，凉州动乱不已，各族百姓各自拥立领袖割据一方。一时间四个凉国同时崛起。

除南凉之外，汉人拥立陇西高门望族敦煌太守李暠为凉公，控制酒泉、敦煌、玉门、安西等地，建立西凉政权，李暠死后，李歆继位。

卢水胡匈奴人在沮渠蒙逊鼓动下，先拥立吕光将领段业为凉王，紧接着又将他杀死，占据张掖，沮渠蒙逊自称凉州牧，史称北凉。沮渠是匈奴官名，沮渠蒙逊祖上做过匈奴左沮渠，后以此官名为姓氏，由此可见，北凉是匈奴族王国。

沮渠蒙逊不同于野蛮的匈奴人，他博览史书，颇晓天文，雄杰有英略，滑稽善权变，是凉州的一只狡狐。建国初期，屈事南凉，避免争端，暗地里悄悄积聚力量，势力最弱的卢水胡匈奴人在他的带领下，慢慢变得强大。

南凉、西凉、北凉为争凉州正统，都把眼光瞄向凉州的治所、后凉国首府姑臧城（今甘肃武威）。这场大厮杀中，周边三个政权也参与进来，后秦、西秦，还有另外一个匈奴族王国大夏，它的国王是一只嗜血成性、残忍凶恶的狼——赫连勃勃。

肆 大匈奴的美男子

赫连勃勃，一个具有传奇色彩的名字。他是匈奴大夏国的开创者，器识高爽，风骨魁奇，南北朝时期著名的美男子。后秦皇帝姚兴睹之而心醉，宋高祖刘裕闻之而动色。就是这样一个英俊神武的开国君主，却是一只狂妄自大、嗜血成性、残忍凶恶的狼。他一生的传奇如同那座高耸入云端的统万城一样，湮灭在滚滚黄沙之中。

匈奴人建立的国家不多，匈奴汉国、匈奴前赵、匈奴北凉，再就是匈奴夏国，它的开国皇帝赫连勃勃另有一个名字叫作刘勃勃，他是从拓跋鲜卑骑兵马蹄下逃生的刘卫辰的小儿子。

铁弗匈奴五千人抛尸黄河的大屠杀中，刘勃勃从死人堆里爬出来，逃到鲜卑人部落薛干部。魏王拓跋珪曾派人去讨要刘勃勃，薛干部落首领太悉伏把刘勃勃叫出来让魏使看着说：“勃勃国破家亡，无路可走才跑到这里来，我宁可和他一起死，怎么忍心送给魏国呢！”使者恨恨而去，太悉伏知道拓跋珪不可能善罢甘休，让侄子叱干阿利陪着刘勃勃投靠后秦附属部落没弈干。

没弈干的女儿爱上了这个一身血泪的男儿。刘勃勃娶妻生子过上了幸福生活，太悉伏却因放走他整个部落被拓跋骑兵屠杀大半。拓跋珪不肯放过刘勃勃，继续进兵，没弈干和刘勃勃一同逃到长安。

世界是如此黑暗，现实是如此残酷。刘勃勃说他认清了世界的真面目，那就是残酷无情。

世界也有美丽的一面，就像上天赋予他的美丽容貌。刘勃勃天生美男子，比南燕国金刀太子慕容超更加英俊漂亮，身长八尺五寸，腰带十围，性辩慧，美风仪。

魏晋南北朝时期，美男子层出不穷，南朝有“掷果盈车”的潘安、“小璧人”卫阶，几乎坐定古代美男子前几把交椅。胡人也不甘落后，慕容冲、慕容超、赫连勃勃、侧帽风流的独孤郎、戴面具掩盖漂亮容颜的兰陵王，一个赛过一个。

人们奇怪地注视着魏晋南北朝，莫非上天将美男子全部生在此时？其实，并非美男多，而是那个时代的人崇尚美丽，尤其是男人。

后秦皇帝姚兴一见面就喜欢上了刘勃勃，宠爱他超过功臣旧属。姚兴的弟弟姚邕总是重复一句话：“刘勃勃不可过于亲近。”

嫉妒！女人嫉妒别人长得比自己好看，男人嫉妒别人比自己有才。

聪明的姚兴以为看透姚邕的心理：“刘勃勃有济世之才，朕准备让他守卫大秦边疆，一道平定天下，你怎么能这样猜忌呢？”

“我观察刘勃勃有段时间了。”姚邕回答道，“刘勃勃对上傲慢无礼；对下手段残忍；对待去留随意轻率。贪婪狡猾，不讲仁义，是个反复无常的小人。这样的人，陛下您过分宠爱，恐终为边患。”

姚兴沉默不语，他搞不清是自己错了，还是姚邕错了。

不久，刘勃勃接过后秦安北将军的任命书，镇守朔方，北疆地区五个鲜卑部落以及其他杂族两万多部落成为刘勃勃的属下。他的任务是召集匈奴旧部，监视北魏国举动。

人才不能浪费，姚兴要依靠刘勃勃的才智和铁弗匈奴的力量巩固后秦北疆，抵御日益强大的魏国。

令姚兴万万不曾想到的是，刘勃勃果真是个背信弃义、忘恩负义的白眼狼。刘勃勃趁后秦柴壁惨败之机，以后秦与北魏媾和为理由，和恩人姚兴决裂，还抢走柔然可汗社仑献给后秦的八千匹骏马，并以打猎为由，袭杀岳父，收编老丈人的军队。

以残酷对待世界的残酷，是刘勃勃的信条。除了残酷，还有傲慢。

铁弗匈奴是南匈奴后裔，屠谷种，南匈奴入内后，自称汉朝外孙，改姓刘。狂妄的刘勃勃自认为匈奴是天之骄子，大禹的后代，比汉朝牛，不想沿用母姓。大禹的夏国没有姓氏，于是乎，自己给自己起个姓氏，下诏说："帝王者，系天之子，是为徽赫实与天连，今改姓赫连氏。"意思是说帝王是天的儿子，伟大光耀与天相连，所以叫赫连。直系亲属之外的旁支后裔，起"铁伐"为姓，刚强锐利如铁，可以伐人。

赫连勃勃称大夏天王、大单于，恢复大禹的王朝，以朔方为根据地建立匈奴夏国，发动了对后秦的战争。

国家初建，夏国臣子们讨论建都，一致同意定都高平："陛下欲经营关中，宜先巩固根本，使人心有个寄托的地方。高平山川险固，土田饶沃，可以定都。"

赫连勃勃提出著名的骚扰战理论，他说："我们现在大业草创，部众不多；姚兴一时之雄，诸将用命，关中未可图。如果固守一个城池，他必定全力进攻，我们人少，绝不是敌手。不如以骁骑风驰，出其不意，救前则击后，救后则击前，使敌人疲于奔命，我则游食自若。不过十年，岭北、河东之地尽为我有。待姚兴死后，取长安不在话下。"

赫连勃勃的战术是草原民族惯用伎俩，依靠骑兵机动性，抢了就跑，你不防备再来抢，搞得后秦国岭北诸城大白天城门紧闭。姚兴直晃脑袋，后悔莫及，每每叹气："吾不用黄儿（姚邕的小名）之言，以至于此！"

游击战术确实取得了一定的效果，但赫连勃勃缺乏雄心。如果这种骚扰战能够获得成功的话，匈奴人早在秦朝就入主中原了，用得着成吉思汗横扫千军的战术吗？

赫连勃勃的军事战略是根据夏国所处的地理环境和军事实力来制定的。夏国兵力不足，属于游牧国家，马匹多，可以逐水草迁徙。加之它处于后秦、北魏和柔然三国交界之处，以上三国互相之间处于敌对状态，若受到后秦的攻击可以进入北魏的土地，如受到北魏的攻击可以进入后秦或柔然的境内，进退有地。

这种骚扰战术最大的弊端在于伤其皮肤不能伤其骨，难以获得足够的土地和人力，如果敌对国不出现大危机的话，根本不可能灭亡对方。

赫连勃勃卑劣的人品和无耻的军事战术都让人瞧不起。北魏明元帝拓跋嗣轻蔑地称呼他为屈孑，屈孑据说是鲜卑语的汉音，卑下的意思。就算是汉语也不是什么好词，屈服的残余分子。司马光的《资治通鉴》中称赫连勃勃为屈丐，意思相近。

凉州大乱。后凉、南凉、西凉、北凉为争夺姑臧打得不可开交，赫连勃勃也盯上凉州。此时，姑臧城易主了，南凉国主秃发傉檀成为姑臧的主人。说起来，秃发傉檀真不愧秃发鲜卑人中杰出的人才，他能在六只野兽垂涎欲滴的觊觎中兵不血刃进入凉州第一城。

秃发傉檀少机警，有才略。他的父亲曾对秃发乌孤和秃发利鹿孤说过："傉檀明识干艺，非你等所能比。"秃发利鹿孤牢记父亲的教诲，把王位传给弟弟，可惜这位弟弟表面是个人精，却目光短浅，南凉断送在他手里。

后凉发生内乱之时，姚兴打败西秦，逼降乞伏乾归，借灭西秦国之余威派大军攻打姑臧，把后凉军打得大败。西北地区重量级的大象来了，吓得北凉、南凉、西凉三国赶紧向后秦称臣。后秦军围困姑臧数月，后凉国主吕隆内忧外叛，只得派子弟入长安做人质请降，后秦军退兵。

常年战乱，姑臧发生大饥荒，十多万人饿死，一斗米价值五千钱，发生了人吃人的惨剧。城中老百姓宁愿出城给胡人做奴婢，每天好几百人往外跑。吕隆火了，大发狂犬病，认为他们动摇军心，抓住逃亡者全部坑杀，一时间积尸盈路。

北凉沮渠蒙逊趁火打劫，小试一下身手，吃败仗跑了。这个骚扰一下，那个骚扰一下，山穷水尽的吕隆只得向后秦投降，像一条丧家犬灰溜溜去长安居住，把姑臧城拱手让给姚兴。

秃发傉檀一看，机会来了，献马三千匹、羊五万只，向姚兴称臣，要求后秦封他做凉州刺史，姚兴居然同意了，姑臧城轻易划归南凉国。秃发傉檀得意非常，真把自己当成一头威风凛凛、所向无敌的凉州狮子，把南凉都城从乐都迁到姑臧。他在宣德堂设酒席宴请大臣，酒足饭饱，仰望宫室感叹说："古人有言：'盖房的人自己不住，住房的人自己不盖。'太对了。"

他高兴得有点儿过早，姚兴没那么好心眼。姑臧城是块烫手的山芋，这是大象送给狮子的一份诱饵。姚兴让出姑臧是为了消灭凉州势力最大的南凉国。

果然，先是沮渠蒙逊攻陷西郡，又来了赫连勃勃，杀伤南凉一万多人，掠走两万七千人口，抢走几十万头牲畜。秃发傉檀追击，遭到夏军伏击，伤亡一万多人，名臣勇将死者十之六七。

南凉实力大损，姚兴奸计得逞，让儿子姚弼率兵三万以攻打赫连勃勃为由，偷袭姑臧，企图一战消灭南凉国。

不承想秃发傉檀还是有点儿小聪明的，巧施牛羊计，把南凉国所有的牛羊全部放到野外，后秦军光顾抢夺牲畜，被南凉军杀个大败。这回，秃发傉檀再不受姚兴蒙骗，知道这小子没有好心眼，斗不过他。凉州刺史不做了，和后秦断绝关系，当回他的南凉王。

姚兴日子也不好过，西秦乞伏炽磐趁后秦国兵败凉州之机，回到苑川复国，像只花豹般搜寻猎物，见到机会就咬一口，抢人家的牛羊和人口。姚兴无力进攻凉州，不过他不死心，继续挑唆凉州各国窝里斗。

螳螂捕蝉，黄雀在后。各国打得筋疲力尽，沮渠蒙逊下山摘桃，数次打败南凉军。秃发乌孤兄弟苦心组建的军队挥霍殆尽。秃发傉檀不敢继续待在姑臧，回归老家乐都。一次外出征战中，猎豹乞伏炽磐抄了后路，端了其老窝。秃发傉檀下场很惨，投降西秦后被毒死。

狡狐沮渠蒙逊进入姑臧，虎气十足的西凉王李歆自命不凡，也想做凉州主人，准备攻打北凉。沮渠蒙逊算准李歆的想法，耍了个花招，扬言征讨西秦，走到半路，东进的大军转而西上，设下埋伏，挖下陷阱，单等老虎出洞。李歆果然上当，自作聪明地尽起西凉军队乘虚攻打北凉，走到都渎涧，进入北凉军的伏击圈，全军覆灭。虎头虎脑的李歆真有骨气，死活不跑，奋战而死。

七兽争霸凉州的好戏最终尘埃落定，狡猾的狐狸沮渠蒙逊坐拥祁连山下大好牧场。姚兴机关算尽未能巩固西北边陲，反而喂养了一只狠毒的白眼狼。外患难平，内忧又至，儿子们为争夺帝位拉帮结派，结党营私，姚兴智穷力竭一病不起。

皇位之争越发激烈，姚家子弟掀起一场又一场的军事政变，皇族自相残杀引发了更大灾难，姚兴被活活气死。东晋北伐大军立刻行动，在刘裕指挥下展开迅雷不及掩耳的攻势，从两国漫长的边境线上兵分数路向关中挺进。

第十五章
气吞万里如虎

时年五十三岁、踌躇满志的刘裕登上悬壁虎踞的石头城，俯视滚滚大江，仰望西北长空，心潮澎湃。两京沦陷已近百年，蛮族铁骑践踏中原，除洛阳一度光复外，晋军的旗帜从来没有在长安城头飘扬过。生命不息，战斗不止，刘裕的晋军戎旗要在万里战线上展开，第一个打击目标首选羌人的后秦国。

壹 羌帝姚泓

刘裕从来不主动打没有把握的仗，这是高级赌徒常赢钱的原因。慕容鲜卑的老皇帝死了，他进攻南燕。羌人的老皇帝死了，他自然要进攻后秦。

后秦新皇帝姚泓看似一个软弱的人，然而柔中有刚，他甚至借老皇帝的手除掉了与他争位的最大对手。

姚泓性情宽和，仁孝礼让，体弱多病，因其为长子，故而被立为太子。羌人保持着勇猛的性格，兄弟们对书生气十足的姚泓不服气，瞧不起，暗地里积聚力量，准备在姚兴死后夺取帝位。

尚书令姚弼文武全才，是老皇帝姚兴最宠爱的皇子。仗着父皇的疼爱，姚弼成为夺嫡的先锋。他有一个有利的条件——主管朝政，朝廷官员大多是他的私党。姚兴卧病其间，姚弼私自聚集三千多名死士全副武装潜藏在府第，只等老皇帝归天，动手夺位。

清代康熙皇帝的儿子们的夺嫡在暗地里进行，因为手里没有军权。后秦皇子们出镇地方，几乎人人手握一支军队。一闹起来，真刀真枪，血雨腥风。

太子姚泓有耳目，对姚弼暗地里进行的活动有所察觉。他从来不待在太子宫，日夜守在父皇身边。命令皇宫中的禁军严加戒备，重兵防守东华门。

姚泓装出一副懦弱的样子，派人透风给弟弟秦州刺史姚宣，说姚弼府中藏有数千死士，皇帝归天之后，必定杀太子登基。

嚣张跋扈的姚弼在众皇子中本就不得人心，众人怕他真的当上皇帝，于是姚宣鼓动串联其他皇子以保护太子为由出兵讨伐姚弼。各怀鬼胎的皇子发兵支持太子，蒲坂的姚懿、洛阳的姚洸、雍州的姚谌同时兵发长安。姚宣狡猾，把别人发动起来，自己却未派出一兵一卒。

姚兴病情好转，见诸皇子兵戎相见，大吃一惊。各地皇子见老皇帝病好了，连忙退兵，联络起来一起进京告姚弼状。姚兴气急败坏，却不愿声张，各打五十大板完事，撤掉姚弼尚书令的职务，把暗地里鼓动兵变的姚宣下到大狱。

怒气不息的姚兴要杀掉这两个逆子。这时，太子姚泓站了出来，流着泪说："兄弟之间不能和睦相处全是我的过错。如果我死了国家可以安定，那么让我死好了。如果陛下您不忍心让我死，那么我现在就辞去太子之位。"

姚兴好感动。他根本没有真杀死儿子们的意思，只是一时气愤。姚泓这一手做得真漂亮，除去两个兄弟的威胁不说，还彻底赢得了老皇帝的心，而且为自己争取到一员名将，皇叔姚绍。姚绍是姚弼同党，姚泓和他推心置腹，无话不谈。老皇叔也感动了，表示痛改前非，忠心于太子。

公元 416 年一月，姚兴病情再度转重，皇妹南安长公主来探视，轻轻呼唤，姚兴奄奄一息，没有答话。小皇子耕儿出宫后告诉哥哥姚愔说："皇上已经驾崩，赶快动手。"姚愔与姚弼是一党，闻听后马上带兵攻打端门，禁军和太子东宫兵联合抵抗。端门起火，皇宫内杀成一片。

重病中的姚兴惊起，挣扎着走到前殿，最不想看到的事情还是发生了。姚弼文武全才，曾经打败过匈奴夏国，姚兴原本满心指望他辅佐姚泓支撑大秦国局面，孰知贪欲害死人，他竟走上手足残杀的不归路。姚兴用尽最后的力气，宣布将姚弼赐死！禁军见到老皇帝，精神大振，斗志倍增，叛军惊退奔败。姚兴气怒交织，病势加重，与世长辞。

姚泓登上帝位后露出狰狞面目，把发动叛乱的兄弟们全部捕杀。

兄弟争国，四境的敌人闻风而动。西秦乞伏炽磐侵入边境；氐人、匈奴部落聚众叛乱；夏国国王赫连勃勃乘机攻取天水、阴密、安定、雍城等关中北部地区，向眉城挺进。

赫连美男口气不小，水平一般。后秦名将皇叔姚绍率步骑五万反击，攻克安定，在马鞍阪大败赫连勃勃，铁伐们逃得无影无踪。

姚泓经受住了一连串的打击，但最为严峻的考验在后头。气吞万里如虎的江南大英雄刘裕才是他人生中最大的噩梦。

整个江南沉浸在战争胜利的狂乱中，人们的热情汇集于朱雀航。这座南朝秦淮河二十四航最大的浮桥见证了江南人沸腾的狂热。砍下燕国皇帝慕容超头颅的一瞬，人山人海，人们呼喊着刘裕的名字。卢循的死亡又给刘裕增添了一道金色光彩。

江南人视刘裕为新的希望。他给日落西山的晋帝国带来尊严，人们重新获取了大帝国的满足感。

平民热爱刘裕，门阀惧怕刘裕。士兵们渴望新的征服，他们需要更多的财富。刘裕安静地等待机会，只要有耐心，机会总会来到你的面前。

机会出现了，后秦国皇帝姚兴病死。若想让机会从刘裕手指缝里溜走，太难。刘裕下令出兵北伐，江南人的热情再次被点燃。

江河水盛，桂花飘香。

大江之畔，石头城下，刘裕和刘穆之话别。两人没有说话，谁也不必说话，心知肚明。北伐军的大后方、刘裕的未来全部托付给刘穆之。

东晋军队兵分五路，水陆并进，浩浩荡荡踏上万里征程。

第一路，王镇恶、檀道济率步兵为前锋，自淮、淝一带向许昌、洛阳方向进攻。

第二路，沈林子、刘遵考率水军，趋石门，自汴水入黄河，直指洛阳。

第三路，朱超石、胡藩率部由襄阳赴阳城。

第四路，沈田子、傅弘之率部由襄阳趋武关。

第五路，刘裕率大军最后出发，王仲德统领前锋，经泗水开巨野泽入黄河。

和东晋历次北伐一样，刘裕选择用水军为作战部队运送物资。第一战略目标攻占洛阳，第二战略目标进攻长安。

王镇恶和檀道济主攻洛阳，朱超石部策应，沈田子部吸引后秦关中部队，沈林子水军保障军队给养，这是刘裕第一步棋。

如果晋军实现第一战略目标，整条战线便暴露在北魏国眼皮底下。魏军会不会参战？刘裕也做出了部署，王仲德率水军进入黄河阻挡北魏军队南下救援秦国。等刘裕大军到达洛阳与各路军队会师后，合力进攻关中。刘裕设计的作战计划极其精妙，浑然天成。

贰 群将争功

出身平民的将领们明白，前程、富贵、跻身门阀士族行列，一切荣耀与梦想要靠军功去实现。每一路主将都坚信：我会第一个到达长安。

王镇恶是箭头，担任主攻。因此，出发前，刘穆之特意在积弩堂做动员，勉励说："昔年晋文王委任邓艾伐蜀，而今相公把伐秦重任交给你，自勉自强！莫要辜负信任。"王镇恶当即斩钉截铁立下军令状："不克关中，誓不复济江！"

刘穆之将他比作灭蜀的邓艾，这对壮志凌云的王镇恶来说，是不祥之兆。邓艾荡定巴蜀之后下场凄惨，有邓艾恐怕少不了钟会，难道真有人会成为钟会吗？历史惊人地相似，由襄阳向武关进军的沈田子不幸扮演了这样的角色。

没有人能够预知未来。王镇恶信心爆棚地率军出发。东晋前锋军团由两员大将指挥，除王镇恶外，还有檀道济。檀道济是一员勇将，跟随刘裕京口建义，转战南北，向来身先士卒，所向摧破。王镇恶想立功，檀道济不服输，两人各率一支部队进攻。王镇恶在北，檀道济在南，自东而西向洛阳攻击前进。

两路晋军以迅雷不及掩耳之势，在河南大平原飞速挺进，连战连捷。

后秦国各地守将望风降服。檀道济进军更为神速，攻破新蔡，进克中原重镇许昌。沈林子水军自汴水入黄河，攻克仓垣，与王镇恶、檀道济会师成皋关。

晋军合兵一处，马不停蹄，长驱西进，大败洛阳外围守军，俘虏秦军四千余人。檀道济直逼洛阳，守军投降。后秦援军震惊于晋军的闪电攻势，不敢援救，坐看洛阳失守。

晋朝旧都洛阳光复。晋军前锋军团一个多月转战一千多里，几乎将步兵当作骑兵用，此时刘裕的大军尚未从彭城起程。

后秦土地接连沦陷，但皇位之争丝毫没有停止的迹象。镇守陕津防备晋军的皇子姚懿自称皇帝，姚泓忙派皇叔姚绍前往镇压。

姚绍是关中名将，姚泓之所以千方百计从弟弟那边把他争取过来，就为他的军事才能。姚绍不负众望，一举平定姚懿之乱。一波刚平，一波又起，镇守安定的姚恢不满待在凶险北疆，以清君侧名义率镇民向长安进发。姚绍急急忙忙回到灵台阻击，好不容易杀死姚恢。此时晋军已打下渑池，进逼潼关。

根据刘裕的战略部署，前锋诸军到达洛阳后，等待后续大军会合再前进。王镇恶见檀道济先入洛阳，夺了头功，又发现后秦内乱，认为潼关空虚，当机立断，违反刘裕战前布置，径直扑向潼关。檀道济、沈林子也不示弱，采用曹操破马超之计，北渡黄河杀向蒲阪，准备由此渡口处入关。

姚绍率五万大军狼狈东归，抢在王镇恶之前到达潼关，借助潼关天险和蒲阪坚城组织起有效防御。也就是姚绍，换成别人，东一头，西一头，部队早已拖垮。姚绍再次凝聚起秦军斗志，击败了晋军进攻。

王镇恶攻势受阻，檀道济、沈林子也分别在蒲阪和匈奴堡遭遇挫折。前锋军团的将领们这才感觉到形势不容乐观。他们的补给线拉得太长了，沈林子水军所带的给养不足以维持前锋军团旷日持久的战争。沈林子认为既然蒲陂有重兵把守，不宜再攻，建议檀道济向王镇恶靠拢，集中兵力打潼关。

檀道济挥师渡河南下，与王镇恶合兵猛攻潼关，大败后秦军。姚绍不愧是关右名将，不慌不乱，据险坚守，派军队截断晋军陆上和水上粮道。

转眼到了第二年三月，晋兵军粮短缺的现象越来越严重。刘裕的后继部队看不见踪影，士兵们恐惧不安。

檀道济召开紧急会议，有将领提出舍弃辎重，轻军而退，与主力会合。沈林子按剑大怒，声色俱厉：“相公志清六合，今许、洛已定，关右将平，大事成功与否系于前锋。奈何沮乘胜之气，弃垂成之功！况且大军尚远，贼众方盛，即便退兵，走得了吗！下官授命先行，决不回头，今天这场仗我自己去打，不知你们这些君子有何面目去见相公旗鼓！”

沈林子破釜沉舟，回到营地，下令填塞水井，焚烧营舍，率麾下数百名士兵攻打秦军西北营寨。

几百人对几万人，有用吗？有用！打仗靠的是勇气，沈林子激发了晋军的斗志。晋军集体出动，猛攻敌营，大败秦军，俘获数千敌人。

秦军连输数阵。姚绍仰仗人多势众，坚守不战。晋军诸将只得命人飞骑报告刘裕，请求派兵支援。

刘裕大军已入黄河，可偏偏没法子赶路，因为河岸有拓跋鲜卑十万铁骑。

叁 却月阵

黄河以北是北魏国领土。北魏在黄河南岸唯一据点滑台的守将尉建见晋军声势浩大，气势汹汹，弃城渡河逃走。

水军先锋王仲德进驻滑台，占便宜卖乖，向百姓们说：“我们晋朝本来打算用七万匹布帛做代价向魏国借道，不想你们的守将突然放弃城池走了。”言下之意，我们不想与魏国为敌，布匹省下了。

北魏明元帝拓跋嗣大怒，召集文武官员商议对策。此时晋朝的使臣和后秦国的使臣都到了，刘裕借道，姚泓求援。

拓跋嗣夫人姚氏是姚兴的女儿、后秦国的西平长公主，深得拓跋嗣宠爱，曾想立为皇后，可惜铸金人没有成功不得立，以夫人名义统领后宫。拓跋嗣几次想扶正，姚氏总是谦让说，别因为我破坏了大魏国的旧例。拓跋嗣是个明理的人，妻子越贤淑明理越受宠。

有这么一位夫人，从感情上讲，拓跋嗣倾向于后秦国，但军国大事不是皇帝一个人说了算。国家利益至上，要听听臣下们的意见，除非你是个昏君。

群臣异口同声:“潼关天险，一夫当关、万夫莫开的地方，刘裕用水军怎么可能攻下来？黄河以北一片坦途，晋军登岸向北进攻容易多了。刘裕声言伐秦，其志难测，明明是假途伐虢之计。再说了，秦国与我国联姻，不可不救，应迅速派兵切断黄河上流，阻止晋军西进。”群臣认为刘裕灭后秦是假，趁机北上打魏国是真，要求出兵与晋国开仗。

拓跋嗣眉开眼笑，这下找到救援大舅哥的理由了。偏偏有个不识时务的人坚决反对，他是博士祭酒崔浩。

崔浩时年三十七岁，河北高门望族。说这话的时候，恐怕谁也不会想到，不出十年，满朝鲜卑豪强都会听命于他这个汉人。

崔浩说:“刘裕图谋秦国的野心不是一天两天了。姚兴去世，姚泓愚劣懦弱，国家发生内乱，刘裕趁其危难出兵讨伐，志在必得。如果我们扼守上流，使晋军不得西进，刘裕一怒之下，必定登岸北侵，我们反倒成为秦国的替死鬼。不如借道，听任晋军西上，然后用大军断其归路。如果刘裕打下关中，会感激我们借路的恩德；如果兵败，我们也会有援救秦国的美名，这才是上策。况且，南方与北方风俗不同，即使国家放弃恒山以南的领土，刘裕必不能以吴越之兵与我争守河北之地，安能为患！为国家定大计的人，只能以社稷为重，怎么能顾念一个女子！”

既养汉，又撇清，这就是政治。崔浩说得很圆滑，凭什么去做秦国的替死鬼，完全可以做得让两方感激我们，争着说:“谢谢了啊！”

鲜卑贵族们不这样想，他们总觉得刘裕是冲着河北来的，纷纷发言:“刘裕西入潼关肯定害怕我们切断退路，腹背受敌。如果北上，秦国必定不敢出关助我。所以说，刘裕是声西击北，意在我国。取什么关中，分明是想取河北。”

拓跋嗣内心希望帮助秦国。不管刘裕有没有攻打魏国的意图，都不敢掉以轻心。下诏大将叔孙建、公孙表引兵渡河，将畏敌逃跑的尉建斩于滑台城下，投尸黄河，向晋军示威。司徒长孙嵩为大都督，率大将娥清、阿薄干调集步骑十万屯驻黄河北岸，严阵以待。

浪涛奔涌而来，拍打河岸，黄河呈现一派壮观景象。晋军船队覆压河面，南岸绛旗迎风招展，北岸魏军绵延不绝，数千魏国铁甲骑兵尾随晋军船队西行。

船舰只能靠南行驶，晋兵在南岸用长绳牵引战船。风水迅急，有的牵绳突然扯断，战船就漂流到北岸，船上的士兵和物资遭到魏军诛杀劫掠。刘裕派军还击。晋军一上岸，魏骑就逃跑，等晋军回到船上，魏骑又返回岸边。

刘裕正在生气，檀道济、王镇恶请求增援的书信到了。刘裕把信使叫到跟前，“啪”的一声推开座舰北窗，指着河上黑压压的魏军铁甲骑兵，怒道：“我当初怎么说的，不要单独进军，如今轻佻深入，岸上这般光景，我怎么派得出军队！”

上火归上火，刘裕不是那种面临困难束手无策的人。真正的将领必须能够根据形势变化创新战术，发明克敌制胜的武器，刘裕史无前例地摆出军事史上著名的以步兵克骑兵的“却月阵”。

近卫队长虎将丁旿率七百人及战车百乘，抢渡北岸，距黄河百余步处布下弧形阵。该阵以河岸为月弦，两头抱河，形似新月，故称“却月阵”。每辆战车设置七名武士，布置好后，丁旿在阵中竖起一根白羽令旗。

魏军见数百名晋军上岸登上战车，不解其意，没敢贸然采取行动，呆呆地观察。晋将朱超石见却月阵中白旗挥动，迅速率两千士兵携带一百张大弩，飞奔进入阵中，登上战车。每辆战车增加二十名士卒，车辕前张设盾牌，保护战车。

晋军立营已毕，看得莫名其妙的魏骑开始展开围攻。朱超石先以软弓小箭射向魏军，向其示弱。魏军果然中计，认为晋军人少兵弱，三面合围，大举而进。魏军总指挥长孙嵩接到报告，亲率三万骑兵助战，一起猛攻晋军。

晋军士兵改换大弩猛射，选神射手集束发射，箭如骤雨，射伤无数。魏军仰仗人多甲固，不顾伤亡，三面发动冲锋，愈战人愈多，铁甲骑兵眼见逼近却月阵。

朱超石命士兵将携带的千余根长槊，截断为三四尺长，用大锤锤击进行发射，一根断槊就能洞穿三四个人的胸膛。再坚固的铁甲也经不起锤击长矛的威力，魏军死者堆积如山，余众奔溃。

晋军追击，斩魏将阿薄干，攻围畔城，再败魏军，杀敌数以千计。拓跋嗣闻报，跺脚叹息，恨不用崔浩之言，再也不敢向晋军寻衅。

刘裕的责备激发了前锋兵团的斗志。王镇恶利用家族关系亲自到弘农筹措粮食，发动百姓捐献。“关中良相唯王猛。”对于关中人来说，王猛就是神灵，他的孙子自然不同凡人，军粮如数筹齐。

沈林子击败断粮道的后秦军，斩杀姚洽、唐小方，这支后秦军几乎全军覆灭。主帅姚绍得知姚洽等人战败身死，又伤心又愤怒，发病呕血，把兵权交给东平公姚瓒，不久，死去。

刘裕兵入洛阳，与前锋兵团会师，大军直指关中最后一道要塞潼关。

肆 轻舟入渭水

“关门扼九州，飞鸟不能逾。”潼关南依秦岭，北靠黄河，三山夹立，延绵数百里，极尽险阻，号称天险。晋军受阻潼关，屡攻不下，刘裕正焦急，却得到从襄阳出发的晋军传来的战报，沈田子、傅弘之攻克武关，抵达青泥。

刘裕随之调整主攻方向，分出两支军队，让沈林子率部翻越秦岭，增援青泥方向的晋军，变偏师为主力向长安挺进；采用檀道济上次用过的办法，派朱超石北渡黄河，攻打蒲阪，企图从那里渡河西进。

沈林子到达青泥之后，发现晋军刚刚取得一场辉煌的胜利。原来，秦帝姚泓见潼关战事僵持不下，调集关中后备军准备亲自增援前线，又怕深入到青泥的晋军偷袭长安，便率领数万步骑进攻青泥。

青泥晋军是疑兵，仅有一千多人。一千人遇到比自己多出二三十倍的敌人，一般只会选择逃跑。

这支部队的主将沈田子听说秦国皇帝亲自来了，非但不害怕，反而斗志更旺，集合队伍下令出击。副将傅弘之认为兵力太少，不同意会战。沈田子道：“兵贵用奇，不在人数多少，而今众寡相差悬殊，一旦敌人安营下寨，巩固阵势，我们想逃都逃不了。不如乘他们立足未稳，主动出击，定能成功。”

晋军主动冲击，后秦军一时阵脚大乱，仰仗人多势众发动反击。乱马军中，沈田子单手执剑，振臂大呼：“诸君冒险远来，就为今日之战，死生一决，封侯之业就在这里了！杀吧！奋勇向前！”晋军踊跃鼓噪，浴血奋击。我们无法想象一千人对杀数万人的场景，可事实告诉我们，幸运青睐勇者。秦兵大败，丢下一万多具尸体，姚泓狼狈逃回灞上。

沈林子援兵一到，晋军士气更旺。沈田子和沈林子是亲兄弟，两支部队合兵追击，关中郡县纷纷投降。姚泓退屯逍遥园，分派诸将守渭桥、石积、灞东，防卫长安最后一道防线。

南方打得顺。攻打蒲阪的晋军遇挫，朱超石逃回潼关大营。乌云翻滚，骤雨滂沱，黄河水涨，浪高数尺。密集的雨点打在军帐上，帐内泥泞不堪，刘裕与诸将的心情如同秋水般冰凉。

众人清楚，战争决不能拖下去了！

王镇恶向刘裕提出一个大胆的计划，避开潼关，用水军从黄河进入渭水单独突袭长安。这是一着险棋，没有步兵支援的水军深入敌境只有背水一战，万一失利全军覆没。

胜利之神往往眷顾那些胆大心狠、出奇制胜的将领。王镇恶是名将，刘裕也是名将，北伐因为这两位战术大师的完美组合变得灿烂辉煌，突袭计划敲定。

在步兵掩护下，王镇恶率水军溯渭水而上，均乘坐艨艟小舰，划桨的士兵藏身舰内。

水雾空蒙，一艘艘快艇像离弦的箭般飞驰于浪涛之上，只见水舟，不见行船之人，秦人惊讶不已，难道是神仙下凡？没等秦军明白过来，晋水军已抵达渭桥，饱餐战饭。王镇恶站立船头，下令军士手持武器弃舟登岸，后退者斩。

黄叶飘零，落满长安，江南的官兵第一次踏上长安的土地。秋风劲吹，渭水迅急，战舰随波东下，倏忽之间，不见踪影。

王镇恶斗志昂扬，鼓动将士们道：“我们的亲人和家园在大江之南，前面是长安北门，去家万里，舟楫、衣粮皆已随流漂走。获胜，功成名就！不胜，骸骨不返！没有其他的路可走，将士们，前进吧！”

王镇恶身先士卒，冲杀在前，晋军士气高涨，踊跃奋击，大败守军。姚泓率兵救援，被败兵冲击践踏，数万人马不战自溃。姚泓单人匹马逃回皇宫，王镇恶从长安平朔门杀进城去。

潼关前线秦军听说长安失守，急忙回援，军心大乱，跑的跑，散的散，投降的投降。姚泓眼见大势已去，携妻子儿女、文武百官，前往王镇恶的大营投降，羌人后秦亡国。

刘裕大军来到长安，王镇恶迎于灞上。刘裕慰劳说："成吾霸业者，卿也！"王镇恶拜谢道："明公之威，诸将之力，镇恶何功之有！"刘裕笑道："卿欲学冯异吗？"

冯异，东汉中兴名将，"云台二十八将"之一。东汉创业，冯异追随刘秀，战功至巨，为人谦退，从不居功自傲。每次打完仗，将领们聚到一起讨论战功，他则独自坐在大树底下，军中起外号"大树将军"。冯异为刘秀打下关中，守卫关中三年，百姓归心，称"咸阳王"。据说有人上表告密，说冯异图谋造反。刘秀用人不疑，君臣相知。

刘裕对王镇恶的回答感到满意，希望他学冯异，不要居功，毕竟王镇恶是北方人，追随自己时间晚。刘裕说话，寓意极深，旁敲侧击，告诉王镇恶，我相信你，你要学冯异。只要你做冯异，我便是刘秀。

可惜，刘裕学不来刘秀的襟怀。刘秀胸怀天下，刘裕只有江南。所以，刘秀一统天下，刘裕只能偏安江南。刘秀败赤眉军，取关中，不杀伪帝刘盆子。而刘裕对待敌人手段极其残忍，姚氏皇族一个不留，尽数斩杀，羌帝姚泓押送建康，斩于闹市，向东晋臣民宣扬赫赫战功。鲜卑慕容、羌族姚氏在刘裕屠刀之下几乎灭绝。

晋军克复两京，黄河以南和关中土地全部收复，取得一百多年来晋朝对五胡战争的最大一次胜利。

刘裕没有被胜利冲昏头脑，他深深懂得，谁才是最可爱的人。战前，宁州有人进献琥珀枕头，光色甚丽。琥珀枕头有保健的功效，治失眠和神经衰弱。刘裕特别高兴，却做了一件奇怪的事，把琥珀枕头捣成细末。送礼的人看着心疼，简直暴殄天物，这还怎么枕着睡觉？刘裕将琥珀粉分赐北征将士，因为听说琥珀可以治疗金创伤，救士兵的性命难道比治失眠更重要吗？

晋军入关中，缴获大量金银玉石、绫罗绸缎、稀世珍宝。刘裕保持极度克制，全部赏赐给将士。英雄难过美人关。有人进献姚兴的侄女，天生丽质，国色动人，刘裕非常宠爱，堕入温柔乡中，一段时间很少处理军政事务。主簿谢晦从容进谏，刘裕马上醒悟，派人把姚氏送走。

东晋帝国的辉煌达到顶点，刘裕和将领们以及整个晋国都在考虑下一步该怎么办，继续进攻还是防御？后秦灭亡，东晋北隔黄河与魏国接壤，西与西秦和北凉相邻，关中北面有匈奴夏国。

进攻还是撤退？人生最艰难的事莫过于抉择。

第十六章
最大的奸雄

气吞万里如虎的大英雄在人生最后时刻，终于揭开面纱，露出本来面目。刘裕要改朝换代，终结两晋一百五十五年历史。这位赌徒无赖出身的军官用一柄长刀开创了一个王朝，南朝的纪年随着他走上辉煌灿烂的宝座开始计数。有得有失，他所失掉的不仅仅是一个关中，而是一个统一的大帝国。

壹 弃关中

晋军北伐震动天下，北方各国都在猜测刘裕的下一步行动。最紧张的，莫过于西北三个国家，北凉、西秦和匈奴夏国。因为他们国力太弱，不像北魏那样有恃无恐。

北凉和西秦先后派使者向东晋称臣，我老实听话，你总不能先打我吧！西秦属于游牧民族，是个无赖。西秦王乞伏炽磐态度明确，无非想从北伐战争中分一杯羹，并且开始行动，夺取后秦西北边疆几个州郡。

北凉几乎拥有甘肃全境，由好几个大城市组成，不可能像西秦那样四处游荡。北凉国主沮渠蒙逊狡猾老道，嘴里叫嚷着配合北伐，其实按兵不动，内心不希望后秦灭亡。他知道一旦汉人大英雄刘裕得到关中，汉人凭空增长百年志气，凉州地区匈奴族政权就会受到威胁。当刘裕灭后秦的消息传到姑臧，沮渠蒙逊十分愤怒。心情正烦躁，汉人刘祥衣冠楚楚进宫奏事，沮渠蒙逊一反常态，暴跳如雷道：“你听说刘裕进关，就敢穿得如此漂亮！”喝令拖出去斩首。

赫连勃勃也不知所措，但他手底下有一个非常厉害的谋士，叫王买德。我们习惯把为好人出谋划策的人叫作智囊，替坏人出主意想办法的人叫作狗头军师。你不能否认狗头军师的厉害，比如三国董卓手下的李儒。

王买德告诉赫连勃勃，不要害怕刘裕，因为刘裕根本不会留在关中，他老了。赫连勃勃恨不得把王买德的脑袋拧下来。人老了和打仗没有关系，“老骥伏枥，志在千里，烈士暮年，壮心不已”。真正的英雄从不服老。

王买德冷笑着，刘裕当然不服老，但他还有一件事没有做，他要做皇帝，做江南人的皇帝。刘裕五十有四，能有几年活头？最多再活十年，用这十年的时间冒险去和北方铁骑作战，不如回江南稳稳当当做皇帝。继续北伐，或许他会统一中国，可皇帝的宝座这一辈子他是摸不到了。所以，王买德龇着一口黄牙说道：“关中是我们的，这是上天赐给我们的。”

说同样话的人，还有北魏大臣崔浩。他一脸平静，向北魏皇帝品评着气吞万里如虎的大英雄：“刘裕之平祸乱，司马德宗之曹操也。”

天下似乎只有这两个人看透了刘裕的心。但是，刘裕此时并没有像他们预料的那样准备回师江南，而是向着河北磨刀霍霍。

有关刘裕下一步的军事动向，《宋书》和《资治通鉴》有分歧，《宋书》称刘裕有意经略赵魏，《资治通鉴》认为他想攻打西北。

司马光先生过于看重赫连勃勃和沮渠蒙逊的力量，认为刘裕不可能在关中和西北地区存在敌人的情况下贸然发动对北魏的战争。沮渠蒙逊自保不暇，何敢侵入关中，况且陇西尚有西秦。只要刘裕继续征战北方，依照赫连勃勃欺软怕硬的个性，他是不会进攻关中的。司马光生活的北宋受尽西夏的气，以为刘裕像宋仁宗、宋英宗呢！

刘裕是不折不扣的名将，十足的冒险家，《宋书》记载无误，他的目标很明确，攻打北魏。伐魏是北伐一揽子计划中的一项。魏国是北方强国，同北魏打仗，必须集中全国人力、物力和财力。所以，刘裕提出迁都的设想，只有迁都才能做到这一点。

迁都决策得到北伐将领们拥护，但很快被否决掉。王仲德的一席话使继续北伐打了折扣，他说：“不寻常的事，不是常人所能接受。一旦迁都，必然引起举国惊骇骚动。如今军队在外作战已久，士有归心，迁都之计，不可讨论。”士有归心只是托词，王仲德的第一句话才是关键所在。迁都大事，东晋百姓一时难以接受。高门士族在江南经营近百年，怎么可能放弃江东地区的既得利益？

回到洛阳，势必与中原豪强发生冲突。现在的汉人已没有司马睿最初渡江时，“寄人国土，心常怀惭”的感觉了。高门望族已经以国人自居，再回到北方又成客人。洛阳隔河与胡族相望，习惯于风流唱咏的江左衣冠哪有胆量到中原来与胡马悍客一决高下。右长史郑鲜之的话代表了江南士族对继续北伐的看法，他写信给刘裕说：“江南士庶，引领以望殿下之返旆。”

高门士族不赞同将战争继续下去，江南大后方存在危险。刘裕与高门士族关系不融洽。门阀士族并非真心拥戴他，陈郡谢氏和高平郗氏明确支持过刘毅。没有高门士族支持，统治很难巩固。

刘裕出身寒门，掌权后，颇慕风流，极力往名士堆里靠，常与名士们一起高谈阔论。纵然如此，士族们虚情假意的多，看不起他的大有人在。高门士族的态度，刘裕不能不考虑。恰恰在这个时候，留守京都建康的刘穆之病死了。

刘穆之是刘裕第一得意之人。二人为布衣之交，换命京口。刘裕倚之为心腹，每次出征，国中之事，事无大小全部交给他处理。北伐前，任命刘穆之为尚书右仆射，总管朝政。

死讯传到关中，刘裕震惊悲痛，一连几天不胜哀婉。悲痛为刘穆之，震惊却是为自己。史书中称“（刘裕）以根本无托，乃决意东还”，这句话表明刘裕对建康官员们的不信任。

到底出于什么心思让刘裕对所有的人充满警惕，因刘裕心里有个天大阴谋。王买德和崔浩猜得不错，刘裕要做皇帝，要改朝换代，建立属于自己的王朝。

八王之乱后，北方朝代更替频繁，五胡十六国，做皇帝的不计其数，南方却一直维系着司马氏正统。想称帝的王敦下场凄凉，桓温至死不敢明明白白告诉世人自己心中的真实想法，胆大妄为的桓玄身死国灭。刘裕出身庶族，想登上万万人之上的位子，没有惊天动地的功绩绝无可能。北伐是争取民心人望的捷径。刘裕每次俘虏敌国君主总是送到京都建康闹市口砍头，无非炫耀赫赫武功。

刘裕心机深沉，做事隐秘，善于伪装，甚至对无话不谈的刘穆之也没透露过一丝口风。刘穆之的死和洞察出刘裕心思有很大关系。当晋军收复洛阳，刘裕派人回到建康，委婉地向朝廷请求加授九锡。这是明显信号，刘穆之如梦初醒，由是“愧惧发病”。

惧怕从何而来？刘穆之本是刘裕心腹，纵使刘裕称帝，他是实实在在的开国功臣。但他感到有愧，对不住刘裕。作为留守大臣、心腹要员，竟然没有想到趁北伐大胜之机给主子荣耀，要等主子张口说话。想起与刘裕关系之密，对他还有防备，不肯直言，因此刘穆之思想压力加大，思虑重重，患了重病。

刘穆之的死改变了刘裕的想法，不再北伐，决计东归。刘裕东归后不久，赫连勃勃占领关中。对于关中的得而复失，许多人将其归结为刘裕称帝野心。这种说法不全面，不足以解释刘渊左国城起兵以来持续一百多年的汉人与胡人复杂的民族矛盾，不足以说明江南与关中人民的微妙心理。

从前秦帝国开始，关中人民习惯做主人。刘裕与关中百姓有过一段对话，对话清晰表明了关中人的看法。

当得知刘裕东还的消息后，三秦父老痛哭流涕地来到大营门前劝阻：“残民不沾王化，于今百年，始睹衣冠，人人相贺。长安十陵是刘公家的坟墓，咸阳宫殿是刘公家的室宅，您放弃它们想去哪里？”刘裕为之感伤，劝慰道：“受命朝廷，不得擅留。感谢诸君怀念故国之志，今留下次子与文武贤才共镇此境，希望你们和好共处。”

关中人明白告诉刘裕，关中是你的家，你哪里也别去！

北伐胜利，刘裕抢占许多地盘，有了与高门望族对抗的威望和力量。可关中毕竟是虎狼之地，百余年来，民族杂居。刘裕虽自诩汉室宗亲，也绝不可能放弃江南之地，来此三面受敌之所。刘裕斩杀姚氏，以大汉民族英雄自居，实际自绝于胡人。狭隘的民族主义思想是南朝始终未能收复北方的原因之一。

关中人民请刘裕效仿汉高祖刘邦，放弃故乡，定都长安，那么关中豪杰百姓定当与刘裕一条心。想当年，刘邦凭什么打败项羽，还不是依靠关中的人力和财富。

刘裕放弃关中，抛弃关中人民，关中人民自然会抛弃刘裕，甚至不惜把匈奴狼引进来。大军一撤，关中处境危险，刘裕心中有数，他要安抚北方的那个匈奴美男子。

贰 髑髅台

刘裕写了一封态度诚恳的信，派使者交给赫连勃勃，约为兄弟。赫连勃勃这下子相信了王买德的话，刘裕要撤军了。人与人之间常常彼此忽悠，开玩笑，搞竞争，领导人之间也是如此。既然你刘裕忽悠我，来而不往非礼也。赫连勃勃预先让大臣写好回信，拟好词，自己背下来，再当着晋使的面，口授大臣照写。

有才干的领导人出口成章，演讲脱稿，不擅长口才的人，只能捧着稿子照着读，还时常念出错别字。赫连勃勃是个好面子的人，生怕别人瞧不起。于是，赫连勃勃作弊，反正吹牛不上税，他把晋使忽悠了，也把刘裕忽悠了。刘裕看过信后，感叹此人才华出众，叹息说："我不如他啊！"

刘裕前脚刚走，西北狼后脚闯入长安。赫连勃勃兵分三路对关中晋军实施战略包围：赫连璝为前锋，率领骑兵两万直取长安，自己总领大军随后进发；赫连昌进兵潼关；王买德南断青泥之路。

留守关中的将领们在关键当口发生内讧。晋军主帅是刘裕二公子刘义真，年仅十二岁。十二岁对于慕容鲜卑人来说，不能算小孩，后燕皇帝慕容垂十二岁时，已经驰马纵横在高句丽王朝的崇山峻岭中。可人家是鲜卑人，走马鲜卑儿，从小沉浸于骑射和游猎中。江南人做不到，更何况王孙子弟。

照理说，关中何等重要，怎么能让一个小娃娃管着？因为刘裕猜忌心极重，不放心将领们，关中可是成就王霸之业的好地方。刘义真喜欢文学，不喜欢武功，对于军事啥也不懂。刘裕回江南之时，亲自拉着刘义真的手交给长史王修，希望王修尽力辅佐。

王修与王镇恶、沈田子、毛修之、傅弘之等将领并镇关中，众将互相制约，谁也不给他们绝对权力。

刘裕最不放心的人就是王镇恶。入关中，王镇恶战功第一。王猛深得关中人敬重，关中百姓对于王家倍感亲切，过于倚重王镇恶。有一件事，反映出刘裕的微妙心理。有人报告说："王镇恶私藏姚泓的御用辇车，恐有异志。"刘裕心惊，马上安排人调查了一下，发现王镇恶只是剔取辇车上的黄金珠饰，那辆辇车早抛弃到城墙外面去了，这才安心。

王镇恶固然胸无大志，却有个坏毛病，贪财。每次打仗都要劫掠财物，曾经为抢夺财产误过战机。入关中以来，更是变本加厉。后秦府库仓储堆积如山，王镇恶私自盗取的财物不计其数。他功劳最大，只要不谋反，多搞几个钱，刘裕从不予过问。江南诸将却极为不满，犯了红眼病，沈田子表现得最为激烈。

沈家是江东吴姓望族。沈田子和沈林子兄弟二人跟随刘裕讨孙恩、平卢循、破南燕、入关中，并立大功。青泥之战，以区区一千多人大败姚泓数万大军。沈田子认为，没有他摧毁后秦关中主力军，王镇恶绝不可能偷袭得手，对王镇恶扬扬得意的做派根本看不惯。

大军回江南前，沈田子打小报告说："王镇恶老家在关中，不可完全相信。"刘裕回答道："我留下文武将士精兵万人，王镇恶如果图谋不轨，只能自取灭亡，你们别再多说了。"我们从这一句话可以看出刘裕对王镇恶也不放心。他私下里对沈田子说的话，暴露出提防之意："三国钟会之所以叛乱失败，因为有卫瓘。俗语说：'猛兽不如群狐。'卿等十余人，何惧王镇恶！"

刘裕清楚关中人心态，晋军以占领军的姿态对待关中人，不得人心，必定受到抵制，而王镇恶会成为长安百姓心目中的代言人。假使王镇恶不反，形势决定选择，一旦黄袍加身，皇帝做也得做，不做也得做。这就是刘裕说出上述一番话的本意。

沈田子拿定尚方宝剑，更加不服王镇恶。匈奴夏军抵达渭阳，关中百姓投降者道路相连，这就是刘裕的民族政策结出的恶果。

沈田子见匈奴人兵势强大，从前线退兵，被王镇恶训斥了一顿："刘公把十岁小儿托付给我等，当同心协力，你拥兵不进，怎么能打败敌人！"沈田子又生气又害怕，心道："我们地位平等，你王镇恶凭什么如此牛，如果不是我，你进得了长安，立得了头功吗？"

同事们之间和睦相处是门学问。千万别把人逼急了，何况手握刀剑的军人。王镇恶想不到自己会死在战友的刀下，而且是在大敌当前之际。沈田子选择行凶的地方很隐蔽，傅弘之的军营。王镇恶会怀疑沈田子，但绝不会怀疑傅弘之。王镇恶是一个人来的，来傅弘之军营商议对付匈奴人的军事行动。沈田子请求单独和王镇恶谈谈，众人同意，退了出去。

刀光闪过，一声惨叫。众将抢进大帐的时候，发现一具尸体，王镇恶的尸体。那双眼睛大大地睁着，充满惊讶和迷茫。人们从来没有见过王镇恶如此惊讶的目光，即使在刀光剑影、血雨腥风的战场。那双眸子明白地告诉在场每个人，敌人在哪里？敌人就在我们中间。

士兵们被告知，王镇恶欲杀尽南人，据关中造反，沈田子将军奉刘太尉之命力斩叛贼。

傅弘之飞报刘义真，沈田子随后率数十骑赶到长安。令他吃惊的是，少年刘义真和长史王修一身甲胄，军士们弓上弦、刀出鞘，如临大敌，沈田子神色镇定，静静道："王镇恶谋反，我把他杀了。"

刘义真将信将疑，王修勃然大怒，脸庞、脖子涨得通红，语气因愤怒而激动："谋反？有什么证据！王镇恶是大将，你有什么资格擅杀大将？来人，将沈田子拿下，斩首！"

又一个死不瞑目的人。沈田子与王镇恶真是有缘，去鬼门关报到，竟也要结伴而行。

和匈奴人打仗，只能派傅弘之与毛修之去。东晋将领，群星闪耀，随便拿出一个来都响当当。傅弘之率军两败匈奴夏军前锋，形势一度大好。

关中王修说了算，刘义真身边的人渐渐对王修不满。刘义真是个孩子，一高兴，乱发奖金，赏这人十万，赏那人二十万。王修从中裁减，分到个人手里，也就一两万。

少拿钱的人、和沈家关系不错的人，在刘义真耳边吱吱，说王修坏话："王修是关中人，和王镇恶穿一条裤子。王镇恶谋反，他把沈田子杀了。这说明他也想造反。"一个人说不相信，架不住天天嚷嚷。刘义真听信小人之言，竟将王修杀害。王修一死，人心散了，刘义真下令边防诸军退守长安。

关中乱翻了天，而远在建康的刘裕官运亨通，借着北伐声威，当上了大晋国的相国，封宋公，赐九锡。别看他远在万里之外，对关中情况却了如指掌。王镇恶死了，他没动心，沈田子死了，他仍然没有动心。王修死了，刘裕知道关中完了。他心里只剩一个念头，我的宝贝儿子不能死。

蒯恩快马加鞭赶往长安，护卫刘义真东归。关中换将，朱龄石走马上任，都督关中诸军事，代替刘义真镇守长安。临行之时，刘裕决心放弃关中，叮嘱朱龄石说："你到了那里，速令义真轻装而退，等出了潼关才可缓行。若关右必不可守，你与义真一道回来。"

一切为时已晚。晋军龟缩死守，赫连勃勃顺利执行着合围长安的军事计划，匈奴军攻克咸阳，刘义真已成瓮中之鳖。

朱龄石到达长安之后，让刘义真先退，自己仍不肯走。晋军大掠长安，满载抢夺来的珍宝、女人，缓缓撤退。长安人大怒，把朱龄石赶走，迎接匈奴夏军入城。

赫连璝率三万骑兵追击晋军。傅弘之劝刘义真放弃辎重，轻装疾进。刘义真受左右那些爱财不要命的小人蛊惑，宁死不弃财。结果被匈奴兵包围，猛将傅弘之、蒯恩断后，力战连日，撤到青泥，又遭到王买德劫杀，晋军大败。

刘义真和左右亲兵失散，借着暮色，趴在草丛里躲过一劫。中兵参军段宏一路呼叫，总算刘义真听出他的声音，蹿了出来："你不是段中兵吗？我在这儿呢！咱们走吧！遇到危险不要顾我，尽可割下我的头，带回江南，让家公望绝。"段宏泣道："死生与共，下官不忍。"段宏把刘义真绑在背上，单马而逃。小刘义真对自己的过错还振振有词，趴在后面对段宏说："今日之败，实在少谋失算，然大丈夫无有此经历，怎知世事艰难！"

匈奴兵攻击蒲阪，朱龄石和朱超石兄弟从蒲阪赶到曹公垒阻击，为关中之战书写了最后的悲壮。匈奴人截断水源，晋军无水，眼见堡垒即将陷落，朱龄石对弟弟道："你我兄弟都死在异域边城，家中老母岂不伤心欲绝。你从小路逃走吧，我虽死无恨！"朱超石紧紧抓住哥哥的手，哭泣道："人谁不死，我怎么忍心辞兄逃命，要死，死在一处。"

曹公垒失陷，朱家兄弟二人同死于关中。青泥惨败，匈奴人抓获傅弘之、蒯恩、毛修之等晋军将领。赫连勃勃亲自劝降，傅弘之不降。

寒风刺骨，滴水成冰。匈奴人扒光傅弘之衣服，赤条条扔在冰天雪地里。傅弘之毫不屈服，叫骂而死。

残忍的赫连勃勃为宣示武功，积晋军人头为京观，号曰髑髅台。

关中之败，晋军连丧王镇恶、沈田子、傅弘之、蒯恩、毛修之、朱氏兄弟等将领及一万精锐甲兵，折去江南多少好男儿！

叁 星变

青泥惨败使刘裕威名受挫，他怒不可遏，下令整顿军队，克日北伐，大臣们苦劝不已。冷静下来之后，刘裕默不作声。当得知刘义真安全逃回的消息，五十五岁的刘裕登上悬水峭壁的石头城，遥望西北，慨然流涕。

一万多名跟随自己出生入死的将士的尸骨抛在西北群山之中，怎能不让人心痛！北伐大业成为泡影。如果强行北征，朝廷中一旦出现差错，一生心血可要白费。此时此刻，刘裕心中隐藏多年的秘密随着岁月流逝浮出水面，他要取东晋而代之，建立属于刘家的王朝。

这个秘密谁也不知道。在门阀士族力量强大的江南，别说他一个小小的破落庶族，王敦如何？桓温如何？桓玄下场又怎样？无论琅琊王氏，或是谯郡桓氏，统统遗臭万年。他之所以停止北伐，匆匆从关中赶回，就是不想看到朝局发生不利于自己的变化。

为稳定人心和朝局，刘裕精明处理了沈田子杀王镇恶事件。王镇恶是忠臣，沈田子属精神病发作，两家都没错，一团和气，对沈家不予追究。

刘裕悄悄安排刘氏子弟出居方镇，刘义真为扬州刺史，镇石头城；三子刘义隆为荆州刺史；弟弟刘道怜为徐、兖二州刺史；刘道怜之子刘义庆为豫州刺史，各地军政大权牢牢握在刘氏家族手中。

公元418年十二月，彗星从天津星穿出，进入太微星，过北斗，联结紫微星，经过八十多天，彗星方才消失。北魏皇帝拓跋嗣相信天文术数，对此次星变惶恐不已，征召帝国名儒、术士，问星变原因。

崔浩答道："天灾异变的发生，通常照应地上人间的大事，如果人间的统治没有发生问题，又有什么值得畏惧的呢？当年王莽篡汉，彗星出入的方向正与今天相同。现在晋室日趋没落，危亡不远。彗星的出现，应该预示刘裕将要篡夺皇位！"

拓跋嗣将信将疑，难道一百五十多年的晋王朝终于要寿终正寝？接管它的却是一个赌徒破落户，在讲究门阀身份的南朝，真是太不可思议了。

深邃的天空主宰着人类的命运，神秘的谶语左右着人们的行动。“昌明之后有二帝。”昌明是孝武帝司马曜的字。上天告诉人们，他死之后，东晋尚有两任皇帝。刘裕等不及，一个老人如何拖得过壮年皇帝？何况司马德宗是个白痴，白痴无愁无忧，寿命长得很。

刘裕安排心腹王韶之尽快结束白痴皇帝的寿命，改立皇弟司马德文继位。司马德文聪明，寸步不离皇帝哥哥，白天待在一起，夜里睡在一处，吃着相同的饭。王韶之犯了愁，弑君毕竟不光彩，当着新皇帝的面更不妥当，杀也杀不得，毒也毒不得。

两个人毕竟是两个人，司马德文不是皇帝的影子，这天他生了病，外出看医生。王韶之匆忙入宫，来不及召集武士，令跟班随手抄起皇帝平常穿的衣服，活活把皇帝勒死。

白痴有时是幸福的，他体验不到人生的艰难，只有死亡那一瞬间的痛苦。司马德文太痛苦了，他明白了一切，如果你问他：“最不想做的事情是什么？”他会毫不犹豫地告诉你：“做皇帝。”

为了祈福，他步行几十里，从瓦棺寺迎来一尊一丈六尺高的金像。佛祖不会保佑不思进取的人，他的痛苦快结束了。

公元 420 年正月，中国大地烛火通明，人们熬年守岁，期待来年吉祥如意。

五十七岁的刘裕在石头城宋王宫举行了一场盛大的晚宴，文武百官全部到齐。酒席之上，刘裕表情从容安详地对群臣道：“桓玄篡位，鼎命已移。我首倡大义，兴复帝室，南征北伐，平定四海，功成业著，遂荷九锡。今年将衰暮，崇极如此，物忌盛满，非可久安。今欲奉还爵位，归老京师。”

刘裕说自己是挽救大晋朝的忠臣，功劳很大，以至于授予九锡的荣耀，地位隆重，不能逾越，道家不是说“持而盈之，不如其已”，盈满要适可而止。我已经老了，准备辞去官职和王爵，回家颐养天年去！

刘裕主动请退大出所有人意料，群臣莫晓其意。不清楚，不能乱表态，官场混的人多是老油条，纷纷大赞刘裕功德，说了一些冠冕堂皇的客套话。

正话反说。刘裕心机深沉，心中秘密隐藏很深，满朝文武官员竟无人了解刘裕的真实想法。想做皇帝便是谋反。作为臣子，这等事情怎能说出口？既然别人悟不出来，只能自己讲，要讲得有策略。我要退休了，言外之意，如果你们想留下我，就得加官，往上再加官，那就是皇帝了。

终于，有一个人领悟了，那是酒席散后的事。

夜色已晚，群臣散去，中书令傅亮走出王宫之后，灵光一现，恍然大悟，才寻思出刘裕一席话隐含的真实用意。

傅亮出身北地傅氏，祖辈做过西晋高官，渡江后，家境大不如前，父亲傅瑗只做过一任太守，属九品中的中下品，不列清品。傅亮博涉经史，尤善文辞，可惜为门第所限，官运不通，刘裕京口建义之前，仅为秘书郎。桓玄倒台，在建义诸将关照下，傅亮一路升迁，刘裕更将其提拔为侍中、中书令，成为台辅重臣。可以说，没有刘裕就没有傅亮的今天。

领会刘裕意图之后，傅亮急忙返回，此时宫门已闭，傅亮叩门请见。刘裕召他入殿，傅亮进入之后，只说了一句话："我应该回京都一趟！"刘裕轻轻吁了一口气，世间不乏伶俐之人，自己的那番话终于敲开了一个榆木脑袋。

刘裕的表情仍然很淡泊，宁静得像一泓秋水，语气平和："须多少人护送？"傅亮答道："数十人即可！"说完，拜辞而出。

此时已是半夜时分，仰头望去，但见彗星划过夜空，灿烂辉煌。傅亮手拍大腿叹道："我常不信天文，今天应验了！"

傅亮回京，委婉暗示晋恭帝司马德文禅让天下。一切不劳皇帝动手，傅亮把草拟好的退位诏书呈上，请皇帝亲自抄写。

该来的总是要来，不属于自己的总要失去。司马德文早就料到这一天，欣然操笔，对左右说："桓玄之时，晋氏已无天下，幸赖刘公才得以延续将近二十年，今日禅位，我是心甘情愿。"

纵使司马德文装出一副一点儿也不悲伤懊恼的样子，可刘裕照旧下黑手，禅位后将他废为零陵王，安置在秣陵。有了兄长的教训，司马德文更加谨慎，与结发妻褚灵媛形影不离，为防被毒杀，一汤一水褚灵媛亲自品尝。

一年后，褚灵媛的哥哥来找妹妹，又是一瞬间的事。褚灵媛与哥哥谈完话，匆匆赶回卧室的时候，司马德文已经倒在血泊之中。目瞪口呆的褚灵媛当然知道，刘裕不想让任何可能泄密的人见证皇帝的死亡。

掩耳盗铃。没有人会认为司马德文死于情杀、仇杀、误杀，刘裕背负上第一个诛杀禅位君主的恶名。他不想步桓玄前车，不想留下隐患，因为东晋南朝是门阀士族秉政的国家，皇帝没有绝对权力。

晋王朝从公元265年晋武帝司马炎代魏，到公元420年晋恭帝司马德文禅让帝位给刘裕，前后经历两晋一百五十五年的历史。

刘裕登上帝位，国号为宋，改元永初，南朝第一个王朝诞生，刘裕成为宋朝开国武皇帝，中国历史正式进入南北朝时期。刘宋开国没有发生动乱，寻常百姓为刘裕北伐中原的赫赫武功折服，战功满足了人们的虚荣心。江南的门阀士族们被闹市口砍杀胡人的血淋淋的屠刀惊得魂飞魄丧，哪里有胆量反对。

新朝建立，更有一番气象。刘裕出身孤寒，懂得稼穑苦辛，深知创业艰难。他清简寡欲，一改魏晋以来崇尚奢华的风气。车马不加装饰，后庭无纨绮丝竹之音，内府不藏财宝，钱财皆在朝廷。宫中连御床脚上的金钉、银钉也令人取下，一律改换铁钉。诸公主出嫁，嫁妆从来不超二十万钱，无锦绣金玉。刘裕常住的一处居处用的是土屏风、布灯笼、麻绳拂，悬挂着贫寒时代使用过的农具、补缀多层的破棉袄。受他的影响，内外臣属，莫不遵纪守法，行为节俭，没人胆敢奢靡。

刘裕不喜铺张，不搞排场仪仗，喜欢简易，衣着十分随便。他时常穿着普通裙帽，着连齿木屐，出神虎门私游，左右随从不过十多人。

夕阳西下，渔歌唱晚。刘裕行走在斜阳草树、寻常巷陌中，回顾往日岁月，几多感慨。

他这个默默无闻的平民孤身加入北府军，四十岁还是一名小小的军官。时势造英雄，黄巾大起义造就了刘玄德，孙恩大起义造就了刘寄奴。借镇压农民军之机，刘裕从一个默默无闻、小小的北府军司马，一跃成为中国大地上叱咤风云的英雄，败孙恩、灭桓玄、破卢循、斩刘毅、取西川、围广固、入关中、诛灭慕容鲜卑和羌族姚氏两大皇族，拯救即将灭亡的晋王朝，振奋起汉人的雄勇之气。

北魏明元皇帝拓跋嗣曾将刘裕和慕容垂两相对比，问大臣崔浩说："刘裕之才何如慕容垂？"崔浩答道："胜之。慕容垂借父兄之资，修复旧业，国人投靠他就像夜虫飞向火光，稍加倚仗，容易建功。刘裕奋起寒微，不借尺土，讨灭桓玄，兴复晋室，北擒慕容超，南枭卢循，所向无前。若才不过人，安能如此！"

有人将刘裕比作曹操。曹操除了诗词文章远胜刘裕之外，无论自身才干、事业性格，还是从政治、军事上的作为来说均略逊刘裕一筹。就像崔浩所评说的那样，刘裕出身微贱贫寒，没有一尺土地可以凭借。曹操呢？虽说是宦官之后，难与袁绍等世族豪强相比，但东汉宦党权势熏天，曹操陈留起兵得到曹氏、夏侯氏、卫兹等地方豪强的鼎力相助远非刘裕可比。

公元422年春天，纵横天下的宋武帝刘裕仅仅做了两年皇帝便因病与世长辞，时年五十九岁。

"斜阳草树，寻常巷陌，人道寄奴曾住。"历史会永远记住这位雄图大略、用兵如神、气吞万里如虎的平民大英雄，他比东晋任何人都有资格做皇帝。

未能平定中原是刘裕留给后人的最大遗憾，人们把原因归结为他的称帝野心，这只不过是一面之词。刘裕之所以未能平定中原，因为他是一个狂热的民族主义英雄，而用战争和杀戮解决不了民族矛盾。东晋的北伐军激起征服地区人民的反抗才是统一大业迟迟不能完成的最根本原因。历史期待着一位真正的英雄，一位融合天下民族的大英雄。

滚滚长江，浩浩荡荡，奔流不息，带走功业与遗恨、欢乐与泪水，只留江山如画，烟雨空蒙。是非功过，千秋往事，任由后人评说。

迎着黎明的阳光，大江南北、黄河两岸的人们离开旧世界，走向新的未来。没有人知晓，这片美丽的土地还会发生多少动人心魄的故事。生命永远不会停息，每个人都有机会成为世界的主人。

图书在版编目（CIP）数据

南北朝那些事儿. 壹，刘裕拓跋珪卷／云海孤月著. —北京：中国工人出版社，2017.8
ISBN 978-7-5008-6777-7

Ⅰ.①南… Ⅱ.①云… Ⅲ.①中国历史—南北朝时代—通俗读物 Ⅳ.①K239.09

中国版本图书馆CIP数据核字（2017）第192324号

南北朝那些事儿. 壹　刘裕拓跋珪卷

出 版 人	芮宗金
责任编辑	王学良　李　倩
责任校对	董春娜
责任印制	黄　丽
出版发行	中国工人出版社
地　　址	北京市东城区鼓楼外大街45号　邮编：100120
网　　址	http://www.wp-china.com
电　　话	（010）62005043（总编室）　（010）62005039（出版物流部） （010）62379038（社科文艺分社）
发行热线	（010）62005049　（010）62005042（传真）
经　　销	各地书店
印　　刷	北京美图印务有限公司
开　　本	710毫米×1000毫米　1/16
印　　张	15.75
字　　数	238千字
版　　次	2017年9月第2版　2021年10月第9次印刷
定　　价	36.80元
